中传学者文库编委会

主　任： 廖祥忠　张树庭
副主任： 蔺海波　李　众　刘守训　李新军　王　晖
　　　　　杨　懿　柴剑平

成　员（按姓氏笔画排序）：

王廷信　王栋晗　王晓红　王　雷　文春英
龙小农　付　龙　叶　龙　刘东建　刘剑波
任孟山　李怀亮　李　舒　张绍华　张　晶
张根兴　张毓强　林卫国　郑　月　金　炜
金雪涛　周建新　庞　亮　赵新利　徐红梅
贾秀清　高晓虹　隋　岩　喻　梅　熊澄宇

中传学者文库
1954-2024

主编／柴剑平　执行主编／龙小农　副主编／张毓强　周建新

媒介与传播的边际线

陈卫星自选集

陈卫星 著

中国传媒大学出版社
·北京·

图书在版编目（CIP）数据

媒介与传播的边际线：陈卫星自选集 / 陈卫星著 . -- 北京：中国传媒大学出版社，2024.8.

（中传学者文库 / 柴剑平主编）.

ISBN 978-7-5657-3730-5

Ⅰ . G206.2-53

中国国家版本馆 CIP 数据核字第 2024W97L91 号

媒介与传播的边际线：陈卫星自选集
MEIJIE YU CHUANBO DE BIANJIXIAN：CHEN WEIXING ZIXUANJI

著　　者	陈卫星
责任编辑	于水莲
封面设计	锋尚设计
责任印制	李志鹏

出版发行	中国传媒大学出版社			
社　　址	北京市朝阳区定福庄东街 1 号	邮　编	100024	
电　　话	86-10-65450528　65450532	传　真	65779405	
网　　址	http://cucp.cuc.edu.cn			
经　　销	全国新华书店			
印　　刷	北京中科印刷有限公司			
开　　本	710mm×1000mm　1/16			
印　　张	19			
字　　数	290 千字			
版　　次	2024 年 8 月第 1 版			
印　　次	2024 年 8 月第 1 次印刷			
书　　号	ISBN 978-7-5657-3730-5/G・3730	定　价	95.00 元	

本社法律顾问：北京嘉润律师事务所　　郭建平

总　序

　　媒介是人类社会交流和传播的基本工具。从口语时代到印刷时代，再经电子时代至今天的数智时代，媒介形态加速演变、融合程度深入发展，媒介已然成为现代社会运行的基础设施和操作系统。今天，人类已经迈入媒介社会，万物皆媒、人人皆媒，无媒介不社会、无传播不治理。今天，无论我们怎么用力于信息传播的研究、怎么重视信息传播人才的培养都不为过。

　　中国传媒大学（其前身为北京广播学院）作为新中国第一所信息传播类院校，自1954年创建伊始，即与媒介形态演变合律同拍、与国家发展同频共振，努力探索中国特色信息传播人才培养模式、构建中国信息传播类学科自主知识体系，执信息传播人才培养之牛耳、发信息传播研究之先声，被誉为"中国广播电视及传媒人才摇篮""信息传播领域知名学府"。

　　追溯中传肇始发轫之起源、瞩望中传砥砺跨越之未来，可谓创业维艰而其命维新。昔日中传因广播而起，因电视而兴，因网络而盛，今天和未来必乘风破浪、蓄势而上，因人工智能而强。在这期间，每一种媒介兴起，中传均吸引一批志于学、问于道、勤于术的

学者汇聚于此，切磋学术、传道授业，立时代之潮头，回应社会需求，成为学界翘楚、行业中坚，遂有今日中传学术研究之森然气象，已历七秩而弦歌不断，将传百世亦风华正茂。

自新时代以来，中传坚守为党育人、为国育才初心，励精图治、勉力前行，秉承"系统治理、创新图强、交叉融合、特色发展"的办学理念，牢牢把握高等教育发展大势、传媒业态发展趋势，瞄准"智能传媒"和"国际一流"两大主攻方向，以世界为坐标、以未来为向度，完成了全面布局和系统升级，正在蹄疾步稳、高质量推动学校从传统高等教育向未来高等教育跨越、从传统传媒教育向智能传媒教育跨越、从国内一流向世界一流跨越，全力建设中国特色、世界一流传媒大学。

中国特色、世界一流，在于有大先生扎根中国大地，汇聚古今、融通中外；在于有大先生执教黉门，学高为师、身正为范；在于有大先生躬耕杏坛，敦品积学、启智润心。习近平总书记更强调，高校教师要立志成为大先生，在教书育人和科研创新上不断创造新业绩。中传广大教师素来以做大先生为毕生职志，努力成为新时代"经师"与"人师"的统一者，做真学问、立高品行，践履"立德树人"使命。

2024岁在甲辰，欣逢中传建校70华诞，学校特邀约部分学者钩玄勒要、增删批阅，遴选已公开刊发的论文汇编成集，出版"中传学者文库"，意在呈现学校在学科建设、科学研究、服务行业实践等方面的最新成果，赓续中传文脉，谱写时代新声。

文库汇聚老中青三代学者，资深学者渊渟岳峙、阐幽抉微；中年学者沉潜蓄势、厚积薄发；青年学者踌躇满志、未来可期。文库与五十周年校庆所出版的"北广学者文库"相承接，大致可勾勒中传知识生产薪火相传、三代辉映之概貌，反映中传在构建中国特色新闻传播类、传媒艺术类、传媒技术类学科体系、学术体系和话语体系方面的耕耘与收获，窥见中国特色信息传播类学科知识体系构建的发展脉络与轨迹。

这一构建过程，虽筚路蓝缕，却步履铿锵；虽垦荒拓野，亦四方辐辏。一批肇始于中传，交叉融合、具有中国特色的学科，如播音主持艺术学、广播电视艺术学、传媒艺术学、数字媒体艺术学、政治传播学等，从涓涓细流汇入滔滔江河，从中传走向全国，展现了中传学者构建中国自主知识体系的学术想象力和创新力。文库展示的虽然是历史，实则是呈现今天；看似是总结过去，实则是召唤未来。与其说这套文库的出版，是对既有学术成果的展示，毋宁说是对未来学术创新的邀约。

回首过往，七秩芳华。我们深知，唯有将马克思主义基本原理与中华优秀传统文化相结合，才能推动中华学术创造性转化和创新性发展，推动中国自主知识体系的构建。我们深知，唯有准确把握媒介形态演变的脉动、深刻认知媒介形态变革所产生的影响，才能推动中国信息传播类学科自主知识体系的构建与时俱进。

展望未来，星辰大海。我们深知，以人工智能为代表的产业和科技革命正迅疾而来，媒介生态正在加速重构，教育形态正在全面重塑，大学之使命与价值正在被重新定义；我们深知，唯有"胸怀国之大者"、面向世界科技前沿、面向经济主战场、面向国家重大需求，才能确保中传始终屹立于中国乃至世界传媒教育发展之潮头。

如何应对人工智能带来的深刻变革，对中传而言是一场要么"冲顶"、要么"灭顶"的"兴亡之战"。我们坚信，不管前方是雄关漫道，还是荆棘满途，唯有勇敢直面"教育强国，中传何为？"这一核心命题，奋力书写"智能传媒教育，中传师生有为！"的精彩答卷，才能化危为机，奋力开创人工智能时代中传智能传媒教育新纪元。

功不唐捐，芳华七秩；风帆正举，赓续创新。

是为序。

第十四届全国政协委员，中国传媒大学党委书记、教授、博士生导师

前 言

这本文集所表达的学术思考，可被视为同期课堂教学的平行轨迹。文章的发表时间是 2006 年至 2022 年，其间经历了传统媒体发展的黄金时期，新型媒体快速发展直至"无孔不入"，以及现在人工智能的出奇制胜阶段。毕竟时过境迁，为检验话语的可持续性，这里的陈述试图再现思路的轨迹以供讨论和批评。

正是有了媒体捕获现实的进取姿态，传播现象的丰富性不断被开发，使得话语诉求和话语竞争成为社会变迁的动力。从早先的大众传播到后来的社交平台，信息的生产和流动同时聚焦文化主体的身份和利益结构的脉络，这就使我们无法在一般意义上就事论事，而不得不返回再现的逻辑。Representation 这个词在 20 世纪 80 年代进入中国学术界时，最早被翻译为"表象"，后来还衍生出"表征"的译法。20 世纪中期，人文学科的重大转折是语言学的转向，只要是人们通过语言符号对对象事物的表达，都是一种重新建构。这种观念逐步扩散，直到 21 世纪以来成为人文学科课堂的方法论之一。

如果说传统媒体的制度设计是要统一协调政策福利、社会福利和经济福利，建构三者之间的良性互动，那么传播符号品牌化的竞争趋势则推动了城市化运动的个性化进程，把城市的文化特色和经济特色包装成资本欲望的对象，与当时方兴未艾的房地产产业相互呼应。当社会差异的空间的发展跟上社会发展的节拍时，媒介在塑

造城市的景观，也在表达人们的期望。人们的生活经验和媒体符号的互动是大众传播的公共性平台，如何再现城市自身的发展形态，如何跟进社会的政策走向和经济模式的转型成为媒体本身的发展选项，它一方面为商圈造势，一方面提供社区服务。

在西方传播学的马克思主义理论谱系中，传播政治经济学始终是一面高扬的旗帜。政治和经济的权力结构对信息传播和文化实践产生影响，由此生产出信息传播的具体语境和传播行为的动力指向。同时产生的另外一个历史趋势是经济发展的文化导向，信息传播成为经济产业转型和资本体系更新的重要支柱，把符号资源演化成全球化的文创产业，交织着个人生活与社会议程、公共服务与消费主义、全球化与本土化、技术统治与技术解放等诸多相互参照的力量。简言之，坚持传播政治经济学意味着坚持大众传媒的公共性、公开性和公平性。

传播学从一开始就涉及国际关系的现实演进和传播主体的身份变迁，20世纪第二次世界大战以后推广的发展传播学虽说有现代化的诱导和国家主义的想象，但强调媒介传播效果的功能主义模式最终还是遭遇重重困境，传播过程的技术透明性往往会模糊或过滤背后的社会结构、权力属性和文化特性。在社会主体和管理主体的竞争中，逐渐诞生出社会主体参与性质的社会属性模式，多元现代性的反思保障主体间性的期盼，借助技术变量和社会变量的相互启发，演绎出传播学学科发展的历史逻辑。

一旦回到西方传播学在中国本土展开的发生学过程，就不得不回到市场经济的交换空间和政治制度的表现空间的互动结构。这在一方面是舆论结构的数量规模，另一方面是社会主体的主动参与。当信息传播成为社会联系的认知手段和知识工具时，技术变量演化出社会变量，使得打破信息不对称成为解放社会生产力和社会关系的动力结构。不能把传播学这个概念仅仅理解成大众传媒的文本效果或传媒机构的经营效益，而是要从人文社会学科本身的发展应该力图产生更大社会效益的角度来说，我们更希望传播学是寻求不依赖于任一特殊学科背景或知识基础的关于人类社会关系的传播性质的认识，由此使得学科的发展与人类社会的发展形成一种既平行又开放的互动关系。

20世纪中期诞生的全球史学派认为，所有人类社会在不同程度上都是相互关联的，社会变革往往源于彼此的接触，要么是模仿，要么是应对。传播和媒介是近代化以来建构民族—国家或者建构社会秩序的技术手段和叙事结构。法国著名学者马特拉将其归纳为四个维度：流动社会、普遍联系的乌托邦、地缘政治的空间谱系以及技术和人的伦理关系。互联网时代之前的人无法在技术上实现人与信息源的同步，当下的信息体验和文化实践是人们关注自己日常生活叙事的瞬间效应。可能人们现在熟悉的传播方式在不久的将来又会被一种更新的技术载体所更新，无论是社会媒介化还是媒介社会化，个体对信息环境的感知始终面临着新的角度。

有史以来，人们的生活实践和生产实践就包含着创造和使用符号来进行相互认知，来把握外界并产生互动，由此产生与传播相关的问题，如信息、语言、符码、常规、再现、阐释、意义、支配、行动、互动、调解的置换，从而使各种相关主体在信息的关系（事件、行为、背景）维度上不停地谈判和协商，由此产生能指的膨胀。其一方面旨在寻求、建构或维持共同体式的话语竞争，把符号学上升为政治学；另一方面是信息的自发性和自治性产生能指的较量，通过对已有神话的祛魅而力图使活的经验被陈列为新的神话。当人们试图用语言技术来统摄现实时，其受众效果其实源于言说者本人的社会身份和专业资质，符号差异的游戏性竞争和符号权力的分解或构成是同时进行的。

从20世纪的互联网到此时此刻的人工智能，技术为什么会成为神话？因为神话往往提供对事物的新透视，从而为人们的超验性提供新的物质基础。这不仅仅是源于一种技术推广的社会活力，还是因为技术功效被转化为集体信仰，成为被追捧的社会神话。信息传

播技术的每一次突破，都在某种程度上触动着人们对世界认知的环境框架。科学人类学家拉图尔独具慧眼地把对历史学和社会学的观照同时纳入对文化、媒介和技术的学术考察，说明科学的发展本身同时凝聚了三个要素，即自然（对包括技术在内的物质力量的理性整合）、政治（对自私的社会行动者和力量的策略性掌控）和文本（用来解释世界，从而在语言上构成对世界的修辞策略）。

在今天的大数据时代或算法时代，传播模式往往基于数据化符号在时间和空间的联合分布所形成的关联与相关性，推导由此产生的观念联想（relation of ideas），如相似性、毗邻性和因果性，进一步探索人们在社会实践中的意义和方向，以及人类社会主体之间聚合的集体意识。人工智能，既可以被理解为编制程序的技巧性思维或概念性构想，也可以被想象为探索知识甚至是处理心与物的关系的实验认识论。通过将人的感性结构化与人的部分理性程序化相融合，重建建设性的现实重构能力、信息评估能力和抽象思维能力。基于人与人之间的关系建构是获取并维系意义感、价值感、存在感的来源，也是智能传播的认识论的基石。

在人文数字化的时代大潮中，算法思维正在重新定义人类已有的关于生存、实践和思考的方式。基于算法逻辑的信息传播不但激发了各种社会性议题，而且催化了各种不同的主观意志和权力投射，最终聚合为同时激发动力和限定性的媒介关系。算法折射出来的新闻价值成为对事物产生影响的价值，并借此规定人们如何接触现实的形式和创造现实的切面。基于一种认识论角度的人文反思立场，需要从计算的表征出发，探析算法逻辑产生的信息变异，同时评析社会意识的重新形式化和个体意识的格式化。在对算法权力的市场效应和文化变量进行分析时，要重新阐释算法驱动的技术绩效，为社会建构提供思考的线索。

20世纪70年代末，法国学者德布雷另辟蹊径地找到了一个研究方向，即把人类文明史上与信息移动相关的物质变量统合起来，借助技术性、物质性、微观性的研究，通过媒介学为历史提供另外一个多元、偶然的开放视角，不满足于见人不见物的单元路径，刻意把握传递手段具有的双重性：一方面是技术配置（记录符号的表面，如文字或视听符号的呈现方式，解码程序的各种接受方式，扩散手段的基础设施和实物）的发明和运用；另一方面是有机配置（制度、语言、仪式）的创建和普及。媒介学的目的是考察信息传递中高社会功能（宗教、政治、意识形态和思想态度）和技术结构的关系，思考媒介如何运载信息。任何宏大叙事的理论文本的实践路径都是一个实体化过程，也是一个知识化、工具化和媒介化的过程，也是意识形态的发生学。

媒介学的魅力在于把媒介创新的技术生态纳入社会变迁的精神结构中，即在对信息源和信息序列进行重新辨析的过程中，有助于人们从形式上把握信息驱动的能量结构，涉及我们怎样重新定义象征世界、重新组合社会群体、重新确定信息边界以及重新铸造权力秩序，从而在人类已有的知识系统上去把握知识论、科学观和形式化的结构实践的总体关系。科技革命对人文意识的冲击，恰恰是前者把现象、事件、问题转化成"环境"的函数，从而使其显现在之前被隐藏或不具备的复杂性、集合性、多样性、多变性、未来性、相对性和不确定性，或者在习以为常或视而不见的不经意中突然意识到物质结构对主观意识的挑战，甚至更新社会实在和社会建构的定义。在这个意义上，信息传播的媒介化进程成为社会环境、自然环境和人工环境的复合参照系。

2024 年 5 月 3 日

目 录

传播的再现

制度转轨的声波 ············ 003

城市的欲望与底层的想象 ············ 010

从"文化工业"到"文化产业"
　——关于传播政治经济学的一种概念转型 ············ 045

关于发展传播理论的范式转换 ············ 054

关于中国传播学问题的本体性反思 ············ 068

传播学叙事的历史学技艺 ············ 079

从漂浮的能指到符号的资本
　——论符号学的方法论演变 ············ 099

技术的介入

数字神话的传播想象 ············ 113

智能传播的认识论挑战 ············ 123

算法的数据变异与社会建构 ············ 145

媒介的穿越

新闻传播理论创新的媒介学思考
　　——回应《青年记者》编辑部的一个问题 ……… 159
传播与媒介域：另一种历史阐释 …………………… 165
媒介学：观念与命题
　　——关于媒介学的学术对谈 …………………… 191
新媒体的媒介学问题 ………………………………… 202
媒介域的方法论意义 ………………………………… 221
从数学到计算机的媒介考古学 ……………………… 229
编辑出版活动的媒介学透视 ………………………… 255
数码时代人类学与传播学研究的理想与前景 ……… 272

后　记 ………………………………………………… 285

传播的再现

制度转轨的声波[*]

一个时期以来，对改革的反思成为人们讨论的焦点。在涉及改革进程的各种讨论中，一旦人们深入对问题的技术层面的探讨，总是不约而同地回到对制度设计和制度创新的思考。邓炘炘教授的专著《动力与困窘：中国广播体制改革研究》是一本专门反思中国广播体制改革的力作。作者有较丰富的专业资历，以博士学位论文开始的这项研究源于其多年来的亲身体验和深入思考。这本专著所探讨的核心问题是广播体制的改革，其核心内容可以分解为两个方面：一是探讨广播行业内部的结构关系，二是探讨广播行业和外部社会的交易规则。

市场机制的不断深化为放大传媒的社会化功能提供了越来越广阔的延伸空间。但是，人们又总是感觉大众传媒的话语能量与深化改革的社会需求之间存在一定的落差。中国近现代革命的历史经验告诉我们，任何社会的重大历史变迁都离不开大众传媒的信息传播、沟通协调和舆情呈现的作用。而笔者发现，大众传媒行业及其体制改革在中国改革开放的进程中，始终没能占据优先位置。作为参与改革、推动改革的重要行业，其自身的改革始终具有被动性，这是一个矛盾。这一问题显然抓住了改革过程中的一个症结，即改革的权力能不能也成为被改革的对象？有别于 20 世纪末以来热心于大众传媒的经济效能的无数文字，作者的研究显示了针对复杂问题的学术勇气，从传媒行业运作机制的历史形成和演变脉络展开，徐徐呈现研究的针对性和案例

---

[*] 本文原载于《博览群书》2006 年第 11 期，收入本书时略有删改。

性，从体制环境到媒介特性，从传媒生态到身份转型，从法规框架到制度约束，从业务流程到学理追踪，作者从容推论，考证翔实，不仅和当时泛滥成灾的空疏学风拉开距离，更凸显了他对问题意识的把握力度，在理论方法和问题逻辑的综合能力上达到一个新的学术高度。

作者在研究方法上的亮点是引入新政治经济学和制度经济学，尤其是把广播行业经济结构的历史与新闻宣传制度的政策分析相结合，从而透视出广播体制有别于一般性经济体制的改革难度。和其他传统媒介一样，广播行业本身体现着政治和经济的制度属性，并呈现着社会历史环境的演进所标注的主体能动性及其惯性。正如作者在全书的结语中所指出的："中国广播业在本质上目前依然是一个依附在行政体制架构内的行业，而非真正开放的行业，还不是真正进入了法制化的市场经济运行状态的产业。中国广播业的行政依附和附属关系及地位是新中国建立以后长时期实行计划经济体制的结果，换言之，广播业的行政式管控和运行模式，是计划经济体制在广播行业中的延伸和体现。"[①] 这样的观点无疑是一种历史制度主义观念的透视，即制度塑造人们的思维，安排人们的记忆。制度本身决定组织性活动的行为逻辑，从而成为一种合法性机制。作者的历史回顾着眼于广播行业生成的结构关系，充分阐释政治制度对于公共政策的决定性作用，尤其是我们的大众传媒体制所产生的意识形态性质的政治作用。比如，从延安广播电台的体制原型到以北京为中心的体制放大，从经济改革所主导的社会生产关系的变革所引导的生产主体的多元化到适应社会传播体制管理改革的 1983 年中共中央 37 号文件的颁发和执行。

当然，制度本身既是现实行为的指导原则，又是以往历史经验的结晶，同时预示着未来的选择。作者对问题的探讨，注重通过追寻制度形成的历史轨迹来梳理中国广播体制变迁的路径依赖和制度来源，并从改革开放所推动的社会主体多元化的现实出发，试图找出与广播体制改革相关的结构性关系和历史性关系。特定制度状态往往都是集体行为的结果，而这种结果往往和

---

① 邓炘炘. 动力与困窘：中国广播体制改革研究 [M]. 北京：中国经济出版社，2006：395.

资源分配与激励方式的制度安排有关。我们认为，改革开放的社会实践证明，多元化的利益主体和多元化的信息需求是对应的，即增加大多数人的选择机会，扩大人们从事他们认为有价值的一切活动的实际自由。就大众传媒自身来说，社会主体的身份认同和信息资源的营利性质要求形成舆论市场，并在改革进程中起到构建国家与社会良性互动关系的作用。20世纪80年代以来，中国传播媒介的权力性质正在随着市场经济的发展不断发生调整和变化，由简单的政治权力走向经济权力和政治权力的重叠。只有充分地对大众传媒的经济结构和经济过程进行阐释，才能够明白政治需求的传播政策定位。当政治架构在安排"谁得到什么""何时得到"和"如何得到"的时候，经济过程也要回应"生产什么""如何生产"和"为谁生产"的问题，而这始终是一个制度安排的边际收益和边际成本的比例关系问题。

国家通过政策影响传媒效益的生产和分配，影响经济作用的成本和利润分配。那么反过来，传媒市场和经济力量又影响着权力和利益在各方面的分配。双向的收益和经济效率取决于制度安排和制度结构，如产权的所有制、代理人和委托人的关系、经济主体的投资状态和其他界定交换领域和范围的博弈规则。一种形式的制度变迁要花费多少成本才为社会所接受则取决于既得现实社会的权力结构。正如两位研究媒体政策的学者简·冯·库伦伯格和丹尼斯·麦奎尔所指出的，"在当今社会，人们至少普遍认同这样一种观点，即进入传播工具的差异或是从传播中获取益处的多寡（信息、联系和渠道）与政治、经济权力的行使密切相关"[1]。我们认为，作为一种经济体制转型的社会表现（representation）的结果，中国经济改革对生产关系的引导是从生产主体的多元化到利益主体的多元化的递进过程，反映在信息和传播的层面上，就是对象征主体多元化的呼唤，实质上是推动更大程度上的社会主义市场经济体制建设的社会性参与。针对信息传播与社会管理的关系，作者表现了一种忧虑："在改革开放已经进行了二十多年的今天，如果整个社会的新闻和信息流传，至今依然需要依靠计划经济时期确定的、限制进入的行业管理管制

---

[1] 金冠军，郑涵，孙绍谊. 国际传媒政策新视野 [M]. 上海：上海三联书店，2005：16.

方式才能够保证的话，那么整个传播系统和社会运转将面临和承受越来越大的冲击和震荡，也积累着巨大的潜在危机。"① 如果我们认真考察社会治理的有效性，那么就会看到政治失灵和市场失灵一样缺乏一个有效的信息机制。这种缺失则会影响如何在体制改革中建构新的政治发展范式。总之，信息传播结构的治理在根本上涉及如何建构政治发展中新的合法化叙事。

和其他行业一样，中国广播行业最大的制度创新是经济自主权的扩大。从市场催化的角度来看，经济自主权的扩张是主要的动力机制。作者认为，1983年颁布的中共中央37号文件最大的意义是向广播、电视行业引入了商业经营元素或成分。这一突破性变化在当时又是中央和地方之间财力博弈的结果。它所确定的规则是中央政府在一定程度上放弃对地方各级政府兴办广播、电视的绝对审批权，在行政管控系统内部实行"权力下放"，以换取地方投入的积极性，形成地方行政权力和地方广播电视事业相互配套发展的新局面。但是，这种制度安排没有向非公有制经济开放，也没有向其他公有制行业和机构开放，只是放开和扩大了省市以下的广电行政管理部门对广播电视业发展的自主权，因此这种改革只是行政主导的广播体系的延展而非改制。这使得原来纯行政或者纯事业性质的广播系统变为"行政—事业—营利"型的三位一体的系统。1997年颁布的《广播电视管理条例》对广播行业的行政垄断权给予正式确认，并对广播业的营利性经营运作给予间接的确认。广播体系的改革基本上是一个着眼于经济活动的增长导向和效率导向，从而搁置建立社会主义市场经济体制所必需的市场参与程序和引入竞争机制的议题。由此带来的行业规模的扩大也只是行业行政管控规模和范围的扩大。在这样一种政事合一的制度安排下所进行的企业化经营，其凭借政治意识形态的象征权力所具备的威严，经济活动的本质逐步演化为按照行政权力级别分配的信息市场的垄断模式，必然导致经济绩效低下和游戏规则模糊。作者进一步认为，在这种科层体制中，由于采用了分级的管控架构，也会产生一些地方思维倾

---

① 邓炘炘.动力与困窘：中国广播体制改革研究［M］.北京：中国经济出版社，2006：271-272.

向，但是行政与广播活动的直接结合以及行业系统的行政统管和指挥运行（管办结合）模式一如既往。根据这一分析，可以认为广播业在体制框架构建方面并没有产生结构性的制度变革。当时传媒机构的经济收益和成本损耗是通过合法的和不合法的分享其他经济部类的改革发展收益而得以平衡和维持的。其中有一部分，如节目制作、发行和交换渠道，由于正在建立各种专题性、区域性乃至国际性的市场交换机制，可以由充分竞争的市场价格决定市场博弈的结果，在这个意义上相对可以满足最低限度的市场交换原则。当时的广播电台的主要经营业务，如广告投放市场，往往由不充分竞争的交换关系中发生的非常态性市场竞争和行政权力意志的实施来引导结果，甚至在某种意义上可以稀释其他经济部类所产生的经济效益。因此，现行的广播体制运行和改革还需要继续推进，此前的"事业单位、企业化经营"的行业运行模式只具有暂时的合理性和合法性，只是为更为宏观、重大和紧迫的社会政治目标服务的策略性和阶段性安排。

如果从公共政策的制度供给来思考社会转型时期的传播政策，有三个层面的指向：第一层面是政治福利，主要指支撑如何建立社会主义民主制度的相关价值，目的在于降低社会契约成本，促进社会利益最大化；第二层面是社会福利，即在面临社会分化和社会分工的现实时，如何重视社会感知秩序和凝聚力，如何对民族、地区、种族或语言的差异进行社会调解，调适受众的信息落差，通过调动广泛的社会参与来形成社会和谐的氛围；第三层面是经济福利，即传播机构本身日益成为经济领域的一个组成部分，要充分利用信息传播技术的生产力性质，提升专业人员的人力资本含量，解决传媒机构的经济效率问题。这三者之间的良性互动能够形成可以预期的现代化展望："信息透明度提升和信息搜寻成本的总体下降，是政治、经济和社会民主化和现代化的基础，也是社会民主意识和法制化程度发展的伴随现象。目前，国内处在社会政治和经济民主化建构和制度调整的转型期，正处在社会利益形势分化和权力制衡关系搭建的过程中，如何有节奏地把握社会信息传播系统的开放程度和范围规模，如何把当下的策略利益考虑和长远的制度建设目标

有机地结合起来，考验着改革决策者的政治智慧，也检验他们的政治意愿。"①就此而言，改革似乎成为一种危机管理，即危机意识的严重程度是让改革决策者感觉到体制改革的压力和必要性的前提；而制度创新的成本核算决定制度供给者的动力机制，并解释可能出现的制度供给不足或制度短缺状态。我们所希望的体制改革的终极目标无疑是通过降低社会的信息传播成本来推进社会收益的整体增长。

着眼于产权交易和成本控制的制度经济学一直成为研究中国体制改革及其效益的专业理论。这种理论认为，在经济增长和社会发展的过程中，意识形态具有不可替代的作用。作为一种价值和信念，意识形态是个人和社会达成协议的一种节省交易成本的工具，具有确认现行制度合法性或者凝聚社会意志的功能，可以降低产权的内部控制成本。但是在市场秩序自发扩展的历史进程中，作为观念的意识形态是具有认知性的和经验性的，思想解放即人力资源扩张的重要来源。所以，对于制度公平或正义的判断是意识形态的重要组成部分。制度经济学意义上的意识形态不但要解释现存的产权结构和交换条件的合理性，还要适应生产关系变化的社会需求，而更重要的是必须克服"搭便车"问题，从而降低维持现存制度的成本。诺思说得很清楚："意识形态是一种节省的方法，个人用它来与外界协调，并靠它提供一种'世界观'，使决策过程简化。"②具体到中国，这涉及如何推进市场经济的制度建设。这当中的悖论在于，当每一个人都试图把建立公共秩序和增加公共产品的责任推卸给行政权力的干预和生产要素没有充分市场化的"市场"时，因为没有人能够相信以一己力量可以改变市场秩序的极端方向，观念的腐败导致权力的腐败，由此形成改革逻辑受阻的瓶颈。所以，诺思在充分估计到意识形态和个人行为之间形成道德伦理分歧时认为，人们的经验和思想不相吻合时，形成改变意识形态的动力："如果主导的意识形态试图让人民将公正想象成与现存规章同样久远，进而从一种道德意义上服从这些规章，那么一种成功的、

---

① 邓炘炘. 动力与困窘：中国广播体制改革研究 [M]. 北京：中国经济出版社，2006：358-359.
② 诺思. 经济史上的结构和改革 [M]. 厉以平，译. 北京：商务印书馆，1992：50.

对立的意识形态的目标则让人民相信，不仅明显的不公正是现存制度固有的一部分，而且一种公正的制度只有通过个人积极参加变革制度才能产生。"① 这几乎成为一种历史演进中的社会关系的悖论，即要约束个人行为的最大化就不得不优先考虑社会行为的最大化。

问题在于，如果意识形态与现实经济变革不相容，则会阻碍经济发展。这是因为：首先，意识形态的滞后会增加社会交易费用；其次，在形成利益集团的社会现实中，意识形态摩擦会增加社会动荡和社会运行费用。从更宽泛的角度来考察，意识形态的滞后所引发的信息阻塞会损耗社会资本和社会信用，大量消耗经济资源而没有带来相应的社会效益，尤其是强化垄断性分利集团的地位，扩大信息不对称，从而制约经济发展。提高社会运行的信息成本实质上就是提高社会运行的交易成本。正如诺思所说的，"经济组织和利益群体是一定制度框架所提供的机会集的结果。由此而导致的外部性反映了规则、补充的非正规制约和作为制度框架结果的组织成员利益这三者之间的相互依存关系"②③。如何认识和把握在中国广播体制嬗变的过程中，各种规则、潜规则和利益结构的社会关系；如何根据社会主体的发展现状修正制度安排，把资源稀缺性、技术机会与社会成员的认知爱好和信息偏好相结合，进行重新配置经济机会和重新分配经济优势的制度交易；如何在体制变迁的过程中不仅要着眼于扁平单一的商业机制，还要在重新界定产权关系的过程中建构政治权力的合法性；等等。上述问题的脉络是作者探讨的主要内容，这不仅能引发我们继续深入探讨的浓厚兴趣，并有希望成为传播学研究上的一个具有坐标性质的学术积累。

---

① 诺思.经济史上的结构和改革[M].厉以平, 译.北京：商务印书馆, 1992：55.
② 诺思.制度、意识形态和经济绩效[M].杭行, 译.上海：上海三联书店, 2000.
③ 道, 汉科, 瓦尔特斯.发展经济学的革命[M].黄祖辉, 蒋文华, 译.上海：上海人民出版社, 2000：121.

城市的欲望与底层的想象[*]

20世纪90年代以来,中国经济改革的强劲激发了各地之间的经济竞争,城市逐渐成为评估社会和经济发展的坐标。在这一宏观背景下,中国城市化的发展成为一种具有城市个性特色的品牌竞争。每个城市,只要具备一定的文化特色,都试图通过对自身文化特色的宣扬来成为"被欲望"的对象,并由此赢得资本的青睐。这种城市形象的媒介化过程在资本和权力的双重诱导下,借助发展的名义和传媒的光环,不断释放城市的欲望,这不仅是一种城市的自我认同的人格化方式,还是投资开发商和行政管理官员一起合力打造的现代化景观。另外,城市景观的日新月异同时伴随着社会不平等的危机,如何在个人与国家之间建立有足够弹性的社会关系结构仍然是一个不容忽视的问题。中国城市化的跃进源于工业化过程中注重资源有效配置的需求,随着资本欲望所造就的人化的自然所形成的社会空间的割裂,人们不得不开始反思城市的健康有序和人际关系的和谐。

城市是什么?一般意义上的大众传媒与城市居民的关系是什么?本文意在通过两起个案性质的考察为这两个问题提供相关的参照,一起是以传播城市形象的媒介为分析对象,考察媒介对城市的塑造;另一起是通过实地观察来记录人们的感知,考察媒介对城市居民的影响。[①]这当然是一个可以循环的传播流程,从媒介塑造的城市景观到人对媒介的期望。两者之间的张力或许

---

[*] 本文原载于赵汀阳主编《年度学术2006:农村与城市》(中国人民大学出版社2006年版),收入本书时略有删改。

[①] 曾繁旭和黄典林两位同学分别参与了和本文有关的文献调研和实地考察,特此致谢。

有助于我们关注当代城市化进程中的社会生态的格局。

一、《新周刊》的城市意象

城市是现代化的标志，它汇聚着大量的人流、物流和信息流，是大众传媒的对象和土壤，其传播价值在现代性过程中扶摇直上："城市已成为一门显学，政府的政策和雄心、民间的智慧与热爱都围绕着它旋转；它无视各个学科各个专业的领地疯长，它在各种人群的不同嗜好里共同蔓延，它是大众情人以致人们现在说话时不提它如同女人没化妆就出门。"① 当旅游成为工业，文化成为品牌的时候，作为地方政府的形象公关手段，从视听广告到形象大使，从城市标志到城市雕塑，城市正在把自己纳入一个越来越媒介化的视野。② 有关城市的规划发展和日常生活的网络论坛沸沸扬扬，爱与恨，希望与建议，形成各种言论大战，而各种各样官方的、学院的以及民间的城市排行榜不断出炉，③ 城市从未像现在这样在意自己在所有这些名目繁多、标准混乱的排名中的起伏。在城市形象的主体化过程中，欲望是一种征候："对得到承认的欲望说到底就是对欲望的欲望。因为，想被承认为一种价值也就是希望被别人所'欲望'，就这个词宽泛的意义而言（例如'被赞美'）。"④ 显然，城市的发展形象直接牵涉到各种级别和规格的政府中心主义的命运和普通居民的生活态度。

我们在这里感兴趣的问题是，为什么城市会聚焦大众传媒？为什么大众传媒要雕刻城市形象？为什么要把城市形象明星化？城市的媒介化的动机是什么？

这是一个信息决胜的时代，在中国城市迸发的激情中，城市形象的传播

---

① 何树青. 城市显学 [J]. 新周刊，2004 年 3 月 5 日，No.173.
② 在 2002 年 4 月 24 日在央视国际频道的全天候节目的 81 个广告中，有 14 个为全国各省市的广告。《销售城市》，引自中国新闻网 2002 年 7 月 1 日"视点"栏目。
③ 比如 20 世纪 90 年代以来国家每年公布一次的中国城市综合实力 50 强排名、一些科研机构的城市综合竞争力比较研究，以及《新周刊》等媒体的城市魅力排行榜等。
④ 科耶夫. 驯服欲望 [M]. 贺志刚，程志敏，译. 北京：华夏出版社，2002：13.

分量越来越重。我们之所以选择《新周刊》作为探索城市与传媒关系的样本，是因为它是第一个有意识地致力于发现城市的平面媒体。它于1997年年底推出了专题"上海人为什么迷恋30年代"，于1998年8月推出了"城市魅力排行榜"专题，逐渐成为记录城市变迁的主要平面媒体，它也因定义中国的"第四城"，引发了信息事件和舆论大战。城市的发展与媒体的利益终于在各自分享象征和非象征的收益过程中形成了有效互动的结构关系。

无疑，《新周刊》开风气之先，有启蒙城市的运营意识之功，不仅呼唤"城市世纪到来"，更是宣告"城市中国到来"。从摇旗呐喊到反思批判，力图促进城市发展的理性化，也卷入城市形象的媒介操作，把媒体自身的市场策略和品牌经营变成传播对象的需求。这再次证明在市场经济时代，传播者和传播对象的双赢是维持传播状态的不二法则。

通过文献整理和调研访谈，我们对《新周刊》的个案研究主要通过对它的城市叙事进行分析，试图说明城市化与媒体运作之间的内在关联、媒体对于城市化的影响、媒体为何始终热衷于城市话题的报道、其间的利益关系何在以及如何评价各种利益裹挟之下的媒体话语的公共性等问题，从而揭示城市化的媒介化所展现的传播特征。

（一）机遇

《新周刊》与城市的关系凸现出中国城市化发展的现实脉络。据国家统计局统计，1990—2001年这11年间，中国内地地级城市数量由188个增加到269个，人口超百万的特大城市由31个增加到41个，城市覆盖面积占全国国土面积的比重由1990年的20%增加到2001年的42.6%。2001年，城镇总人口占全国总人口的比重达37.7%，比1990年提高了10.3个百分点。① 在第三产业成为经济主要增长点的时代，城市的影响力来自城市在现代市场经济发展中的媒介作用，如优越的地理位置，强大的经济实力，发达的交通运输和

---

① 倪鹏飞.中国城市竞争力报告No.1——推销：让中国城市沸腾[M].北京：社会科学文献出版社，2003：26-27.

邮电通信条件，完善的市场体系和有效的贸易、金融、技术、信息等社会服务手段，等等。换言之，城市本身就是一个巨大的媒介，城市的媒介化蕴藏着极大的市场价值。

《新周刊》创刊于1996年8月18日，以双周刊的节奏保持对社会潮流动态的高度敏感，每期的大型封面专题以15到40页的篇幅全方位报道具有潮流性和趋势性的内容，而"城市"栏目作为其有意经营的一个品牌，始终扮演着重要角色。自1998年8月1日《新周刊》第45期推出的"城市魅力排行榜"一鸣惊人之后，关于城市的话语铺天盖地，举凡城市规划、命名排行、发展策略、城市移民都在《新周刊》组织的若干个城市专题中展开讨论，同时，《新周刊》借助其他媒介文本，如摄影日记、流行歌曲、电影和文学，把城市搬上版面。① 总之，从通俗文化叙事的层面来延伸城市概念和城市形象的可传播性逐渐成为《新周刊》的不变主题，特别是"要如何经营一座城市"的悬念与媒介影响力平行推进。②

大众传媒对城市的鼓噪首先会带动城市的竞争意识。20世纪90年代是中国城市发展的高潮期。其大背景，一是向市场经济的整体转轨所带来的经济运行方式的变化，二是对外开放步伐加大与经济全球化的呼应所凸显的地区发展的落差效应，三是加入世界贸易组织前后的社会心理预期所强化的竞争意识。城市比过去任何时候都更加需要获得关于发展的新信息、新动向，比过去任何时候都更加在乎自己在城市群落之中的位置，比过去任何时候都更加盼望通过媒介来包装城市形象，找到城市的发展位置。由此看来，《新周刊》的城市排行和城市命名确实把握住了传播关系的脉络。

经营城市是对以城市空间范围内的公共资产按照资本运营的方式来经营，而对大众传媒来说则是如何通过城市的信息而获得经济价值。《新周刊》对城市主题的挖掘源于两个机遇，"《新周刊》能够确立自己在城市报道上的地位，似乎是钻了两个空当：第一，城市在发展中参谋的不足；第二，主流媒体在

---

① 比如哪座城市值得歌唱［J］.新周刊，2003年4月1日，No.152.
② 城市复兴［J］.新周刊，2001年8月，No.112.

城市批评立场上的缺失"①。在传播策略上的单纯和单一使得《新周刊》被誉为"城市包装的始祖"。按照《新周刊》执行主编封新城的说法，如果说《城市魅力排行榜》还是对书斋内浪漫主义的关注的话，那么《城市败笔》就有着更为现实主义的意义，而把成都命名为京沪穗三大城市外的"第四城"则带来强烈的戏剧效果，"比如昆明和丽江就希望我们能够对它们的发展有所推动，以实现资源最大化利用，这是我们既自然又意外的收获"②。排名之争牵动着排名的欲望，引发更多的城市迫切希望加入城市排名的传播序列，城市空间和传媒空间的相互置换形成传播的动力机制。

当越来越多的城市希望塑造自身形象的时候，无疑会带来新的传播资源，"城市魅力排行榜为我们观察城市以及让城市自己看自己开启了一个角度，一个发现城市个性之美的角度。从历史的角度看，社会经济的发展过程也就是城市化的过程，城市化是目前中国进行得最为轰轰烈烈的运动。排行榜实际上开启了《新周刊》的一个历史，那就是从人文的角度关注在这场城市化运动中城市与我们的关系"③。在传播战略的总体把握上确定的传播趣味意味着传播角度的特殊性，因为《新周刊》从来是以制造观点而不是及时报道取胜，而观点的构成是对报道内容进行或纵或横的指称排序，激发排序的渴望，打造欲望的链条。我们可以把它称之为"信息传播的区域化策略"，即把城市叙事的各个领域按照物理和心理的指标上升到意识形态的概念高度。这正如齐泽克所说："意识形态并非我们用来逃避难以忍受的现实的梦一般的幻觉；就其基本维度而言，它是用来支撑我们的'现实'的幻想建构；它是一个'幻觉'，能够为我们构造有效的、真实的社会关系，并因而掩藏难以忍受、真实、不可能的内核。"④政治权力、经济需求和文化审美的意识形态均借助城市话题形成一种观念的平衡和对峙，一是有助于传播者和传播对象在互动中构建这种真实有效的象征关系，从总体策略上把握"政治正确性"；二是可以淡

---

① 子非鱼.爱上城市的故事[N].南方周末，2002-09-12.
② 子非鱼.爱上城市的故事[N].南方周末，2002-09-12.
③ 子非鱼.爱上城市的故事[N].南方周末，2002-09-12.
④ 齐泽克.意识形态的崇高客体[M].季广茂，译.北京：中央编译出版社，2002：64.

化因专业分工而被割裂的社会对抗性,提供可以减轻社会冲突的技术合法性;三是通过叙事文本的修饰来转移社会视线,展示一种城市发展的有机性和互补性的象征可能性;四是通过主题多元化的离散效应在分化读者的同时满足阅读的选择性,在制造焦虑的同时缓和焦虑;五是制造城市发展流程的经典静态和永恒瞬间,使得欲望的释放定格在一个可以传播的界面。

(二)话语

《新周刊》的城市叙事从排榜、命名、摇旗呐喊开始,逐渐转入不断循环的反思与批判,之后再把报道的重点扩展到整个城市生活方式。这首三部曲并不截然分离,相对自成体系,思考路径与表达方式都各有特点。

1. 排榜、命名与摇旗呐喊

《新周刊》是以城市命名者的身份卷入媒体竞争,这是一个非常贴切发展欲望的传播支点:"在大众旅游和文化工业的市场上,城市在自身定位上的竞争引起了城市形象制造者的强烈兴趣。人们越来越多地把城市当作某种形象集合来展示或者出售。在某些时候,它们甚至成了自己现在或过去的幻影或是反映。"[1] 这种幻影最重要的传播特征就是自反性:通过注视他人来反观自己。1998年,《新周刊》刊布的"城市魅力排行榜"给17座城市贴上了标签,即最大气的城市——北京;最奢华的城市——上海;最伤感的城市——南京;最说不清的城市——广州;最具流动感的城市——武汉;最古朴的城市——西安;最男性的城市——大连;最精致的城市——苏州;最温馨的城市——厦门;最女性化的城市——杭州;最浪漫的城市——珠海;最悠闲的城市——成都;最火爆的城市——重庆;最神秘的城市——拉萨;最有欲望的城市——深圳;最辛苦的城市——香港;最陌生的城市——台北。把城市的文化个性用一种个体感知的方式来阐释,自然是把信息简化到极点而爆发出的传播能量。

---

[1] 荷兰根特城市研究小组.城市状态:当代大都市的空间、社区和本质[M].敬东,译.北京:中国水利水电出版社,2005:108.

不同于官方机构注重 GDP 排名，也不同于科研机构的城市综合竞争力比较研究，"城市魅力排行榜"是借助媒介叙事把个性化的民间关注上升到大众传媒的平台，①甚至有关城市的逸闻趣事也不例外，如"中国 11 城市玩乐榜""迷恋城市的作家们""哪座城市值得歌唱"。这不仅在读者心目中制造了一种与自我认同相关的传播关系，更引发了相关机构的焦虑和相关人士的批评。焦虑的制造自然会形成媒体话语的滚动，有人直指这是"《新周刊》文化霸权语境中的一个话语阴谋"②，也有城市因为排行榜的冷落而鸣冤叫屈。最有效的传播话语当然是那种在传播过程中能够激发话语再生产的话语。这种排行榜本身并无客观标准，不过是把个人的感受扩大为感觉的序列："中国城市的个性是中国人文化气质和心理特征的最为鲜明直接的表现形式，用感性的眼光打量中国城市、从文化的视角来感悟中国的城市，就如同走进了中国人多姿多彩的精神世界，意味深长而又妙趣横生。尽管这里评点的城市还只是中国 666 座城市极少一部分，尽管这极少一部分之外还有许多个性鲜明的城市，但这 17 座城市肯定是中国城市中最具有性格魅力的城市，她们真的值得我们细细品味。"③把一个宏大而模糊的对象加以个性化，就是要有意省略经济指标和社会理性的抽象而制造一种有效的传播关系，从阅读市场上调动受众，当然也可以在政治上促进城市的竞争意识和运营意识，换来传播媒体的知名度、品牌价值和实际的经济效益。

传播的定位策略在于把握和制造悬念。2000 年，借助西部大开发的政策东风，中国西部论坛在成都举办。《新周刊》不失时机地推出城市专题，把成都定位为"第四城"。因此成都的《新周刊》发行量追印了两万多册，各种话题和论战持续了一个多月。"'第四城'的出炉正遇上中国城市意识全面觉醒和城市竞争启动的时代，争排名是为了争资源，恰好也赶上了中国网络最火

---

① 比如，"城市魅力排行榜""成都：第四城"（2000 年 9 月 15 日，No.91）、"就这样爱上广州"（2001 年 11 月 15 日，No.119）、"云南：体验之都""换一个角度看上海：谁是未来中国的时尚地标"（2002 年 11 月 1 日，No.142）、"重庆：第 N 城"（2005 年 10 月 15 日，No.213）。
② 刘士林.何见南京有伤感[J].网周刊，2003-03-12.
③ 城市魅力排行榜[J].新周刊，1998 年 8 月 1 日，No.45.

爆最狂热的一年，一些'双城'的论战在网络论坛上激荡，以至于《新周刊》的城市论坛迫于压力而关闭。"①封新城在重庆第 N 城的发布会上坦言："我不好意思说出，'第四城'给我们带来的经济效益。"《新周刊》原主笔闫肖锋也承认，"《新周刊》的收入在广告之外，还有相当一部分来自各种城市活动"②。活动的有效性就在于制造信息的循环来不断维持传播关系，这就必须考虑到要形成一种信息的对称和对峙。2004 年，《新周刊》与《华西都市报》重操旧题，联手推出"娇子·成都十大名片评选"，而在亚太市长峰会召开前夕，《新周刊》又推出另一个专题，即"重庆'第 N 城'：一个榜和一座城市的现实与可能"，山城似乎充满无限可能性。

"第四城"显然是一个成功的概念营销。封新城说，他们已经注意到，这些年来成都非常关注自己的城市品牌运营、城市形象的打造，"相信这和我们当年提出'第四城'有着某种潜在的联系，甚至可以不夸张地说，'第四城'在中国整个城市发展运动中，开启了城市品牌和城市名片打造的第一扇门，在不同角度的讨论中起到了激活的作用，作为一个品牌，让大家畅所欲言，形成了一个参照体系"③。城市排名似乎始终可以激发人们的想象。这是因为城市逐渐由一个行政区划转变为经济实体和文化认同的单元，城市运营逐渐成为市场行销的新概念。长期处于计划经济时代的城市并未认清自身特点，无法进行有效的"城市包装"和发展定位，迫切需要大众传媒的提携，把城市本身推上市场销售的前台。

2. 表象的反思

经济全球化的普遍想象，使得 20 世纪末期开始的城市化浪潮获得了巨大的动力。借助资本流动以及隐藏于其后的规则和制度的扩散，城市框架扩展的发展理想逐步呈现出光环效应，使得城市的广告化成为发展意识形态的样本。权力和资本的布局，不仅是一种支配手段，更是一种现实动力，全面启

---

① 胡尧熙. 双城故事［J］. 新周刊，2005 年 10 月 17 日，No.213.
② 朱学东，喻乐. 新周刊，幸存者的游戏［J］. 传媒，2004（8）：14-24.
③ "重庆：第 N 城"首发式上《新周刊》执行主编封新城接受媒体采访.《新周刊》解读重庆 N 种可能性［N］. 重庆时报，2005-10-11.

动城市欲望的释放。中国的城市化正处于一部完全陌生的历史之中,最显而易见的就是城市规划的弊病,尤其是城市化过程中的"摊大饼",不仅没有使农村没有变富,反而使城市变穷并沦为"城市乡村化"。大量农村人口涌入少数大中城市没有实现相应的职业转换,城市建设的步伐赶不上人口城市化速度,城市不能为居民提供就业机会和必要的生活条件,从而造成了严重的"城市病",从根本上说,是资本导向下城市产业利益集团自我膨胀和各种利益相互作用的结果。① 在地方政府和开发商那里,空间资源和生态环境是一种必须尽量予以压缩的成本,而对普通人来说,空间和环境则是一种必须尽量维持的生存条件,最后的结果其实就是两种力量的博弈结果。这是一种典型的政治过程,而不是一个简单的发展过程。

  中国有传统的同一性思维和推广典型的政治文化传统,这也反映在市政发展战略上。从20世纪80年代的"锦绣中华""仿古一条街""x谷"到90年代盛行的"广场风",延续到21世纪初期,先后有"大学城""会展中心"和"CBD"等项目的流行。"中国城市太相似了,大部分还是找不到自己的特点和更有效的推广手段,最大的难点是,我们不可能替一个城市做任何事情。如果一个城市在城市形象这个问题上想得很清楚的话,它应该让不同的人在城市形象上做不同层次的事情。但是,现实是,做事的人并不一定有相当专业的知识。并且,我们发现,决策者遇到的第一个问题是经济的问题,第二个问题是任期问题。所以说,中国城市问题的根本是决策者和这个城市之间的关系。如果他们必须追求任内效果,他们的城市建设必然是短、平、快的。现在,有人在讨论'中国人是否失去审美力'这个话题。这个话题关注的是人们对生活品质的态度。生活品质来源于呈现生活品质的城市空间。我们常常要以破坏为代价达到某种发展的目的,尤其是无形的文化的东

---

① 国家统计局2005年12月16日发布的经济普查主要数据第三号公报显示,2004年中国金融业利润总额为906亿元,而房地产企业利润总额为1225亿元。国务院第一次全国经济普查领导小组办公室,中华人民共和国国家统计局.第一次全国经济普查主要数据公报(第三号)[R/OL].(2005-12-16)[2024-04-23].https://www.gov.cn/gongbao/content/2006/content_180475.htm.

西最容易被抛弃,最后在广阔的中国大地上留下一个个互相没有关联的'城市孤本'。"封新城所表达的是一种绝望的抱负,因为他看到行政的短期行为和开发商的短期行为是如此地互相依赖。如果市政变迁仅仅是一个行政权力的规划演习场,工业文明的城市开发原则如标准化、专业化、同步化和集中化就会在寻租活动中扭曲和变形,而城市本身的历史是断裂的和残缺不全的。

中国的城市化战略有两种观念:主张发展大城市和主张发展中小城市,前者强调土地和空间的资本增值,后者意在降低城市发展的综合成本。观念的博弈使得城市是各种颠覆性力量、割裂性力量和游戏力量共同起作用的地方,媒体也需要不断调整自己的传播角度来表达批评的立场,以担当"社会守望者"的角色。《新周刊》第一个具有反思性质的代表作是《城市败笔》专号(2000年3月15日,No.79)。文章具有行政批判的性质:"对城市的挑剔和批判体现的是人们对于高质量生活的追求,同时更是每一个公民的权利,……如果我们对那些既浪费了金钱,又糟蹋了环境的城市败笔熟视无睹,那么这种沉默就是可耻的,就是对人民的犯罪。"被总结出来的中国城市的"十大败笔"囊括了城市规划中所有的荒唐:从摧毁旧城的暴力到心血来潮的标志,从好大喜功的攀比到非人性化的建筑。批判是众口同声的:"专家痛说城市腐败""看不见的中国城市""你看你看城市的脸"等,城市规划学家、建筑学家、设计师、艺术家等各路专业人士纷纷从各自的专业领域出发为城市把脉。① 人们开始注意到要加强金融和物流服务业,要扩大社区服务,要保留绿色空间,要打造文化产业,等等。更令人感到困惑的是,当城市中涌进大量的陌生人以后,人与人之间的社会关系如何建构?

和一些主张限制城市人口准入的思路相反,人们所希望的城市显然是拥

---

① 反思与批判城市进程的主要专题还包括"国际大都市的8道门槛"(2002年12月1日,No.144)、"城市外卖"(2003年2月1日,No.148)、"城市使用说明书"(2003年11月1日,No.166)、"城市显学"(2004年3月5日,No.173)、"外滩及其倡导的生活"(2002年9月1日)、"上海不是榜样"(2003年2月15日,No.149)、"城市化大跃进"和"哪个城市不想大?——中国城市区划:成长的意识流"(2003年8月1日,No.160)。

有各种各样的社会机遇的,希望城市的流动性本身为人们提供尽可能最多的机会和选择,而不只是在新的生产方式和社会变动的节拍中被切割成不同的群落。

中国的人口管理是城乡二元结构,市场经济运动使得户籍和居住逐渐分离,有一亿多流动人口,这就是城市化运动所产生的最大的一个新社会阶层:"农民工"。但他们始终处于社会的边缘位置,城市化进程已经造成了社会的分裂状态。城市化并不能自动解决农民工问题,他们能否在城市就业是关键。这几乎是一个多重症结:一方面是因为城市化不足而导致第三产业化在国民经济中的比例还不及世界平均水平(40%),而同时呈现的工业化不足使得农村的就业人口产生对城市的极大压力,过度富裕的剩余劳动力又使得初级劳动力处于低成本竞争,再次延宕农村人口城市化的速度。"我们希望,'外来人口'这个概念能够渐成历史,户籍制度的樊篱能够逐渐降低,上亿的新市民能够融入城市,在其为城市做贡献的时候,也能够平等地享受到城市所提供的福利。"[1] 所以说,城市话题不仅是一个经济或者文化审美的问题,还是一个社会如何协调运作的问题。真正全面的城市报道,不仅要考虑到生活方式和文化审美,也要考虑到社会发展和社区生态。从某种逻辑上说,一个城市越大,群体越多样化,权利、权力越繁多,越容易依靠彼此之间的相互依赖和相互制约来保持社会生态结构的稳定,同时要借助法治化和民主化的进程来抑制所有会危及城市的自然、社会和经济污染。

3. 确认"城市复兴",关注城市生活

从传播学的角度来说,制造话语是制造注意力的基本手段。在话题成为人们的关注点之后,延展话题和调整视角就成为必要的策略。"在题材选择上,《新周刊》有一个阶段性的市场策略。最初几年,《新周刊》的形象是批判者——特别批判,特别爱说不。这是那时的市场空间决定的。我这么做,我才能拿到市场。那时整个社会就是这样的姿态,先破,但还谈不上立。但在 2000 年的第一期就发生了巨大变化,它主动采取了"立"的姿态——这

---

[1] 我们希望 [J]. 中国新闻周刊, 2005-12-31.

一年从批判者开始转型为生活潮流的引领者。我找到一个词，叫'生活方式'。"①当然，这种转向也与舆论导向要求相关，《新周刊》因为一期"20年备忘"专题而停刊整顿三个月。"'生活方式创意榜'，是我们转向对生活方式关注的开始。"②城市作为文化认同的对象，需要媒体话语来支撑。从这个意义上讲，除了政治经济功能以外，媒体还有强大的文化认同功能，它创造具有地方色彩的都市文化，提供身份认同、价值认同和文化认同的意义。这往往就需要把传播的有效性转换为信息的冗余度，像程序一样，重复调度信息。《新周刊》的成就在于制造城市的排名，而这种排名又需要不断地循环。1998年，《新周刊》把成都评为"中国最休闲的城市"，2000年以"第四城"为成都命名，2004年推出再看"第四城"活动。关于北京的专题，《新周刊》也推出了至少两期（"不一样的北京"和"回到北京"）。关于上海，《新周刊》策划的专题有"外滩及其倡导的生活"和"上海不是榜样"。城市的感性排名则越来越动词化，如2004年城市排行榜的内容是"最忙城市排行榜"与"最懒城市排行榜"；而报道内容则越来越名词化，"某某城市的十张名片"几乎成为常规模式。

产业结构的更新水平不一或利益格局的调整时差往往导致城市形象需要媒体来重新定位。"城市复兴"③的出现就是这类叙事，沈阳、石家庄、常德、汕头、三亚等一系列曾经面临城市形象危机的城市讲述他们如何重塑形象，树立政府公信力和重新打造城市魅力。被定义为"最说不清的城市"的广州在2002年9月1日的《新周刊》上再次登场："就这样爱上了广州"。城市生活的流体状态转化为新的话题，如"不一样的北京""回到北京"等关注城市移民的专题。"户口里的中国人"则把矛头指向中国的城乡二元结构所带来的户籍制度。《新周刊》也关注新兴的社会群体，并最先提出"飘一代"概念，"特指

---

① 柳剑能，张志安.杂志创新策略：访《新周刊》执行总编封新城[J].新闻记者，2003（11）：58-59.
② 《新周刊》执行总编封新城：新锐能表达我们的追求[EB/OL].（2005-04-07）[2024-04-23］. http://news.sina.com.cn/c/2005-04-07/16436319423.shtml.
③ 城市复兴[J].新周刊，2001年8月1日，No.112.

媒介与传播的边际线 陈卫星自选集

那些内心迷惘躁动不安喜欢从一个城市游走到另一个城市寻找一种特立独行的快感却被铺天盖地的孤独和无所适从的惊恐所湮没的另类生存者"。2001年11月的专题"忽然中产"以及同年12月1日的专题"中国一个新兴阶层的诞生",则全面宣告一个全新阶层在中国的形成。从消费主义出发,全球化意识形态的交响乐在中国奏响,中产阶级首先成为民族国家内部的世界公民。

面对对外开放所带来的文化变迁和社会转型,传统的文化规范不断面临冲击而不断裂变,本土文化正在经历着一个去地方化、去传统化的过程。在收入、职业、教育等背景下,各个群体的文化态度的差异形成不同的文化落差。正在成长中的城市文化中以第三产业的从业人员为主,是受外来文化影响最深的群体。他们凭借工作场域(公司、行政机关、高等院校和文化机构等)、直接感受(开会、讲学、出差所伴随的旅游)、视觉碰撞(各种视听媒介和平面媒体)、工作移民(城市之间、城乡之间、国家之间)等方式,对外来文化的感受与接纳度最大,并与传媒合作把这种流动的感受扩大和复制到全社会。他们在代表媒介的目标受众的同时,帮助传媒淡化着越来越严重的社会差异。

但是,这种生活方式能够成为大多数城市人的选择吗?在"外滩及其倡导的生活"(2002年9月1日,No.138)和"上海不是榜样"(2003年2月15日,No.149)这两个专题中,我们看到了质疑:"21世纪突然涌现出来的20多个外滩,簇拥着上海的外滩,不仅组成了中国城市的新外滩方阵,同时也幻化成一种浓缩的小资梦想、中产天堂、富家乐园以及国际化等多重指向的生活方式。"这与其说是观念的复制,不如说在意识观念洁癖的意义上用"高大全"的形象诉求取代普通人的生存需求。

当然,《新周刊》也关注普通人的文化需求、政治认同和生活欲望("街头没文化"2005年3月15号,在此前有过"我心目中共和国的十件大事""你有外遇吗?"等专题),也开始致力于唤醒"市民意识"。在2004年10月9日署名胡纠纠的《房地产套牢城市里的每一个中国人?》一文中,业主成为叙事主角:"在居住利益上爆发的维权事件,以及对城市规划的空前关注,可以被看作市民意识的觉醒,这使得房地产市场回归到市民本体成为可能""在城市化的游戏规则中，开发商是重要的一个角色，学者丁东为此总结出'四方博弈'的结论：'城市开发建设是四方利益博弈的结果。官方、开发商、民间再加上传媒及知识分子构成了博弈的四方。'在四股力量中，官方是各方的调适平衡者；媒体则是监督者和评判者，但媒体本身有自己的多重特性，作为多方博弈的一个平台，一方面受官方舆论导向的左右，还要接受开发商的广告，另一方面要为百姓代言，传递知识分子的民间话语。故此，媒体作为城市化进程中的第四种力量被削弱了，而民间的力量又因为缺少与官方和开发商等利益集团对话的途径在博弈中处于弱势地位。所以，剩下来的事情，只是两方博弈，演变成官方和开发商的'二人转'。"市政规划仍然被财富和权力在三维空间上的欲望所驱动。正如文化研究专家米歇尔·德塞都所说的，"城市变成了政治传说中的主要议题，但不再是有纲领有规律的操作领域。在将城市意识形态化的话语之下，繁殖着权力的计谋和结合。这些权力没有可以读解的同一性，没有可以让人把握的底线，没有合理的透明度，因此不可能进行行政管理"[1]。在这种背景下，媒介话语的作用是对问题的置换，即通过一种文化方式来满足解决问题的想象。

（三）策略

媒体成功与否，用市场观点来衡量就是要看能否创新产品营销的模式。《新周刊》在办刊22期后面临资金困境而绝地反击，逐步形成自己的经营之道，即在观点和视觉的开发之外把媒介行为整合到能够与广告、发行、活动等资源兑换的流程中。对此，《新周刊》原主笔肖锋说："其实，《新周刊》有着其他媒体并不具备的长处与营利模式。大家太看重广告的作用，忽略了别的要素。"[2] 这个没有点名的要素就在于启动了观看和被观看、欣赏和被欣赏的欲望，这可以从每年《新周刊》发布的四大榜表现出来，即"中国电视节目榜""中国城市魅力指数榜""生活方式创意榜"和"中国年度新锐榜"。

---

[1] 德塞都.走在城市里[M]//罗钢,刘象愚.文化研究读本.北京：中国社会科学出版社,2000：320.

[2] 朱学东,喻乐.新周刊,幸存者的游戏[J].传媒,2004（8）：14-24.

四大榜在制造注意力的同时引爆竞争的欲望，从而为媒体运作提供源源不断的素材资源。

作秀不是目的，而是手段，如"第四城"引发的传播效益就一直在推动一个定义重庆的策划："我必须要把这把火烧得更旺，让这个话题继续。这次我们找到的点火的时机就是今年在重庆的'亚太市长峰会'，这个时候整个城市呈现出一种躁动，这是需要一种表现力的时刻，有冲动，有自我需要反思和构想的时候，这个阶段非常的热，所以我们可以从我们的角度来找一个点。"① 但是，仅有一个支点是不够的，还要从支点上启动新的想象。在"重庆：'第N城'"首发式上，封新城一上来就跟重庆人说："我们错了！"意思是说，《新周刊》当初不应该把成都选为"第四城"。封新城还有一种套中套的说辞："城市竞争所导致的城市排序一直是社会公众及媒体感兴趣的话题，将重庆定位为'第N城'，固然与5年前对成都的'第四城'命名有关，但是，不同于'第四城'的是，'第N城'并不是一个简单的城市排名，对于重庆这样一个最具想象力空间的城市，其中包含着巨大的发展悬念和可能性，而这一点，是其他任何中国城市所不能比拟的。《新周刊》的'第N城'，与其说是一个命名，不如说是一种前瞻性的预言。就'N'这个字母所蕴含的无限可能性而言，重庆甚至可以说是'第一城'。"通过未知数的命名所销售的话语在这里成为赤裸裸的商业竞价。

更重要的是，《新周刊》每一次为一个城市进行的"宣传"，都是与地方媒体和地方政府的广告联营。这当然不仅要考虑经济，更要考虑政治资源的积累和铺垫。在中国，媒体的商业运作和政治思维几乎是同步的，对城市形象的媒体策划不能离开作为传播对象的地方政府的支持。可以说，《新周刊》实际上扮演了两种角色：中间人和策划人。首先，它在取得政府和企业的双重认可之后，为城市运营的形象营销做出总体的策划方案，确定城市运营的方向和目标；其次，它在政府和企业之间搭起一座桥梁，使二者能够在城市

---

① "重庆：第N城"首发式上《新周刊》执行主编封新城接受媒体采访。《新周刊》解读重庆N种可能性［N］.重庆时报，2005-10-11.

运营的平台上得以合作。媒体的城市策划，首先要抓住的是主导市场经济的两只手：地方政府和企业。这不但要对城市进程的政治需要和经济能力有非常深入的判断，还要善于把握社会情绪，挑动话题，预热观点，全面控制传播流程以保证预期收益。

  中国城市发展不均衡的现实使得只有少数的城市才具有传播的市场价值，同时暴露出城市思维的局限：只有平面，缺少立体；强调静态，忽视动态。有人提出，《新周刊》的专题策划与它标榜的"时事生活周刊"的定位越来越远。[1] 原中国期刊协会会长张伯海也认为："《新周刊》策划的每期主题之间并没有什么明显的逻辑联系，无法形成阅读期待；其次是《新周刊》的文章过于追求形式，而欠缺实在的内容。"[2] 因为往往要求助于制造概念，《新周刊》的优点同时成为缺点，以至于有人认为它提供的是"不负责任的盘点和排行榜"。因为人们认为这种排名没有专业机构的权威保证、统计数据的翔实论证和评估体系的理性逻辑，更多是市场运作的概念和小资文人的感怀，既没有理论根据，也没有数据分析，"带有明显的'侃'和'玩'的意味"。而且，"它常用的论证技巧是'攻其一点，不及其余'，并时常为了证明它所需要的一点一线一面，而不惜扭曲对象存在本身"[3]。城市形象的排名几乎是话语的幻觉："由于这种按照《新周刊》话语叙述出来的文化形象，不仅未能接触到中国当代城市发展中的许多现实问题，实际上还把许多重要的具有实质性的现实问题掩盖起来。"[4] 制造排名的做法是对用专业主义来衡量的信息传播的准确性和严谨性的挑战，只是有意采集信息海洋中的亮点来加以无限地放大、拼贴和组合，力图在一个非后现代的社会制造后现代的信息景观。对于大城市的偏好，《新周刊》不仅折射出大城市中心主义的诱惑，也表现着面对中国城市化进程中日益加剧的两极分化问题的无奈，甚至是文化态度上的逻辑悖论：

---

[1] 林娟娟.《新周刊》批判[J].新闻记者，2002（5）：21-22.
[2] 新周刊执行总编封新城：新锐能表达我们的追求[EB/OL].（2005-04-07）[2024-04-23]. http://news.sina.com.cn/c/2005-04-07/16436319423.shtml.
[3] 刘士林.何见南京有伤感[J].网周刊，2003-03-12.
[4] 刘士林.何见南京有伤感[J].网周刊，2003-03-12.

一方面鼓吹城市的运营和销售，另一方面又怀念传统的街头和街区。这当然也可以被看作媒体应对读者多元需求的平衡策略。

事实上，在城市化中，媒体不一定是在代表公共的声音，而是在更多地寻找自身的利益——包装城市，延伸品牌，积累有效资源。媒体往往不过是政府与开发商之间的调和者，"民间和传媒的两股势力虽正在觉醒，但远未形成气候，未建构起有效的制衡平台"[①]。在城市化的发展进程中，土地和空间是根本资源。当这两种生存资源被行政权力转化为寻租商品转卖给开发商之后，个体的空间所有权的缺失演变成当下社会矛盾的焦点。

面对城市化过程中的暴利和暴力，媒体的呼吁是脆弱的："城市建设的决策者们，在对你的城市进行手术之前，你了解它的文化与历史吗？你了解它的来龙去脉吗？你将如何尊重你的城市？中国在城市建设上到底缺少什么？是专家还是资金？是规划还是决策？也许最缺乏的是强大有力的民主和法制机制，是对人类和自然的尊重。"[②] 种种"城市文化危机""城市定位模糊"和"城市环境隐患"将是一代人甚至多代人面临的挑战。和卡斯特的信息化城市或者说全球化城市所代表的全球城市浪潮相比，中国的城市化进程是既不规则也不平衡的，从沿海到内地，从大城市到中小城市，从CBD到市郊，各种各样的差别不仅反映在规模和模式上，也折射出生存状态和文化表现的不同，这种模糊的景观使得城市的想象更加暧昧和复杂，从而传递出以城市广告化为表现特征的现代化的欲望情结。

二、大栅栏的媒介气息

在20世纪50年代以后兴盛起来的发展主义潮流下，发展传播学曾经把社会发展和媒介发展之间的数量关系定义为现代化的指标。在轰轰烈烈的全球城市化运动的推动下，城市的景观成为发展的名片。但是，城市化本身所

---

① 房地产套牢城市里的每一个中国人？[J].新周刊，2004年10月11日.
② 何树青，实建.城市败笔[J].新周刊，2000年3月15日，No.79.

产生的新的社会区隔往往被有意无意地遮挡。这种区隔来自社会分化过程中的社会分层，在把阶级换为阶层的公共语境中，阶层的分类不过是社会等级的空间再生产。定义社会阶层分类的指标可以有很多，如生产资料的拥有、财富和收入、组织权力、社会声望、知识技能、受教育程度、社会网络关系、消费水平、信息资源占有、职业等。按照韦伯的定义，阶层分类主要表现在社会声望（文化资本）、经济收入（经济资本）和权力地位（政治资本），如在这三者的综合考察中基本上处于被支配地位的社会人群当属于社会底层。经济增长往往伴随着社会流动的加速，这种流动不仅有向上的流动，也有向下的流动，并在城市的角落聚合边缘人群，北京大栅栏地区是这一现象的一个缩影。从某种意义上说，这具有一定的后现代都市特征，即社会意义上的边缘不再与地理意义上的边缘重叠。

大栅栏地区位于北京市中心天安门广场西南侧地域近似正方形，面积1.26平方千米，管辖114条街巷。根据2005年6月北京市社会科学院发布的《北京城区角落调查》，由于保护与改造的矛盾困境，以及长期在该地区改造上的认识混乱和行动乏力，大栅栏已成为典型的"贫民窟"，大量居民日均生活费不足8元。调查显示，截至2005年6月，在大栅栏的57,551名常住居民中，60岁以上的达9914人，占17%，残疾963人，失业登记4427人，社会低保929户，共1946人，外地女嫁北京人的277人（大部分北京男人是残疾、无职业、无收入、吃低保），人群结构呈现社会困难人群的特征。大栅栏地区人口密度大，居民居住环境拥挤。某住户一家3口的住房面积仅为4.8平方米，女儿出生后父亲只能睡在躺椅上。大栅栏街巷狭窄，最窄的钱市胡同只有82厘米宽；火灾隐患多，社会治安混乱，来自珠宝市、月亮湾的110报警电话频率高；黑三轮、黑导游屡禁不绝。[1]这里所呈现的社会断面是一个居民的社会权利不充分的景象，即缺乏在医疗、失业、住房、教育和救济等方面充分的社会保障。之所以出现这种社会底层阶层相对集中的现象，显然是经济产业结构转型以后城市内部贫穷的集中加剧的结果，同时是社会底层阶

---

[1] 社科院报告：大栅栏已成典型贫民窟[N].新京报，2005-06-17.

层的行为缺陷的传播效应的结果。

用数字演绎的底层不过是冷冰冰的经济指标，如何还原具体真实的底层的社会切片？以此为出发点，对该地区的居民媒介使用状况进行常人方法论意义上的调查就成为媒介社会学考察的一个内容。"贫民窟"这一称呼，不仅意味着显在的社会结构特征，还隐含着冲突、失望、悲观、观念落后、信息闭塞等负面界定，由此引发出一系列信息传播层面上的问题：媒体本身是如何构建贫民窟形象的？这种形象的呈现方式的动力机制是什么？大栅栏地区贫民的媒介使用的基本状况如何？这种处境下的贫民是如何解读媒介话语的？这种解读反映了怎样的自我认同方式？

调查持续了近一个月的时间。其中9月8日至9月17日，调查组走访了当地街道办和10个居民委员会，为了得到一些行政管理方面的理解和支持，并初步了解当地基本的社会经济发展和街区状况。9月17日至9月27日，调查组主要进行入户探访和观察，并搜集、整理相关资料。实地观察和个人访谈的目的是试图通过社会事实来理解媒介应用的社会情境。虽然大栅栏地区的现实状况是混乱而落后的，但活生生的日常生活散发出另一种真实。这种真实提示我们，不论什么样的大众传媒策略，信息被接收和理解的方式都将取决于受众与现实环境的关系，而这种具体关系的千差万别可能跳出传播意图的预设。

（一）印象

社会学家认为，"当代城市是移民运动的扩展和共存文化的异质性的代表，是一个强化社会不公平的因素和连带系统功能不足的标志，同时也是不断增加的公共服务的场所和日常生活不断制度化的场所，所以当代城市根据其扩大和多样化的情况创造出三个范畴的陌生人和三种层次上的陌生，即国家的陌生人、城市的陌生人和组织的陌生人"①。当我们以普通身份深入研究

---

① 荷兰根特城市研究小组.城市状态：当代大都市的空间、社区和本质[M].敬东，译.北京：中国水利水电出版社，2005：332.

对象所处的地理环境时,我们也成为陌生人。总体而言,除了作为商业街的大栅栏街的繁华景象之外,大栅栏的其他大部分区域都处于一种凋敝和灰色之中。即使是廊坊头条这样的传统商业街巷,由于年久失修、风雨销蚀,也显得过分拥挤、狭窄,混乱不堪,更遑论街区内部的其他街巷了。往西不远处的煤市街正处于拆除的状态,整个南北沿线一片狼藉。在废墟、烟尘和机器的轰鸣声中,挺立着一些残垣断壁,依稀可见当年四合院院落中老式宅屋的轮廓。在廊坊二条与煤市街相交的路口,有报摊售卖各种报刊(以都市报、杂牌刊物为主)。全球化的故事文本、现代化的幻想叙事与黑白的历史和落魄的传统,在轰鸣、嘈杂的烟尘和废墟中不期而遇。

初次进入大栅栏的街区,从街头即景和当地干部近乎一致的叙述中,就感受到那种局促和煎熬的生活。那些已经历经沧桑,并在时代的洪流中被不断整饬、拓展得变形了的四合院,灰鸦鸦一片,静默地蔓延在一条条逶迤的胡同周围,构成了一个错综复杂的迷宫。这些房子有新有旧,大多数都是上百年的老房。大部分胡同是很安静的,与前门一带的喧嚣形成鲜明的对比。偶尔可以看到居民坐在门口读报(几乎都是《北京晚报》),但更多的是紧闭大门,有的甚至还写上"谢绝来访""禁止串门"这样的字句。后来进行问卷调查时的经历告诉我们,这不是一句戏言,而是一种心态的宣言,一种群体氛围的标示:整个街区的社会心态是保守的、怀疑的、不信任的、警惕的、防守的、排外的。那种打量的疑虑眼神、那种不容解释的拒绝语气,让人触目惊心。这种隔膜和不可沟通性是如此强烈,随机性的入户问卷调查无法进行,我们显然感觉到了社会排斥之后的一种拒绝交流的集体无意识。联想到整个区域现状的不确定性、未来命运的飘摇对人们的信任感和安全感的无情摧残,联想到现实的孤独、绝望、遭遇排斥的处境对于人的善良、友好和进取心的消磨和嘲讽,足以理解这种社区的封闭性。这种冷漠的外观标志着这个社区在某种意义上的社会退化,意味着某种意义上的社会整体性的缺失。

从社会学的角度而言,社会阶层划分的多元化,在任何一个社会都是不可回避的现实。"随着城市中的陌生人越来越多,城市生活的方式需要更多

的中间人和翻译。后者的短缺导致了不断增多的误解、迷惑和冷漠。"① 从事社区管理的工作就是针对人的社会身份进行社会调解,在"成员"和"非成员"、"组织"和"非组织"之间建立最大的流动关系。"和谐社会"的政治理念,无疑是要人们认识到当下中国社会各阶层的矛盾和冲突是一种可调和的矛盾,阶层之间的相互妥协不仅是必需的,也是可能和可行的。那种阶层之间排他性、消灭性的对稀缺资源的争夺,当然是危险的和非理性的。但是如何使得生存和发展的资源配置社会化当然需要政策调控、社会救助和人力资源的社会开发。

我们如何以观察者的身份来把握在一个具体空间中人与现实环境的关系?城市人类学家认为,个人对生活所在地的认识是由多个因素构成的:"(1)一种个人身份认同感,一种说明"我们是谁"的感觉;(2)一种社区感,成为一个大集体(或者家庭或者邻里人群)的归属感;(3)一种过去和将来感(时间感),一种我们身后和我们面前的地点感;(4)一种在家里的感觉,一种舒适感。"② 在走访的二十多天中,我们逐渐切身体会到"贫民窟"的称谓意味着什么。(1)失业人口多:每到一个居民委员会访问,工作人员诉说的第一件事都是就业问题。在10个社区中,除去廊房二条因为是以商业为主的街区,外来人员占90%以上的比例,失业问题不是很突出外,其他各个社区均存在严重的失业问题。这些失业者,多是体制转型过程中的被淘汰者,大多是缺乏基本的再就业能力的中年人。社会保障的不完善,加剧了失业的压力。(2)人口结构失衡:大栅栏的人口呈现出"老、病、弱、流"的特征,即老人占绝对比例,残病人口多,缺乏生活保障的弱势群体庞大,流动人口多。这样的人口结构直接导致当地社会可持续发展困难,社会管理难度越来越大。(3)市政设施严重落后:街道极其狭窄。在所有的街道中,商业街大栅栏街是最宽的,宽度达五六米,其余的街巷一般只有二三米宽,最狭窄的

---

① 荷兰根特城市研究小组.城市状态:当代大都市的空间、社区和本质[M].敬东,译.北京:中国水利水电出版社,2005:333.
② 奥罗姆,陈向明.城市的世界:对地点的比较分析和历史分析[M].任远,译.上海:上海人民出版社,2005:16.

小巷只能够一人通行。水、电、消防、下水道等基础设施落后，无法满足住户的生活需要，安全隐患严重，卫生环境差。（4）社会治安混乱，各类刑事案件发生率高，居民缺乏基本的安全感。

什么样的城市环境，必然产生一种什么样的物质观念，而生活方式则逃不脱这种观念的诱导。我们所看到的物质的外延承受着太多的不足和缺失，以粗陋、匮乏的表情暗示着心理上的阴影。这正如美国城市社会学家雅各布斯所说的："一个成功的街区应该能够知晓自己的问题，不至于导致问题成堆而积重难返。失败的街区是一个被问题纠缠，甚至在越积越多的问题面前无可奈何、不知所措的地方。"[1] 我们也在调查过程中发现，整个地区的社会心态是悲观的、不确定的、消极的，甚至是愤懑的。这不仅是大部分住户的心态，甚至一些基层工作人员也有这样的心态，因为他们也是其中的一员，但同样面临着住房、就医、养老的问题。只有对这些共同话题、共同要求进行合理有效的解决，才可以加强对社区的认同感。这既包括解决居民共同关心的利益要求，完善公共设施，更有赖于社区居民对社区建设所解决的卫生、治安、交通等问题的认可。虽然个体的环境感受性不一定能够被纳入统一标准，但具有物质内容的社会环境的影响无疑是人的行为、情感和思想的动力因素。

（二）情境

传播媒介的使用创造、修饰和改变了对社会人群描写的方式。对于传播媒介的社会使用行为，按照英国学者约翰·B.汤普森提出的一种区位性行动的分析方法，分析单元可包括时空特征（谁在什么地方接收多久什么样的节目）、权力关系（谁控制节目接收）、互动形式（接收与日常生活的关系）、受众关系（性别、年龄之间的差异）、技术规格（传媒媒介的技术分类）等。[2] 我们对传播情境的调查考虑主要的社会特征，即从社会空间的差异格局出发，把整个大栅栏地区的媒介使用者和使用方式分为三种类型。

---

[1] 雅各布斯.美国大城市的死与生［M］.金衡山，译.南京：译林出版社，2005：122.
[2] 汤普森.意识形态与现代文化［M］.高铦，译.南京：译林出版社，2005：341.

公务类型。政府及其下属机构使用的媒介样式包括电视、报纸、电脑网络、板报、宣传栏、传单等。主要目的是办公系统的信息传递（如文件、通知等信息的传递。在不少社区的办公室中，工作人员使用网络聊天工具传递着文件）、对群众的政策宣教（最常见的方式是组织群众观看电视专题片，如消防安全法规宣讲等）、对公众和媒体的公关（策划报道、影响媒体的议程设置，提高政府形象，常见的形式包括出版宣传册、开办政府网站、联系媒体进行典型人物和事迹的报道）、掌握信息资源（如通过媒体掌握行政工作必需的社会信息、通过党报、党刊等了解方针政策等）。

商务类型。店铺因其规模和实力不同，使用媒介的样式和介入媒介运作的程度差异很大。一般的小店铺使用媒介的主要目的是借此营造一种商业氛围，如大多数的饭馆和发廊会在角落安装一台电视机，以此制造气氛，为顾客在等待的时候消磨时间；而实力雄厚的店铺可能会利用资本等手段策划一些社区的新闻事件，以此达到其商业目的，如张一元茶庄资助失学儿童的社区新闻（见下面的《开学了，让特困孩子高兴上学》）。

市民类型。这是媒介消费的主体，是我们重点考察的对象。这部分受众在媒介使用上根据其自身的素养和生活条件的不同而有所区别。但总体而言，这部分受众影响媒介的可能性几乎为零，他们以被动接受为主（指信息传播过程和反馈意义上的被动，而非传播内容意义解读上的被动接受），连现代常见的诸如写信、热线电话和短信等参与媒介的形式都很少有人使用，因此基本没有反馈。这可能与本地区居民的整体素养有关。大多数居民是失业人员、老年人和流动性很强的外来人口，他们基本上对外来的信息输入采取一种消极和无所谓的态度，可以理解为放松的方式或者是对日常生活的逃避从而形成时间结构的意义。

在所有媒体使用中，电视最为常见。[①] 无论是何种状况的家庭，都会拥有

[①] 北京全市广播电视综合覆盖率达 99.5%，有线电视入户率为 62.1%。广播电视"村村通"工程顺利推进，年内实现了让 90 个自然村的农村居民看上电视的目标，城镇居民每百户拥有彩色电视机 147 台。来源：北京市信息化工作办公室发展计划处 http://www.beijingit.gov.cn/jcsj/t20050622_115759.htm。

一台接入有线网络的彩电（极少数的特殊家庭没有电视，如在百顺社区见到一位服刑释放人员，他无业、无亲，在社区居委会做义工，依靠社区接济生活。他家里没有电视，每天到社区电视房看电视）。对大多数人而言，"电视的费用是可以接受的"，"没有电视，生活会没意思许多"。①

在日常生活中，电视扮演着一个近乎核心的角色。对于退休的老年人、无业者和商铺的从业者而言，电视是填充时间的一个必需品和气氛的营造者。石头胡同那位拒绝采访的老年人，无论我们怎么解释，他都不愿意接受访问，但他的眼睛一刻也没有离开过桌子上的电视机（当时正在上演相声，他因为被打扰而显得有些生气）。在接受我们采访的其中一家（若不是她的女儿回来，老太太几乎不会搭理生人的），电视则是从早开到晚的（儿女均有工作，所以似乎不在乎整天开电视机的耗电成本。相反，在一些夫妻双双下岗的家庭，即使有电视也是很少开的），女儿大声地给老太太解释电视上的新闻故事。显然，电视节目是陪伴老年人生活的重要内容。

在大多数店铺（尤其是发廊、饭馆之类需要顾客等待的场合），都会在角落里安装一台电视机。"生意不是很好做"，电视显然是在业务和休息之间的时间填充手段。在大栅栏、廊坊头条、二条这样的商业街区，电视机和音响设备是用来营造商业空间消费氛围的基本手段。根据服务业的发展而对媒介应用进行潜在的变换以标明媒介使用者在某一个具体的空间中的身份和位置。

从访谈的情况来看，居民对电视内容的关注点主要是新闻和实用资讯，娱乐的内容反而被不少住户认为是带有欺骗性的东西，因为节目当中的时尚内容显得离他们的生活现实较远。在我们随机询问的10位居民中，仅有一个30多岁的人知道《超级女声》，而居民对北京台《法制进行时》的了解程度是100%，无论是文化程度、年龄、就业状况如何差异，几乎被访问的每一个人都知道这个节目，他们对此节目的评价很高，并且大多数人是习惯性地观看

---

① 从20世纪90年代开始，中国城市家庭的电视机拥有率已经陆续开始超过100%。2002年拥有两台和两台以上的电视机家庭比例在城市已经达到24.9%，在农村也达到了13.5%。陈素白.中国城市家庭媒介接触与广告关注［EB/OL］.（2005-05-11）［2024-04-23］.http://finance.sina.com.cn/roll/20050511/15441578811.shtml.

这个节目的。居民喜欢这个节目的理由几乎一致：多了解法律知识，可以防止被骗。这类信息的接收程度之高可能与本地居民认为自身环境的不安全有关系。此外，居民关注的相关信息就是本地区的改造动态、就业信息等实用资讯。

电视媒体也被用来营造社区气氛。在百顺社区，我们听到一些故事：社区基层官员介入媒介活动，参与信息生产过程，通过树立典型，一些个人以社区传奇人物的形式成为媒体报道的对象。居民被组织去参加电视台的节目录制，亲身感受节目信息的制作过程。被报道的对象通过亲身参与，为自己和周围的文化环境塑造了一种全新的认同感。人们在媒体中的自我呈现，使得这些个体体会到一种自我实现的愉悦感、一种参与意识、一种改变文化和精神现状的进取意识。此外，电视在社区还有一种特殊的宣传教育功能。据我们了解，大部分社区居委会经常组织年轻人开展计划生育和卫生保健的知识教育、国家相关的政策和法规宣讲、老年人养生教育等活动。在这些活动中，往往会通过电视播放一些录像资料，来增强讲座的生动性和可听性，活跃现场氛围，增强宣传效果。

由于电视的广泛存在和巨大影响力，广播几乎不占有多少优势。就我们整理的访谈资料来看，广播的使用率很低，且多为老年受众的习惯性使用。这也许与广播作为一种个人化的媒体所导致的使用方式有关，即它不是一种公开展示的媒体，而是一种私密性很强的媒体。这样的特性导致一般的观察无法发现更多的收听行为。根据访谈资料可以确定广播在该地区的影响是很少的。为什么广播会远离当地的听众？这是否与当前广播节目本身的话语形态有关。广播节目的主流是流行话语、时尚话语、中产话语、情感话语，相反，传统的各种艺术和话语方式被逐步淘汰（表现为交通、流行音乐、城市生活等节目的兴盛和戏曲、相声、评书等节目样式的式微）。这样的广播节目现状，与大栅栏地区的文化主流样态（传统的、城市底层的、相对保守的）是冲突的。电视之所以有巨大的影响力，与其视听兼备的传播优势有关。对那些娱乐休闲选择余地很小的居民来讲，看电视成为一种低成本而又相对收益丰富的方式，这几乎在全世界都一样。对这些生活形态常年不变的人群而言,广播的伴随性、个性化、迅捷性等优势特征几乎没有任何价值:他们几乎没有可能开汽车,也没有时间去收听那些滥情的故事,更无须对瞬息万变的信息社会做过分紧密的节奏把握。

根据现场的观察和访问,该地区报刊的普及程度仅次于电视。在街道办及其下属的各居民委员会的办公室,报纸是通过党政系统的公费订阅的。各个社区的报刊种类几乎一致,除中央、北京市主办的各种党报、党刊外,还有《北京晚报》《法制晚报》以及大栅栏街道办自己办的内部资料。其中,《法制晚报》最受大多数居民委员会工作人员的喜欢,他们给出的理由是"法制内容丰富,对工作有帮助"。《北京晚报》也很受欢迎,被认为是"最贴近社区生活的报纸"。居民委员会工作人员关注的主要内容包括时政新闻、社区和民生新闻。

对普通居民而言,报刊的主要来源是报摊零购,自费订户相对较少。报摊包括固定的和流动的两种,并以后一种为主。报摊上最经常出现的几种报纸有《北京晚报》《法制晚报》《北京青年报》《娱乐信报》《新京报》等。其中,《北京晚报》和《法制晚报》最畅销,一般剩余报纸很少。居民看报的主要目的是了解新闻和掌握实用资讯(天气、生活小常识、社区动态等)。影响读报与否的主要因素则有以下几点。

第一,文化限制。有些老年人不识字,无法读写。另外一些人则能够读报,也能大概明白内容的主旨,但不能写字。

第二,经济考虑。有些人虽然文化程度并不低,却由于经济窘迫,无法每月花费几十元来读报。他们可能以前有读报习惯,但由于生活所迫,这种习惯逐渐消失。

第三,媒介偏好。有些人既不缺钱,也能够读写,却从来没有读报的习惯。在读报的人当中,上述因素同样影响到阅读的兴趣偏好。那些生活基本有保障、有一定文化水平的人,在读报的时候对相对高端的信息(国际新闻、热点时政新闻等)会比较关注,并具备一定的理解能力。

在街道工委,我们遇到一件颇有戏剧性的事件。一位家长找到工委宣传部,情绪激动,要求撤销街道网站上的一篇"不实报道",称该"新闻"中存在多处不实之处，对其孩子产生了不良影响。宣传部的工作人员尽力安慰，并保证一定给出一个满意的答复。这则"新闻"全文如下。

开学了，让特困孩子高兴上学

雨露滋润大地，禾苗茁壮成长。对于大栅栏廊房二条社区的特困学生刘佳来说，社区居委会和张一元茶庄多年来的关心和帮助就像初春的甘露，滋润着她走向成熟。

刘佳的父亲早年离家出走，母亲精神失常，丧失了劳动能力，一个家完全靠八旬的姥姥支撑。"穷人的孩子早当家"，艰难的生活环境使刘佳变得更加懂事，但也常常让她苦闷。就在这个时候，社区居委会和张一元茶庄共同伸出了援助之手，在物质上和精神上时时为小刘佳排忧解难，用爱心陪伴她从小学走到了中学。今年刘佳中学毕业了，懂事的她为了减轻家里的负担，报考了一所中专院校，但是每月只靠500多元低保金生活的一家还是难以承担刘佳开学后的费用。眼看就要开学了，看着同学们都在高高兴兴地准备跨入新的学校，刘佳心里难过极了。艰难之处见真情，张一元茶庄的负责人们更是关注着孩子们的开学。就在近日，张一元茶庄同居委会一起，为刘佳送来了1000元助学金和雨伞等生活用品，这对刘佳来说真是雪中送炭。刘佳表示一定不辜负大家的关心，努力学习专业知识，将来用自己的才智建设社区，回报社会，回报多年来关心、爱护她的人们。

大栅栏宣传部　李京
廊房二条社区居委会　杨彦霞

（摘自大栅栏街道办网站：http://www.bjdzl.gov.cn/xinwen/shequ/NEW06.htm）

这则报道的叙述方式虽然有新闻本身表达方式的公式化，多少可以反映基层群体对于"新闻"的理解，但更为重要的是企业、政府和公众三种力量之间的互动与博弈过程。在这里，政府的宣传意图和企业的新闻操作形成了"合谋"，与报道对象的意愿和利益需要产生了一种富有张力的冲突。在一个以贫困为基调的社区中，某些居民的自尊心往往被现实的困境催化，并且显得异常敏感。政府和企业分别出于政绩性和商业性的公关宣传目的，往往低估了这种自尊心的存在。这种信息窗所具有的公共性和私人性之间产生有意味的碰撞，使得这种信息空间的流动具有形式上的可能。

但在这件小事所透露出来的信息中，最令人们惊讶的是，一个被专家称为"贫民窟"的街道网站上的一则小小的新闻，竟然会有人关注到，并且会为此站出来"要个说法"。显然，信息传播系统在当地的社会关系建构过程中发挥的作用远远超出人们的想象。我们发现当初对于居民的互联网接触情况的估计是有问题的。这里的人们在信息接触渠道上没有我们所想象得那样落后。就互联网这样的新兴媒体而言，很可能其使用群体的分布状况与其他社区的人群是没有太大差异的。实际上，一些所谓的低保户的生活没有想象得那样困难。这一现象提出了一些新问题，即贫民窟的网络使用者们是一种怎样的状态？这种新兴的信息传播方式对当地的信息传播系统本身是否构成一种有影响力的途径？在不同的媒体接触者之间，这种新旧媒体之间是否构成了一种信息互补？网络媒体对人们的观念和行为方式是否有影响？

在近一个月的走访过程中，通过当地工作人员和住户的介绍，我们对这些问题有一些基本了解。可以说，当地中年及以上的居民是很少使用电脑和互联网络的，"主要是年轻人在玩"。据介绍，整个大栅栏地区没有一家网吧，"先前是有的"，但考虑到未成年人聚集上网可能导致的一些负面影响和安全事故，这些网吧先后被关闭。拥有电脑和宽带的家庭不在少数，但也不是多数。① 据介绍，一般有稳定收入的家庭才有条件上网，"主要是为了孩子""怕孩子落后于这个时代"（从这一点可以看出当地居民的教育观念的信息化特征）。还有一些人上网炒股、上网作交易，虽然这样的例子很少。假定一个家庭连基本的生活保障都成问题，那就基本上不存在购买电脑和宽带上网的可能性。简而言之，有人拥有媒介的使用条件和使用能力，能够利用媒介满足自己的主观需求；更多的人是被动接收能够触及的媒介。邻里之间很可能在

---

① 北京市信息化工作办公室发展计划处. 北京市全市网民数 402 万人，占全部人口的 27.6%，比例为全国最高 [EB/OL].（2005-06-22）[2005-06-28]. http://www.beijingit.gov.cn/jcsj/t20050622_115759.htm.

信息化程度上就分属于两个世界。

在当前的城市化过程中，信息化建设是社区建设的重要内容。在这一导向下，各种大众传媒对人们日常生活的渗透在逐步扩大人们的视野，具体而言，有以下三点：

第一，政府信息化带动居民信息化。当地街道及其下属的各个社区已经初步实现了电脑联网，工作人员可以在网上传输信息，基本实现了办公信息化。尽管各社区只有屈指可数的人会熟练使用电脑，且各个社区的情况相差很大。工作人员认为，电脑使用起来很方便、效率高。我们在多个社区居委会看到工作人员使用聊天工具来传递公文信息。通过当地基层政府的带动，不少住户对电脑和互联网有了初步的认识。例如，百顺社区开设了电脑课程，为感兴趣的居民提供电脑教育，"每次都有人来"。

第二，不同媒介形态之间的信息互补。在与一些年长的工作人员的聊天中，我们发现不少家长除了从报刊、广播和电视等传统媒体获取信息外，还会通过其年轻子女这一间接渠道接触互联网资讯，形成"初级和次级接受者"[①]之间的互动。对于那些平常很少关注新闻信息的年长者而言，在互联网上冲浪的年轻一代往往能替代媒体的角色，成为代与代之间的"舆论领袖"，在日常沟通中发挥信息和舆论渠道的功能。从这个意义上讲，人际互动弥补了大众传播由于经济能力、技术、观念等造成的接触差异，从而把经济地位不同的人都纳入信息全球化的系统，这似乎印证了多级传播论的假设。

第三，互联网催生了一种开放的社会心态，虽然这在大栅栏远非一种普遍现象。通过与几位一二十岁的年轻人的接触，我们发现他们都是网民，他们上网的目的主要是"聊天、打游戏、看电影"，偶尔也去"BBS 灌水"。他们认为，在现在这个时代"没有上过网是老土了"，难以跟上时代。网络上的东西是自由的、开放的、多元的，感觉很奔放。他们都认为大栅栏已经落后于时代了，常常会回去劝父母爷爷辈的人"思想要开化，不要老古董"。一位在街头值勤的老年人说，她虽然没上过网，但通过子女也知道互联网，"年轻

---

① 汤普森.意识形态与现代文化［M］.高铦，译.南京：译林出版社，2005：318.

人思想开放,我也受了感染""通过网络可以了解全世界"。这说明,尽管信息化城市的社会流动概念对发展中国家来说还有距离,但在一般意义上,现实的社会空间和大众传媒的空间能够形成多多少少的社会交换,从而使得个人和社会之间的联系更为复杂。这再次证明,"当今的公共领域通常不固定在城市(或城市的某一部分)里,它已经转移到了大众传媒的王国中,并且随着全球科技交流的整体发展蔓延开来"①。这就说明,大众传播的公共性质越来越超越既定时空的限制而呈现越来越大的开放性。

(三) 回音

当代英国学者约翰·B. 汤普森在对法兰克福批判学派进行批评的时候指出:"他们所共同具有的缺点:根据传媒机构的特征或功能和传媒信息的特点来解释大众传播的意识形态性质的倾向。这是一个缺点,因为,不能设想,由传媒机构传布的信息,依靠这些机构的组织或者这些信息本身的性质,当信息被人们在日常生活过程中接收和收用时将具有一个已知的结果。不能设想,接收传媒信息的人,由于接收了它们,就会被迫以模仿性和适应性方式行动,从而被束缚于他们的行动和据称强迫他们的信息所复制的社会秩序。"②20世纪70年代以来,传播效果研究的新发现就指出"媒介对人做什么"的命题正在转化为"人对媒介做什么"。我们通过调查获得的一个重要感受就是低估基层民众的智慧是很无效的。"认为老百姓是愚昧的想法是非常可笑的,他们心里比谁都清楚","老百姓有自己的立场和观点,只可惜我们听不到这样的声音","群众反映心声的渠道太少了"。基层民众对媒体同样有自己的看法,不少人对媒体的话语方式和报道的公正性提出了质疑。这种立场来自他们希望改变信息传播的权利不平等的诉求。

第一,他们对大众传媒参与社会管理有较高的期望值,认为信息沟通是解决问题的前提。例如,有居民表示,"现在政府与群众的分歧就在于,上头

---

① 荷兰根特城市研究小组.城市状态:当代大都市的空间、社区和本质[M].敬东,译.北京:中国水利水电出版社,2005:96.
② 汤普森.意识形态与现代文化[M].高铦,译.南京:译林出版社,2005:268.

不了解民情民意，不与群众沟通，致使问题越来越严重"。如果"专家们也来我们这里生活一段时间"，他们就不会"清谈空谈什么保护"，就不会"站着说话不腰疼"。有工作人员说："要是媒体早点报道大栅栏地区的困境，能够早点引起上头足够的重视，或许问题不会像今天这样严重"。

第二，他们对大众传媒的社会代表性不足表示不满，认为媒体的立场和主流话语是背离人民的实际生活的。有被访者认为，现在媒体上"除了车子，就是房子"，与大多数老百姓的生活相差千万里，让人看了"很不舒服""压力很大"，"感觉社会差距太大了，令人难以忍受"。大众传播所塑造的生活方式与自身生活处境的反差形成一种心理距离。

第三，他们希望大众传媒更多发挥舆论监督的功能，他们认为媒体的舆论监督作用有限，关键是体制的问题。媒体无法独立监督，腐败无法遏制。大部分人认为，舆论监督是很有必要的，媒体能够发挥一定的监督作用，能够产生遏制腐败的力量。

第四，他们希望大众传媒提供更多机会的社会参与性，希望大众传媒能够成为真正的信息渠道。不少人认为，"群众没有地方说话，时间长了都对反映问题没劲头了"，"即使说了也区别不大"。在这样的背景下，群众参与媒体互动的情绪也相对较为低落。在我们访问过的10个社区中，除百顺社区的一些居民参与过节目录制外，绝大多数居民都没有参与媒体的经验，他们也似乎对此没有什么热情，因为"参与了也没有用"，对改善现状根本没有帮助，"犯不着费那个劲"。由此看来，即便在大栅栏这样的贫困社区，也蕴藏着发展大众传媒社区化的潜力。

第五，普通受众对大众传媒的看法是两方面的，他们认为媒体有好的一面，但坏的东西也不少。大部分受众认为，媒体信息总体上对生活是有帮助的，丰富了生活，增加了乐趣。但是，"卖药的假广告""假新闻"等这些负面内容"影响不好"，是害人的东西。我们发现，这当中存在一个把负面信息放大的倾向。不少人因为出现一些假广告和假新闻就全盘否定所有的广告，对新闻报道的真实性产生怀疑。用一位居民的话说："连天气预报都不准，还有什么可以相信？"这种逆向思维的自发性和随机性可能与生存境遇的相对匮乏越来越明显有关，显出一种被社会抛弃后的边缘化心态。

社会建构不能离开大众传媒的参与。按照博格和拉克曼的理论，"现实的社会构建是通过个人生活体验和对媒体文化的挪用之间进行的符码互动来完成的。这是一个辩证的过程。在这个过程中，由媒体文化来传递、表达和聚焦个人体验。由此由个人根据现实情况来读解和使用媒体"[①]。事实上，透过借大众传媒所产生社会意义的交往，其作用在于通过信息符号的处理来暗示或者定义一个人们活动的空间和人们在这一空间里扮演的角色，确认社会关系和社会秩序，帮助人们构筑和维持有序的、有意义的、成为人的活动的制约和空间的文化世界。问题在于，中国当代都市的巨大变迁使得生活模式的传播远远超越城市的发展现状。就城市与大众传媒的关系而言，一部分表现源于城市自身的发展形态，而另外一部分则与社会的政策走向和经济模式相关。从总体上看，大栅栏地区的受众对大众传媒的补偿功能感到不足，这显然无助于他们与社会保持联系和适应社会。在媒介强调有效受众的经营前提下，缺乏市场消费能力的受众自然不属于媒介服务的主要范围。处在这种信息的需求和供给不对称的现实处境中，大栅栏地区居民的自我认同方式呈现出这样一些特点。

第一，在思维上呈现与大栅栏本身的矛盾形象（传统的辉煌与现代的贫民窟）相一致，居民借由地理身份所形成的认同也是相互矛盾的，这突出表现为一种爱恨交织的心态：一方面，大栅栏的区域文化、街巷生活、邻里亲情等都是难以割舍的；另一方面，大栅栏今日的破落和衰败对现实生活而言又是令人痛苦、无法忍受的。多数人既因现实的痛苦处境而想离开这里，但又迫于对未来的恐惧和对传统的留恋而不愿离开。这种矛盾心态造成了整个地区一种矛盾性的群体人格。

第二，外来群体的介入以及媒介对该群体的报道，对传统生活形态产生了冲击，引发了居民的认同危机，一些人把自身的困境归咎于外来人口的介

---

① 凯尔纳. 媒体奇观：当代美国社会文化透视 [M]. 史安斌, 译. 北京：清华大学出版社, 2003：120-121.

入。大栅栏地区人口结构的一个鲜明特征就是流动人口占据极大的比重。外来人口通过租房从事个体经营活动,也有极少数人从事非法活动。由于文化素养、适应能力、个人性格等方面的不同,外来人口给当地的社会管理带来一些困难和问题。这一群体的流动性、开拓性、冒险性特征,对本地居民保守的、苟安的、闲适的生活方式也产生了一种有力的冲击。本地居民普遍存在一种不安全感,对外来人口警惕有加。媒体对外来人口形象的负面报道(在我们准备调研文案而分析的《新京报》《京华时报》的报道中,偷盗、斗殴现象的肇事者大多是外来人口。尽管媒体的这些报道并非有意制造地域歧视,但确实塑造了一种外来人口的负面形象。很多本地居民其实没有接触多少外来人口,但他们也倾向于认为外来人口粗鲁、不讲理),似乎更加深了本地居民对外来人口的这种负面印象。

第三,媒体话语的分裂对当地居民的自我认同产生了负面影响。显然,在市场经济的资源配置的导向下,媒体话语的日渐市场化加剧了大众传播资源的疏离和异化,政治意识形态和市场意识形态对媒体话语的双重征用使得媒体话语的价值内涵越来越抽象而丧失了原生性的活力。媒体一方面要维护主流意识形态的合法性,一方面受市场力量的驱使并出于商业利益的考虑而不得不为消费主义话语鼓与呼。这种分裂在当地一些居民的观念中产生了一些混乱。例如,有一些经历了社会转型前后不同时期的人,一方面认为市场经济改革是必要的,另一方面又对市场经济的负面现象表示不理解,认为现在的媒体"替富人说话""唯利是图",没有公道可言。有党员认为,"现在好多现象没法向群众解释","真搞不清楚自己应该站在什么立场上"。实际上,由于社会多元化所带来的利益驱动,大众传媒的公共性在舆论导向和利益诱惑的切割中变形,不同的价值观相互冲突和调和,新的角色模型像流星一样不断变幻。

对大栅栏地区的媒介使用的社会考察告诉我们,大众传播的发展所携带的公共性不再是一个单一命题。如何使大众传播的多元发展与每一个人的日常生活产生正面互动使得公共问题越来越具体?联想到发达国家至今都还存在人口融合后因为缺乏社会整合而产生社会暴力的现实,如何在城市化运动中推进社区的发展属于建构"和谐社会"的具体问题。这首先涉及对社区的定义,它究竟是"一个区域和单位的人",还是"扩大了的居委会",抑或"政府在地方上的代表",它是否是"自我管理的实体"和"一个解决居民问题的自治社团"。其实,就一个都市社区的社会管理而言,既有正式的自我管理,也有非正式的自我管理。因为"社区不仅仅指人们之间的联系,它也是共同的意识和共同的关怀,是与特定地点和场所相联系的关系"①。如果在指导社区发展的理论框架上没有明确的规定以及清晰的法律地位,社区如何能够调动、开发和支配自己的发展资源,并取得最大的社会化效果?其中也包括大众传媒的具体定位,要生产能够增强社区认同的象征资源,就必须要存在具有这种强化社会认同功能的媒体。如同社会学家所指出的:"弱势群体,他们掌握的资源很少,尽管可能人数众多,但他们的声音很难在社会中发表出来。我们不能不承认的一个事实是,涉及弱势群体的利益的时候,往往要靠政府和大众媒体来为他们说话,他们自己的声音是很微弱的。说句老实话,如果政府和媒体都不为他们说话,他们自己很难具有有效地表达和追求自己利益的手段。"② 这就提出一个"文化治理"(governance through culture)的问题,即如何通过社会资源和社会权利的合理分配及其在象征意义上的表现来重新表达城市居民的生存意义和政治认同。

早在1938年,路易斯·沃斯就在他那篇颇具影响力的文章《作为生活方式的城市主义》中写道:"城市化作为一种特有的生活方式,可以从三个相互关联的角度进行传统的研究:1.作为一种物质结构,其中包括人口基础、科学技术和生态秩序;2.作为一个社会组织系统,其中包括一个特有的社会结构、一系列的社会制度和一种典型的社会关系;3.作为一系列看法、观点和个性,它们以特有的集体行为和集体对象的方式来约束专门的社会控制机

---

① 奥罗姆,陈向明.城市的世界:对地点的比较分析和历史分析[M].任远,译.上海:上海人民出版社,2005:17.
② 孙立平.断裂:20世纪90年代以来的中国社会[M].北京:社会科学文献出版社,2003:68-69.

构。"① 如果说大众传播机构是当今社会控制机构的一个组成部分，那么使大众传媒能够在看法、观点和个性上取得和城市发展的现实状态和现实矛盾相对应的多样性和丰富性来表达我们的城市，无疑对促进国家和社会之间的良性互动起着不可替代的作用。

---

① 荷兰根特城市研究小组.城市状态：当代大都市的空间、社区和本质[M].敬东，译.北京：中国水利水电出版社，2005：2.

从"文化工业"到"文化产业"*
——关于传播政治经济学的一种概念转型

起源于20世纪60年代的传播政治经济学遵循西方马克思主义的理论方法,首先对西方国家的社会结构的经济基础进行批判。根据罗伯特·W.麦克切斯尼的说法,这有三个历史诱因:第一是资本积累成为社会主题,"当资本和商业主义充斥着社会生活的每一个角落,非商业的价值和制度不得不接受它们二流的地位,必须拥抱,或至少是迎合市场,否则就要做好被粉碎的准备。正如马克思和恩格斯的著名论断'一切固定的东西都烟消云散了'"[1]。第二是商品拜物教的盛行,"围绕着商品生产,资本主义社会给予我们日常生活中所制造、所出售和购买的产品表面上魔幻般的个性。这种迷恋,典型地表现在品牌名称和广告口号之中,将人们之间的社会关系转换为物与物之间的关系"[2]。第三是人们重新发现马克思主义的意识形态批判主题,即支配着物质生产资料的阶级,同时也支配着精神生产的资料。"因此,一个时代的观念并不是注定要反映统治阶级的观点,但是这些观念会努力趋向于吻合统治阶级的利益。"[3] 简要说来,这种批判指向注意到发达国家的两个重要现实:首先是政治和经济的权力结构对信息传播和文化实践的影响,分析信息传播的具体语境和传播行为的动力机构的相关性;其次是经济发展的文化导向使得

---

* 本文原载于《国际新闻界》2009年第8期,收入本书时略有删改。
[1] 麦克切斯尼. 传播革命[M]. 高金萍,译. 上海:上海译文出版社,2009:50.
[2] 麦克切斯尼. 传播革命[M]. 高金萍,译. 上海:上海译文出版社,2009:51.
[3] 麦克切斯尼. 传播革命[M]. 高金萍,译. 上海:上海译文出版社,2009:51.

 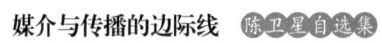

信息传播业成为资本主义体系进一步进行内外扩展的重要组成部分,把与此相关的物质资源和符号资源组合成新的支配结构。

传播政治经济学的批判指向所涉及的一个重要内容是"文化工业"的定义演变。20世纪70年代中期开始,传播政治经济学的方法视角从原先较为单一的对"文化工业"的分析,逐渐转向复数性质的对"文化产业"的分析,从而深入到文化产业经济学的内部结构,不再把文化传播产业本身看成是一个意识形态化的整体,而是将其视为具有内在结构和职业关系的产业体系。批判角度不再是像原先那样过于强调宏大叙事的道德评判,而是开始面对文化产业自身的逻辑关系和结构性质,注重考察技术创新、社会分化和趣味差异所形成信息传播的离散趋势。文化产业的多结构和多样化的发展交织着个人生活与社会议程、公共服务与消费主义、全球化与本土化、技术统治与技术解放等诸多相互参照的力量,不但呈现既协调又交叉的错综复杂的关系,也演化为经济全球化和信息资本主义的重要内容。这个概念转型的过程,不但使传播政治经济学的理论方法得到充实,也为新信息传播技术的产业化过程提供了新的视角,产生了新的理论启发和实践形态。

一、单数的文化工业

"文化工业"这个词,是法兰克福学派的代表性人物阿多诺和霍克海默在《启蒙辩证法》一书中提出的。他们认为,建立在现代信息传播技术平台上的文化工业支配着一种非自然的、异化的、假的文化,而不是真实的东西,也与审美形式无关,而是把人们的潜意识转换成顺从意识形态的道具和载体:"文化工业的技术从一开始就是扩散的技术,机械复制的技术,所以总是外在于它的对象。只是就文化工业小心翼翼地使它自己避免包含在它的产品中的技术的充分潜力的影响而论,它依靠意识形态的支撑。它寄生在外在于艺术中的、对物品进行物质生产的技术上,无关乎包含在它的功能性中的对内在的艺术整体的职责，也无关乎对审美自治所要求的形式法则的考虑。①

阿多诺提出的"文化工业"理论更多的是站在传统的马克思主义的立场上，认为晚期资本主义社会是以商品生产为特征的，艺术和文化作品受到适应于任何其他商品的同样原则的支配。因此，文化生产资料的集中导致"文化工业"的产生，交换价值和利润动机具有决定性的因素。更重要的是，"文化工业"的生产中所包含的操纵，虽然主要目的是获利的可消费性而非意识形态的效果，但在特殊情况下，却能够很容易地和预谋的政治操纵结合起来。因此，霍克海默和阿多诺从文化工业逐渐形成一个"完美地适合于法西斯主义"的、貌似无私的权威这个方面强调广播在过渡到法西斯主义中的作用。广播终于成为"领袖"(fuhrer)的普遍喉舌。而电视追求的伪现实主义，充满定型人物和固定模式，具有一种经久不变的意识形态意义的深层结构，它把观众的视觉认同与观众内心的保护需求联系在一起。

显然，文化工业是一种与利润原则、制作技术、公司经营和市场操作相关的产业结构，变成了"束缚意识"的手段："整个文化工业把人类塑造成能够在每个产品中都可以进行不断再生产的类型。"② 第一，文化工业产品按照规范程序制作，包括各种媒介文化的文本、技术和效果的格式，从而达到文化工业产品的高度同质化。这种以消除个体认知差异为代价的媒介文本抹杀了受众的自主性、自发性和个体性，力图限制受众的思考能力，鼓励受众的心理顺从，从而为社会体制本身提供一套意识形态性的文化屏障。第二，在制造标准化和同质化的文本效果的同时，衍生出虚假的风格和个性，暗示受众可以按照自己的趣味进行选择。各种不同包装的媒介文化通过表面性的差异来创造出这种独特性和新颖性的假象，并提供虚假的满足感。文化工业的文本效果在于它和心理分析概念中"本我"的联合，从而制造愉悦效果。

由此我们可以得知，马克思确定为等价物的逻辑的东西最初在神话语境中开始用符号和记号来替代物品；这个替代过程逐渐形成了现代资本主义文

---

① ADORNO T W. The culture industry [M].London: Routledge, 2002:101.
② 霍克海默，阿多诺.启蒙辩证法：哲学断片[M].渠敬东，曹卫东，译.上海：上海人民出版社，2003：142.

化特有的更大的赌注——抽象化和普遍媒介化。在商品资本主义条件下，一整套的形式等价物逐步取代了具体主体之间以及主体与劳动产品之间的定性关系，形成了阿多诺所谓的"被管理的世界"，意识形态的渗透已发展到任何抵抗事实已无济于事的地步。

然而，法国当代传播学者马特拉觉察出这种批判本身所包含的怀旧美学，他认为霍克海默和阿多诺"这两位作者首先拒绝的是一种文化信息通过技术手段而实现的可复制性。我们不禁明显看到其中对不受技术束缚的文化经验的一定怀旧"[1]。阿多诺的美学品位无疑是贵族式的，"与其说文化工业的概念澄清了文化的工业化，而不是国际化，不如说它是一定程度上艺术和高文化的神圣的陪衬物。"[2] 这种知识分子的戒备心在批判文化工业的同时，只是把作为文化遗产的理性主义和古典主义的文化作为唯一标准，弥散着强烈的精英气息。马特拉不禁对此发出疑问："我们能够从文化产品的标准化和系列化中合理地推出'个体生产的系列化'吗？"[3]

阿多诺对资本主义的文化工业的批判是一种单义性的，而事实上不同形式的文化生产不可能遵循一个逻辑。显然，阿多诺对前工业时期文化作品的迷恋是把新康德主义的美学观与艺术创作的意识形态相混淆了。事实上，第二次世界大战以后，发达国家的技术创新越来越注重信息传播技术，使得新信息传播技术全面渗透文化生产领域，在强化商品化趋势的同时，逐步形成资本主义生产机制的创新。仅此而言，传播政治经济学的命题需要产业经济学的分析来充实和完善。比如，文化产业的风险性质、文化产品的市场非预期性、文化产品的可复制程度以及高创新成本和低复制成本、文化产品的公共性和集中度、文化消费的个性化与数字化等，产业经济学的视角有助于我们更准确地认知和把握文化产业的运作模式，如今天我们所看到的把市场资源的稀缺性和目录管理方式相结合的"长尾理论"。

---

[1] 马特拉.世界传播与文化霸权[M].陈卫星，译.北京：中央编译出版社，2001：207.
[2] 马特拉.世界传播与文化霸权[M].陈卫星，译.北京：中央编译出版社，2001：207.
[3] 马特拉.世界传播与文化霸权[M].陈卫星，译.北京：中央编译出版社，2001：208.

二、复数的文化产业

作为法兰克福学派当中的边缘人,瓦尔特·本雅明预言了新的文化观念。在《技术复制时代的艺术作品》这本经典著作中,本雅明指出机械复制时代提供了将使每个人都与文化作品结合成为一体的理想化的可能性。从马克思主义的唯物主义观出发,本雅明力图从人们的物质活动方式出发去看待人们的意识和文化活动。他认为,现代社会正处于一个重大的历史转折时期,即由手工劳动社会向现代工业社会转变,这使得与先前生产模式相对应的以叙事艺术为主的古典艺术走向终结。这一重大转变,具体表现在人的传播方式的变化上:在工业革命之前的社会中,人与人之间的主要传播方式是叙说,与之对应的就是以叙事性为主的古典艺术;而在现代工业社会,人与人之间的传播方式则由叙说变成了信息,与之相对应的则是以机械复制为特点的文化和艺术,由此产生个体在新的复杂多样的文化形式中的体验和实践。本雅明在批判理论谱系中的最大贡献是把人文思考的哲学性和信息传播的技术性相结合,从而丰富了传播技术和社会主体的现实关系。

沿着本雅明的思路,欧洲大陆的法国传播学者在20世纪70年代把传播政治经济学的研究关注点从"文化工业"(cultural industry)转变为"文化产业"(cultural industries)。之所以能够出现这个转折,是因为西方国家的传媒机构的非一元所有制形成公共权力和社会权力相互竞争的常态,围绕着这个现实,行政权力对资本权力产生调节功能。正如彼得·戈尔丁和格雷厄姆·莫多克所说的:"传播政治经济学的一个焦点问题就是,控制文化的生产和分配的权力,其分布的变化是如何限制或解放公共领域的。这就指向了两个关键议题。第一,传播机构的不同所有制形式对控制传播活动产生的不同的后果。第二,国家管理和传播机构之间是一种什么性质的关系。"[①] 从法国当

---

① 戈尔丁,莫多克.文化、传播和政治经济学[M]//库兰.大众媒介与社会.杨击,译.北京:华夏出版社,2006:72.

时的背景来说,"各种文化民主化的政府政策和公共服务、公共垄断的思想都不得不面对着日益国际化的市场及其商业逻辑。这涉及进入工业多样性的复杂境地,以便试图理解通过资本来实现文化活动的价值的增长过程。"① 正是因为文化活动的参与者的数量增长在引导参与活动的转变,信息传播技术本身成为参与现代性的一个重要变量,由此萌芽的有关信息传播技术的生产性质和社会功能的探讨构成学术思想创新的时代注脚。

1973—1975年,法国学者伯尔纳·米耶热（Bernard Miège）和阿尔梅尔·韦特（Armel Huet）、雅克·伊翁（Jacques Ion）、阿兰·勒菲弗（Alain Lefebvre）、勒内·佩隆（René Peron）组成的研究小组着手研究法国国家科研中心（CNRS）的一个项目。作为研究成果,这个小组在1978年出版了《资本主义与文化产业》②一书。这本书的主题是文化产品的性质,并试图回答一个问题:"从艺术和文化出发来生产价值时,资本面对的是什么问题？"他们驳斥了法兰克福学派所喜爱的观点,即文化产品（书籍、录音带、电影、电视、报刊等）的生产遵循一个简单的逻辑。在他们看来,不存在单数意义上的文化工业:它是一个由完全不同的要素构成的整体,每个部门有自己的标准化法则。这种通过资本的文化产品的赢利形式的碎片化被下列形式反映出来:工作的组织形态、产品自身和内容的特征、文化产业多样化的制度化模式（公共服务、产权关系等）、生产和发行企业的管理架构的水平化或垂直化程度以及消费者或使用者拥有产品或服务的方式等。③ 经过随后的实证研究,米耶热把文化产业按照不同的传媒商品样式从生产组织形态上归纳为三种形式:编辑模式、印刷模式和流（flot）模式。十年后,文化产业模式被分为五类:文化商品的编辑,涉及信息、娱乐和文化的流产品,写作信息,包括管理程序、家用

---

① MATTELART A. Histoire des théories de la communication [M]. Paris: La Découverte, 1995:64.
② BERNARD M, ARMEL H, JACQUES I, et al.René Pero, Bernard Miège Capitalisme et Industries culturelles [M]. Grenoble: PUG, 1978.
③ MATTELART A.Histoire des théories de la communication [M]. Paris: La Decouverte, 1995:69–70.

软件和大众音像服务的计算机化节目产品,现场表演转播。①

作为当代法国传播政治经济学学派的创始人,米耶热认为对信息的经济性质的研究视角有两个:一个是最先在美国提出知识产业概念的麦克·卢普(Fritz Machlup),其把成本和市场的概念直接和信息的组织过程挂钩,并由此产生三个宏观经济学属性的研究方向——信息职业、信息创新、信息成本,着眼于考察经济技术的发展不仅有赖于硬件,也同等地依赖于与组织创新相关的决策;②另一个是以马克思主义为理论工具的学者认为的"有一个共同的关注点,即揭示传播的经济层面(经常被掩盖的)、大型跨国经济集团的形成及其导致的统治现象和文化数据或产品的跨国流动策略"③。对于后一种研究导向,米耶热认为有两个学术视角:"或者是在生产、发行和资源交换的分析当中导入社会关系,尤其是权力关系,或者是研究社会生活中的控制现象和再生产现象。"④ 从某种意义上说,英国学者彼得·戈尔丁(Peter Golding)和格雷厄姆·莫多克(Graham Murdock)属于前者,而米耶热和英国学者尼古拉斯·伽纳姆(Nicholas Garnham)更偏向于后者。

作为对资本主义文化工业体系的批判观察,米耶热的概念转型事实上是把技术的短期创新和长期的社会运动联系起来,即技术创新的社会挪用使得技术使用者本身在社会运动中同时扮演结构者和被结构者的角色,近乎法国社会学家布尔迪厄(Pierre Bourdieu)所提出的"观察者本身亦被观察"的辩证结构。关于当代资本主义文化产业的特殊性,米耶热提出三点评判:第一,20世纪60年代以来,西方资本主义大国的经济扩张和文化生产成为越来越重要的"赌注",无论是由阿多诺提出的"文化工业"理论,还是有点被庸俗化的文化帝国主义理论,都不能充分予以阐释。第二,文化产业的产品同时是集体的和个体的,可以相互等同,相互补充,甚至是在相互有距离和非关联

---

① MIÈGE B.La Société conquise par la communication [M]. Grenoble: PUG, 1989.; MIÈGE B. Les industriels du contenu face à l'ordre informationnel [M]. Grenoble: PUG, 2000.
② 米耶热.传播思想[M].陈蕴敏,译.南京:江苏人民出版社,2008:32.
③ 米耶热.传播思想[M].陈蕴敏,译.南京:江苏人民出版社,2008:33.
④ MIÈGE B. L'infoemation–communication [M]. Bruxelles: De Boeck, 2004:105.

的情况下相互观察。第三，文化产业的要害在于随着新媒介和信息传播新技术的崛起而不断自我强化，就此而言，文化产业的全面崛起不仅与传播政治经济学相关，而且对我们对理解内容工业的功能而言，无疑是个决定性的要素。① 在今天的社会生产信息化大潮中，文化产业、信息产业、信息化产业、节目产业、内容产业、软产业和多媒体产业这些名词同时在东西方流行，成为人们关注的焦点。它们实际上都是指向信息传播技术支撑的产业结构。

米耶热认为传播政治经济学研究的不同价值取向使得这个研究起源的专业身份在丧失，甚至在把问题焦点进行外化的转换过程中淡化自身，如从人际传播或主体间性的关系来探讨社会建构的话语过程或文本过程，这要么是说明政治经济学已经完成自身的历史使命，要么就得承认理论立场的多元性或多重性。这表明米耶热对文化研究保持了一定的距离。米耶热鲜明地表示要真正坚持政治经济学立场，重申政治经济学对"社会整体"的理解，并在本质上坚持经济学的思路，不回避政治。作为对传播政治经济学未来发展的期待和展望，米耶热提出五个新的价值评判和研究规范："宏观、中观和微观的链接；要意识到那些同时是社会推理和社会人类学的传播现象，只有跨学科的思路才能把握恰如其分的理解；关于传播实践的社会结构的诉求围绕着阶级属性，但又不仅限于此；与传播相关联的权力关系不能直接还原为被操纵的行为或被影响的现象；接受还在经常出现的一个公理：要知道传播的无限制（在民主价值取向的社会）和系统宰制有关。"② 第一点显然是坚持理论方法和研究对象的对位性，第二点意在把社会科学和人文科学结合起来，第三点重申社会结构的分化影响着传播行为的社会性质，第四点指出传播现象和权力关系的非线性关系，第五点说明发达国家中的个体传播的形式自由和社会体系的系统约束并存。

在某种意义上，从"文化工业"到"文化产业"的概念转型是一种学科视野的拓展，应继续强化而不是弱化传播政治经济学在西方资本主义国家的

---

① MIÈGE B. L'infoemation–communication [M]. Bruxelles: De Boeck, 2004:109–110.
② MIÈGE B. L'infoemation–communication [M]. Bruxelles: De Boeck, 2004:111.

学术使命。第一，放松管制和新自由主义理念的盛行使得民族国家的政策干预面临着弱化的趋势，从而威胁着公共服务/管理的职能。第二，传媒产业重组的潮流使得金融资本网络对信息传播产生越来越大的支配性和垄断性。第三，信息传播技术的接近不平等依然存在，更需要探讨如何以公共领域、公民社会、社区传播或另类传播的发展来改变传播权利不平等的问题。这一现实无疑构成传播政治经济学继续揭示新的社会结构和权力赌注的发展背景。

关于发展传播理论的范式转换*

"范式"(paradigm)一词原出自希腊语的"范型""模特",在拉丁语中它成了"典型范例"的意思。科学哲学家库恩在研究科学史时提出了这个概念,它有两层意思,一是特殊共同体(如科学家团体)的共有信念,二是常规科学作为规则的解谜基础。库恩指出:"我所谓的范式通常指那些公认的科学成就,它们在一段时间里为实际共同体提供典型的问题和解答。"[①] 按照库恩的解释,广义的范式就是指学科的基础,其中包括组成整体并共同发挥作用的四种要素,即象征性的概括、形而上的假定、价值观的表达和可以仿效的研究成果。简而言之,"范式"是一种有关价值、信念和方法论的共识。

发展传播(development communication)理论是针对发展中国家在相关发展过程中所面临的各种挑战,一直属于国际传播研究的重要组成部分。英国学者安那贝丽·斯雷伯尼曾把近半个世纪以来的国际传播范式划分为"传播和发展范式""文化帝国主义范式"和"文化多元主义"。[②] 与此有别,另一个英国学者科林·斯巴克斯则提出另外一种三段式的分类:从20世纪50年代的发展传播(development communication)到20世纪70年代的媒介帝国主义(media imperialism),国际关系背景下的传播学概念有一种正反的过渡,随后从20世纪80年代开始,全球化(globalization)逐渐占据学术的主流位置,

---

* 本文原载于《南京社会科学》2011年第1期,收入本书时略有删改。
① 库恩.科学革命的结构[M].金吾伦,胡新和,译.北京:北京大学出版社,2003:4.
② 库兰,古尔维奇.大众媒介与社会[M].杨击,译.北京:华夏出版社,2006:86-87.

形成一种正反合的学术观念的逻辑进程。① 两个学者观点的共同之处是把发展传播理论看作第二次世界大战以后国际传播的出发点。

作为学科发展的生成机制，发展传播理论的范式转换投射出国际关系自20世纪中期以后的现实演进和传播主体的身份变迁：民族国家的成长、市民社会的兴起、全球治理的压力、文化认同的焦虑、叙事话语的膨胀等。本文的目的在于通过对发展传播理论的粗略线性分析，归纳出发展传播理论的路径转换，即从强调媒介传播效果的功能主义模式逐渐过渡到重视社会主体参与性质的社会属性模式。前者有现代化的诱导和国家主义的想象，后者有多元现代性的反思和主体间性的期盼，这在某种程度上与传播学学科发展的历史逻辑相平行。

一、从人的神话到国家想象

发展传播理论的主导范式（dominant paradigm）源于1946年美国总统杜鲁门的"四点"演说，② 属于冷战延伸的产物，而且在某种程度上这种范式是在东西两大政治集团开始相互对峙的历史背景下，试图按照西方的理念来向发展中国家推广的国际传播战略的组成部分。这种观念认为，国际传播是现代化过程和第三世界发展的关键，通过国际大众传播来传播现代化的讯息，可以把西方的经济和政治模式传达给第三世界国家，以有利于改造传统社会。这种具有媒介中心主义色彩的理论得到联合国教科文组织等国际组织的支持。

丹尼尔·勒纳（Daniel Lerner）曾经是第二次世界大战期间的美国心理战专家，后来成为发展传播理论的开创人物之一，并于1958年出版了代表

---

① 参阅英国西敏寺大学教授科林·斯巴克斯（Colin Sparks）于2002年提交给北京广播学院"国际关系与文化传播"国际学术研讨会的论文：From media imperialism to globalisation, and back again?
② 1949年1月20日，美国总统杜鲁门在就职演说中提出了美国全球战略的四点行动计划，并着重阐述了第四点，即对亚、非、拉美不发达地区实行经济技术援助，以达到在政治上控制这些地区的目的。这就是"第四点计划"，又称"开发落后区域计划"。（前三点计划是：支持联合国、战后欧洲经济复兴计划即"马歇尔计划"和援助自由世界抵御侵略）

作《传统社会的消逝：中东的现代化》。勒纳把现代性主要当作一种渴望进步，期盼增长和准备改变的心理状态。他认为推进社会发展必须解决两个问题：流动性和稳定性。流动性三阶段（物理、社会和心理）中最重要的是心理流动性，他用移情（empathy）来描述它，即一种个人在深度和广度上改变自己，从而使社会变化得以保持的机制。所以，早期的发展传播理论往往把失败归咎于个人的责任（individual blame），并没有与更加宏观的政治和制度联系起来。勒纳之所以把现代化的重心放在发展中国家个人主体的心理转变上，是因为他认为"发展中国家的传统价值观是政治参与和经济活动的主要障碍物，而政治参与和经济活动恰好又是发展的关键元素。"① 要改变人们的态度和价值观，就得推广传播媒介，因为大众传媒是一个流动加速器（mobility multiplier）。所以，一个国家的大众媒介的普及率等同于现代化的水平。

现代化范式的心理学理论是行为主义，如勒纳所说，行为主义是一种"生活方式"，一个成员实现有效功能需要所有其他成员都实现有效功能，在这个意义上大家相互作用，换而言之，一个社会体系或子体系的运作，是由每一个组成它的部分在数量上的相加。所谓"现代性是一个互动的行为体系。这是一种'生活方式'，其成分是互动（任何人的有效作用需要所有人的有效作用）、行为（只有通过个人活动才能实现）、体系（一个成分活动的显著变化与其他成分的显著变化密切相关）"② 勒纳认为社会发展的动力从"地理阶段"过渡到"社会阶段"而后到"心理阶段"："在任何情况下，任何计划依靠社会变革来实现经济增长的人都必须理解最基础的人的因素。因为心理动力（在别处我们管它叫移情作用）是这样一种机制：个人最大限度改变自己以使社会变革自给自足。"③ 换言之，只要发展中国家能够调度社会和个体的移情能力，就会推动整个社会的现代化。在他看来，"现代化进程始于新的公众

---

① 库兰，古尔维奇.大众媒介与社会［M］.杨击，译.北京：华夏出版社，2006：86–87.
② DANIEL L.Toward a communication theory of modernization: a set of considerations, the process and effects of mass communication [M]. Illinois: University of Illinois Press, 1977:864.
③ DANIEL L.Toward a communication theory of modernization: a set of considerations, the process and effects of mass communication [M]. Illinois: University of Illinois Press, 1977:867.

传播——新思想与新信息的传播可以激励人们想要按新的方式行事"①。然而，勒纳又认为一个现代化的人同时是大众媒介的受众和手持选票的选民，其暗含的前提是宪政民主和市场经济的实现，而这两个条件在当时的很多发展中国家是不现实的。勒纳的意图自然是把作为流动加速器的传播作为现代化进程的一个起点，把传播的心理—政治投入经由个人利益转变为公共机制②（见图1）。

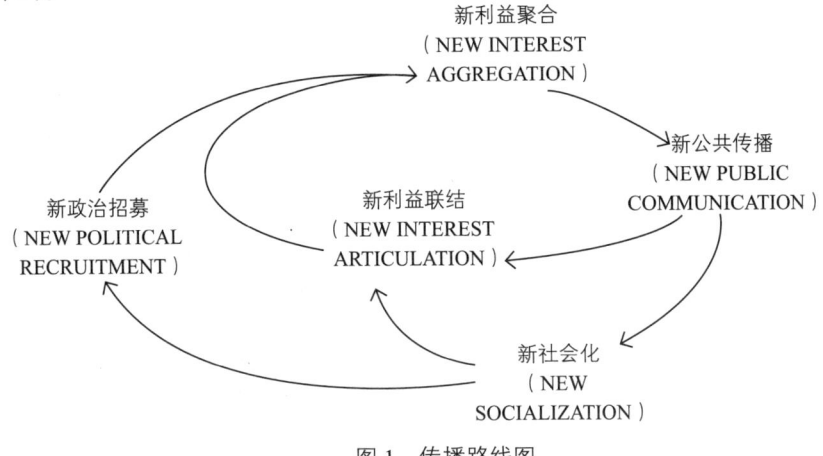

图1　传播路线图

这个传播路线图分为内外两个部分：首先，新公共传播是要促进社会人群的新的利益方式的表达和聚集，由此产生更大范围的新公共传播，形成社会效果和政治动力。从这个图中可以看出，发展传播理论所提供的现代化模式是基于新古典主义经济学的制度结构：市场化、自由竞争和资本集中型的工业化，试图通过一个线性传播模式来寻求西方现代化模式的国际化。

与此同时，在20世纪五六十年代，现代化、民族主义和政治发展是发展中国家构建自身的主导路径。发展传播理论家和发展政治学家以及发展社会学家一起分享了现代化的概念预设。勒纳的研究局限在于他仅仅把政治的作

---

① DANIEL L.Toward a communication theory of modernization: a set of considerations, the process and effects of mass communication [M]. Illinois: University of Illinois Press, 1977:886.
② DANIEL L.Toward a communication theory of modernization: a set of considerations, the process and effects of mass communication [M]. Illinois: University of Illinois Press, 1977:886.

用当成个人心理特征的一个副产品,没有考虑到这样一个事实,即第三世界国家引进传媒技术的首要目的是制造政治共识。和当时的施拉姆一样,勒纳虽然注意考察现代化和传媒技术的互动,包括创新扩散、教育娱乐或健康计划,把发展想象为一个信息问题而不是政治问题也没有充分意识到传媒技术和权力之间的关系。

社会心理学的努力促成政治社会学的创新。作为发展传播的理论家,施拉姆在1964年出版的《大众传播媒介与社会发展》①一书中强调,大众传媒在国家发展中所扮演的是社会变化代理人的角色,传媒的主要任务是在"态度、信仰、技能、社会规范"几方面来影响社会变化。在处于现代化进程中的社会精英和那些仍处于传统状态之中的芸芸大众之间,大众传媒起到了桥梁连接作用,以求把现代化进程和社会发展中的利益带给他们,并由此成为比较政治学领域和国际关系领域当中的发展主义模式。

以麻省理工学院政治学教授派伊(Lucian Pye)为代表的研究现代化和政治发展的理论家强调西方民主、机制建构和公民参与的重要性:"通过一种有效的传播过程,人们可以更快地获得理解政治动机的有关领域的现实感。"②同时,多党体制、世俗化和民族国家的主权被强烈地鼓吹和支持。政治发展主要被视为一个民族—国家整合的过程,一个民族共同体形成壮大的运动;实现这一目标意味着把中心的传播网络扩展到以前处于隔绝的社会区域中去。③这在某种程度上意味着将非西方国家纳入正在兴起的国际等级结构,并在这个过程中塑造民族—国家的精英阶层。④

曾经积极推动美国对外发展和援助计划的经济学家罗斯托也在回忆录中承认美国在发展中国家推广的发展计划出于三点战略考虑:世界人口总量的

---

① 施拉姆.大众传播媒介与社会发展[M].金燕宁,蒋千红,朱剑红,译.北京:华夏出版社,1990.
② 派伊.政治发展面面观[M].任晓,王元,译.天津:天津人民出版社,2009:176.
③ MLOWLANA H.Communication and development: theoretical and paradigmatic development [M]//MOEMEKA A A.Development communication in action: building understanding and greaing paticipation. Lanham, MD: University Press of America, 2000: 17–37
④ 莫斯可.传播政治经济学[M].胡正荣,译.北京:华夏出版社,2000:117,126.

增长给美国带来的风险和机遇,通过军备来制止共产党的武装或者通过消除饥饿来阻止共产主义。①这充分说明曾经在一个时期盛行的发展传播理论不能脱离冷战痕迹的历史背景,如阿芒·马特拉(Armand Mattelart)所说,"几乎不可能把握现代化理论而忽略其压迫性的一面"②。马特拉并为此提出了历史证据,即现代化观念赋予民族国家内部正在上升的军事权力的合法性,1967—1972年,被军人统治的国家的数量增长了一倍多。同时,军队成为建构国家意识最有效的社会集群,因为军队的组织特征如职业能力、装备、劳动力、奖惩制度和好胜心模式成为其他社会阶层模范的榜样,从而带动整个国家行为把人口、空间和环境转化为封闭系统,以便观察和控制。

就一般状态而言,这种发展模式的实质是通过强大的行政权力来推广和实施具有民族革命性质的政治意识形态,而这种革命想象的乌托邦色彩也在某种程度上反映出公民社会的匮乏。

从20世纪70年代开始,国际经济新秩序的论争和拉美学者提出的"依赖"理论,伊朗伊斯兰革命的震撼以及诸多发展中国家现代化过程中引发的民族、宗教冲突和社会动荡,都在理论和实践的层面挑战现代化范式下的发展理论。发展主义模式的衰落很快在知识层面上和现实进程中成为"失望增长的革命"(马特拉语)。究其原因,按照美国政治学者霍华德·威亚尔达的总结,有如下几点:

第一,研究方法的抽象性和理论化公式往往简单套用"利益的聚合"或者"规则的裁定"来剪辑现实政治、经济和文化的本土特色。

第二,美国推广的发展模式往往伴随着政治和军事干预,如在东南亚地区,结果以失败告终。

第三,发展主义的论著往往假设经济发展、社会变迁和宪政民主是同步发展的,但现实结果往往是骚乱和崩溃的。

---

① 罗斯托.概念与交锋:市场观念六十年[M].王琛,邝艳湘,译.北京:中央编译出版社,2007:236.
② 马特拉.世界传播与文化霸权:思想与战略的历史[M].陈卫星,译.北京:中央编译出版社,2001:163.

第四，研究方法的种族中心主义偏见很难套用于发展中国家。

第五，当今的发展中国家在发展过程中越来越受制于国际市场、现代交通、信息传播、全球化、战争和冲突、国际贸易等复杂的国际依赖关系，自主性质的发展机遇有限。

第六，发展中国家的时空压缩式的发展过程使得内部的各种制度因素相互挤压，形成复杂局面。

第七，发展主义模式认为，诸如家庭、部落、种族、庇护关系网等传统制度会因为自然的原因而逐渐消亡或被现代化的发展所瓦解或破坏。事实上，这些传统制度仍然保持着民族—国家的凝聚力功能。①

其实，民族—国家的角色功能在发展主义模式推广过程中起着相当的主导性。按照亨廷顿的观察，20世纪六七十年代，发展主义模式在政治学和经济学两个向度上呈现出相反的关系，如在经济学上从财富创造转移到分配，在政治学上则从分配权力以实现民主转到为实现政治秩序而集中权力。直到20世纪80年代，政治学的焦点回到民主制，经济学才反过来从强调计划走向强调市场。②这一历史场景的转换，在某种程度上反映了东西两大政治集团在国际范围内对信息传播的流量争夺及其政治影响。一方是倡导信息自由流通等于商品自由贸易的美国，另一方是主张国际传播活动应该成为一种和国家主权相一致的苏联。敌对的意识形态和现实的经济利益相互交织，从而使得国际传播真正成为国际关系力量对比的赌注，即国际信息和传播的流量在什么意义上循环；就全球范围而言，大国立场是在不同的民族—国家之间的力量关系中代表什么样的经济、政治和文化上的利害关系；围绕着空间和太空等传播资源的开发和利用，负责技术层面管理的国际传播组织如国际电信联盟和其他集团性或私营性国际传播组织，如何颁布调解国际传播信息流量的规则；等等。

---

① 威亚尔达.新兴国家的政治发展：第三世界还存在吗[M].牛可，刘青，译.北京：北京大学出版社，2005：51-54.

② 亨廷顿.现代化：理论与历史经验的再探讨[M].张景明，译.上海：上海译文出版社，1993：333.

二、从技术扩散到社会参与

现代化范式在传播理论中的重要代表是美国传播学家 E. M. 罗杰斯（E. M. Rogers）及其创新扩散理论。他的成名作《创新的扩散》（*Diffusion of Innovations*）在 1962 年问世，①1969 年他又出版了《农民的现代化》。在后一本著作中，罗杰斯完美地概括了他的发展概念："发展是一种社会变化的类型，在一个社会系统中被引进的新思想的目的是增加人均收入和提高生活水平，这是通过更现代的生产手段和一种完美的社会组织来完成的。"② 当然，和现代化观念始终强调对人的改造一样，罗杰斯也很重视作为新技术接受者的农民的个体属性的改变，这些属性一共有十条，其中有人际关系间的不信任、满足感的缺乏，缺少创新意识、有限的激励，低的移情能力，等等。罗杰斯的主要贡献无疑是创新扩散本身的性质（兼容性、创新性等属性所占的比例），传播渠道和社会结构，但是他把这种采纳过程界定为"个体从第一次听到创新到采纳它的一个精神过程"，这就暴露了他对当时把传播作为线性传递给离子化个体这一假说的依赖。

罗杰斯的这本名著先后在 1962 年、1971 年、1983 年、1993 年、1995 年和 2003 年再版。他认为创新扩散是社会成员在某一时期通过某种渠道传播创新科技的过程。尽管他坚持这是一个达成相互理解的过程，但与此相关的社会性批评则始终可以找到现实依据，从而使得传播技术的表面中立性始终难以摆脱社会身份的定位。第一，传播技术所带来的发展的前提是要有政治和经济的投入。引导发展肯定需要投入，没有投入就无法发展。获得传播技术的差异或从技术扩散中获取收益的多少与政治、经济权力的行使和分配分不开。第二，有投入，传播过程就是一个利益过程，产品，消费物资资料、服务的增长，构成发展的本质和通向收入和机会的分配原则是什么？显然是按照市场权力的差

---

① 罗杰斯.创新的扩散[M].辛欣，译.北京：中央编译出版社，2002.
② 马特拉.世界传播与文化霸权：思想与战略的历史[M].陈卫星，译.北京：中央编译出版社，2001：168.

异进行分配，而不是一个自然的公平机制。第三，生产力提高的关键是技术创新。这不可能不过问谁从中获利，谁受到伤害。马特拉精辟地指出："被困扰的'个体'被置放在形成决策的社会分量的阴影中，'领袖'隐藏精英或寡头，'世界主义'化装成城乡权力之间的利益群体，'参考群体'稀释了社会力量关系的现实，农业经营者成为牺牲品的内部支配。"① 直到 20 世纪 80 年代，针对创新扩散理论最有力的批评主要集中于该理论的去政治化和自然化方面，这几乎是经验—功能主义学派的理性特征，即往往容易用传播过程的技术透明性来模糊或过滤背后的社会结构、权力属性和文化特性。

从 20 世纪 70 年代开始，经过"文化帝国主义"的论战，发展传播模式不再把发展的问题简化为大众传媒的信息功能问题。作为发展传播中扩散主义的理论先驱，罗杰斯从放弃"支配范型"出发，打破种族中心主义的视界，尤其是参考了来自中国和巴西等国在大众传播的社会实践层面上的现实经验，从理论上反思发展的数量概念和它的传播逻辑的可靠性。罗杰斯认为，发展成为"整个社会参与社会变化的一个伟大程序，它试图争取大多数人在社会和物质方面的进步，使他们赢得对环境的更大控制；而这是一个更大的平等，更大的自由和另外一种质量的价值"②。面对第三世界的真实图景，罗杰斯开始重新思考发展传播理论的背景，发展的含义和对平等和自我参与的关注，以及新的科学技术带来的互动性和及时性对社会的影响，等等，并把自己称为"软性技术决定论者"。文森特·莫斯可认为罗杰斯的修正发展论的实质是继续输出西方科技，并将重点转移到电信产业上，即便不输出具体的西方节目，也会结合西方媒介模式，只不过在实践过程中对当地社会结构和文化实践有更大的依赖。③

可以肯定的是，从此以后的扩散理论在第三世界的国家管理层面和社会

---

① 马特拉.世界传播与文化霸权：思想与战略的历史[M].陈卫星，译.北京：中央编译出版社，2001：174.
② 马特拉.世界传播与文化霸权：思想与战略的历史[M].陈卫星，译.北京：中央编译出版社，2001：168，174.
③ 莫斯可.传播政治经济学[M].胡正荣，译.北京：华夏出版社，2000：126.

应用层面引导出新的发展趋势。

第一是开始重视推广传播技术中的政策制定（rule making）。从20世纪70年代开始，发达国家法国和日本率先启动以电子通信为主要内容的国家发展规划，关于在新信息传播技术的社会推广过程中的制度堡垒、资源配置和市场模式成为公共政策的重要议题，投资主体的多元化和受众市场的差异化浮出水面。① 随着市场经济一体化的全球推进以及跨国公司的扩张，面临着发展诱惑的第三世界国家不得不在基础设施的投入、信息生产和流通、市场区域的划分等方面随时调整内外政策的差异。

第二是社会观念的广告化使得社会营销成为社会运行本身的重要机制。凡是涉及大众层面的活动，首先是按照受众观念来核实传播诉求中的三个问题，即从消费、认同和知识三个指标来探测目标人群。② 其次是把这个劝说过程按照"创新的扩散"所归纳的推广模式，严格地编码成不同阶段：知识、利益、评估、试验、采用，再有效地使用媒介和最合适的动机图式发动一场劝说。这体现了现代商业的销售技巧，即不仅强调改变价值和态度，还要求采取相应的行动。传播过程也成为一个需要不同信息和不同传播途径的过程。社会营销战略不仅在服务业中越来越强调受众细分、市场调查、产品发展、信息刺激、利润指标等要素的整合，并成为其他社会行为和政治行为的信息模式。

不断修正的扩散理论虽然越来越注重匹配心理行为模式的社会和文化外延因素，但始终追求一种单纯的因果关系从而激发产生一种现代性的同质性和霸权模式的社会景观。正如美国学者雷迅马所指出的："现代化理论往往不只是一套被用来产生特定结果的分析性和操作性的工具。它也是一种在各种相互强化的观念之间建立联系的意识形态。"③

从20世纪70年代中期的石油危机开始，西方发达国家逐渐步出第二次

---

① 诺拉，孟克.社会的信息化[M].施以方，迟路，译.北京：商务印书馆，1985.
② 陈卫星.传播的观念[M].北京：人民出版社，2008：316，338-339.
③ 雷迅马.作为意识形态的现代化：社会科学与美国对第三世界政策[M].牛可，译.北京：中央编译出版社，2003：113.

世界大战后三十年的黄金时期，经济发展减缓，失业率开始成为其社会问题，各种社会运动表达出危机征兆，选民政治冷漠更标志着民主政治的危机，曾经作为发展中国家的"典范"的意义开始丧失。在"依赖模式"理论的鼓舞下，第三世界的知识分子结合本国的实际和对早期传播实践结果的反省探索出有别于主导的现代化模式，以下的议题成为发展传播的基本要素：平等、基本需求的满足、富于意义的工作、丰富的和各种各样的人际关系。这些观念性的转变催生了对环境和本地文化的保护，这意味着发展中国家不再是一个毫无个性的整体，发展传播也不只是自上而下的垂直结构，而是一个多方互动的实践（praxis）、一场对话（dialogue）和一个参与过程。与强调追逐现代生活模式的发展传播范式相比，"参与范式则给出了另一个答案，或者说至少是更加激进的一种说法：大众传媒的任务是帮助穷人说话，使他们能够争取被剥夺了的权利"①。

这种立足于主体的自我反思性和社会参与性的传播观念，成为巴西著名教育学家保罗·弗莱雷的主要论题。他坚持人性化是人的使命。"不公正的待遇、剥削、压迫以及压迫者的暴行妨碍了这一使命的完成，但是被压迫者对自由和正义的向往，以及他们要找回失落的人性的斗争，也证实了这一使命的重要性。"②因为，"被压迫者尽管已经将压迫者的形象内在化并接受了他的旨意，但对自由心存担忧。自由会让他们抛弃这种内在化的形象，代之以自主和责任。……自由不是身外的理想，也不是可以成为神话的想法，而是人们追求人性完美的不可或缺的条件"③。要完成这一使命，就必须首先用批判的眼光找出根源，探索以实践为中心的解放性的途径。就传播者而言，应该缩小与传播对象的距离，在行动和反思中形成共同学习的关系。他举例说："某个特定的事件发生以后，对各种报纸发表的社论内容进行分析是必要的：'为什么不同的报纸对同一事实有如此不同的说法？'这种做法有助于培养批评

---

① 斯巴克斯.全球化、社会发展与大众媒体［M］.刘舸，常怡如，译.北京：社会科学文献出版社，2009：207.
② 弗莱雷.被压迫者教育学［M］.赵友华，何曙荣，译.上海：华东师范大学出版社，2001：1.
③ 弗莱雷.被压迫者教育学［M］.赵友华，何曙荣，译.上海：华东师范大学出版社，2001：4.

意识，使人民对报纸或新闻广播的反应不是作为'公报'发布的被动对象，而是作为寻求获得自由的意识存在。"①

作为民众教育家，保罗·弗莱雷通过自己的身体力行，在理论分析和实践场景之间为知识的建构创造了一个富有成果的对话性语境，而知识的生成又会在实践中得到系统的检验、改变和扩展。"对话—自由论行动的目标不是让被压迫者'脱离'神话的现实，以便把他们'固定'到另一现实中去。与之相反，对话行动的目标是使被压迫者认清自己的依附关系，从而使他们选择去改造不公正的现实。"②

保罗·弗莱雷的重要贡献在于把公众参与建立解放自身的教育学观念引入发展传播的语境中，对话—自由论被提升为一种伦理上的传播选择，使得人们在探索自身社会身份的传播过程中始终保持着一种动态的可能性，从而对线性模式的传播观念所想象的设问、目标和策略提出挑战。这可以归纳为三点：首先，传播过程的社会参与性是要提高人们对现存处境的认知；其次，知识的获取方式是集体的和民主的过程；最后，借助反省和批判的自我评价，走向参与性的社会行动。这种政治人类学式的方法探索，旨在把公众参与和地方的政治、经济及社会结构结合起来，使得信息传播的意义成为传播和实践的主体间性的产物，从而在知识—权力的话语创新中主导社会转型的过程。

毋庸置疑，全球化的平行推进使得很多重要的发展问题成为超越民族—国家的全球性问题，如环保、贫困、宗教激进主义等。从这个意义上说，发展传播成为每一个人的问题，更重要的是现代性成为多元性命题。按照现代化理论"修正派"代表人物 S. N. 艾森斯塔特的说法，这体现了以下两个方面的结合：一方面是对现代性的不断重释的日益多样化，另一方面是多元的全球趋势和相互参照点的发展。③ 这种论断的可援用性在于发展传播的技术变

---

① 弗莱雷. 被压迫者教育学 [M]. 赵友华，何曙荣，译. 上海：华东师范大学出版社，2001：65.
② 弗莱雷. 被压迫者教育学 [M]. 赵友华，何曙荣，译. 上海：华东师范大学出版社，2001：1，4，65，107—108.
③ 艾森斯塔特. 反思现代性 [M]. 旷新年，王爱松，译. 上海：上海三联书店，2006：34.

量和社会变量的相互启发。一方面是信息传播的技术范式的更新不断修正全球范围内关于生产、经验、权力和文化的社会实践过程,另一方面是社会群体的新组合方式使信息传播技术的使用需要和社会政治语境产生互动。"随着卫星电视和有线电视的普及,尤其是互联网的兴起,传媒媒介以时空分离的方式建构媒介化的社会情境,重组社会关系,它超越或取代了其他社会化力量和控制力量,成为一种具有特殊影响的新兴社会力量。在无数虚拟社区中,人们在通过新的传播手段强化自己的身份认同,'想角共同体'找到了新的形式。网络时代的跨文化交流不仅仅打破传统的民族国家的界限,也开辟了新的身份认同,这种新的身份政治学是指在国际、国家和本土权威控制之外,为具有相同身份及利益的人们建立全球网络,特别是 NGO(非政府组织)的网络,如妇女权利、反战和平、技术教育、环保生态,当然也包括反全球化运动从而形成跨文化传播当中新的平衡机制的组成部分。"[①] 信息技术的使用呈现出社会参与的可接近性(access),关于传播权力的话语分析不得不把信息技术的社会格式作为主要的考察对象,如信息分配与占有的不平衡,信息传播的垂直模式的象征效力受到质疑,而横向的自发模式同样面临着阶层、种族、性别、技术和教育水平的制约。技术应用过程中的身份认同和身份建构成为越来越微观的社会赌注,流动性、柔韧性和人性成为其主要特征。对发展中国家而言,今天的发展概念已经不再仅仅局限于技术、资本和管理的功效,而是越来越强调社会参与和公平发展,其实际上是一个强调个人以主动的身份来参与发展和现代化的过程。关于发展的传播不得不把发展的传播定义为社会变革的制度性介入,我们不得不面对这样一些根本问题,"发展为了谁?通过谁而发展?为什么发展?"对这些问题的回答实际上是对发展的一个价值评判。在"科学发展观"看来,增长不只是一个数量概念,一个技术概念,还是一种社会概念。

艾森斯塔特认为,在全球化进程中的国际力量的主导下,"被视为现代化缩影的现代民族、革命国家及运动的制度、象征、意识形态发生了戏剧性的

---

① 陈卫星.传播的观念[M].北京:人民出版社,2008:338-339.

变化"①。在他看来，这些变化主要分为四点，第一，固定、僵硬、单调的生活模式容易被淡化，家庭、共同体、空间和社会组织定义越来越柔性。第二，职业、家庭、性别和居住与国家、阶级、党派政治的制度框架产生了越来越多的联系。第三，社会群体的职业角色和公民角色在重新定义，文化和社会认同的新中心得到发展，超越了现存的政治和文化边界。第四，最重要的制度变化是各种半阈限结构不断展现新的文化取向和意义模式，成为社会空间重构的出发点。②我们在这里所讨论的发展传播理论的范式转换，也证明了这种变化的轨迹：以前稳定而有秩序的一元性现代性体系让位于分散而零碎的话语中心，生产主体的多元和利益主体的多元通过信息传播的象征界面进行合法性的博弈，信息传播对社会关系的再生产作用日益凸显，这不仅因为传播的逻辑折射出社会的政治、经济和文化的发展轨迹，而且因为信息传播的界面生成使得无数个体成为社会发展的主体。

---

① 艾森斯塔特.反思现代性[M].旷新年，王爱松，译.上海：上海三联书店，2006：394，395.
② 艾森斯塔特.反思现代性[M].旷新年，王爱松，译.上海：上海三联书店，2006：395.

关于中国传播学问题的本体性反思*

中国人知道传播学至少有几十年了，但似乎在我们的头脑里，我们还是只能在学术上提供本土经验。中国如果不能从本土经验当中提炼或者归纳总结出自己的理论，那么在国际上还是处于一个学术不平等交换的地位。本文试图通过对个人学术表达的自我反思来探讨中国传播学问题的本体性。反思主要从两个方面展开，一是回顾历史，因为这是传播学作为一种学术能否生长的规定情境；二是探讨问题框架性（Problematics），因为问题总是在具体语境中呈现为现实的瓶颈和希望的可能性。

一、历史的逻辑

在各种各样关于传播的定义中，我认为传播的本质是建构主体关系，即重构社会的主体关系。按照一般的学术考证，公认为传播学进入中国的历史时间是改革开放的新时期。之所以被称为新时期，是因为这个时期的整个国家有了一个新的政治动力：走出"文化大革命"，重塑政治合法性，通过重建全民共识来形成新的社会关系，而这个社会关系首先是政治关系。按照美国政治学家鲁恂·W. 派伊的说法："政治过程和传播过程之间存在着特别紧密的关系。因为在政治领域内传播过程具有一种根本性的功能。很少有人能直接看到形成政治过程，甚至仅其一小部分行为所产生的结果；人们必须转而依

---

* 本文原载于《现代传播（中国传媒大学学报）》2011 年第 2 期，收入本书时略有删改。

靠一个沟通体系,以使他们在任何特定的时间都理解政治的实质。正是通过传播过程的组织,一系列代表人们在全社会范围内追求权力的随机行为,才以某种关系形式被互相安排在一起。这种秩序是在权力考虑的范围内建立的,而一个社会中则有一个政治体。"[1] 这个新的政治体的表象是通过制度措施来完成的,即包产到户、恢复高考和文化解冻等复原性制度措施。我们在这里把这些能够代表改革开放的政治社会学或政治经济学的举措称之为复原性制度,是因为这些在改革开放之初大快人心的制度都是曾经有过的制度,从而产生极大的社会动员能力。同时,中国在国际上开始调整对整个外部世界的看法,即通过1982年的中共十二大政治报告,把国际政治的命题从1973年中共十大提出的"战争与革命"转换为"和平与发展",同时积极恢复和参与国际组织,重新回归国际社会,从国际体系的革命者转变为国际体系的参与者和建设者。

20世纪80年代,两种意识令人印象深刻:一个是开放意识,通过研究马克思《1844年经济学哲学手稿》来探讨马克思主义的人道主义观的问题,1981年人民出版社还专门出版过一本文集《人是马克思主义的出发点》,这无疑是受西方马克思主义的影响,国内哲学界展开了主体性意识的学术讨论;另外一个是本土意识,对本土观念的历史回溯是通过提出"文化寻根"来展开文化批判的,在大众传媒中较有影响的色彩政治学是呼吁"蓝色文明"。当时的新闻传播已经有全球化的趋势,如1986年美国"挑战者号"航天飞机爆炸成为国内头条新闻。如何借用信息传播通道的容量和频率来推进社会变迁似乎是当时的共识,信息公开化成为20世纪80年代中国改革开放的社会需求和政治动力,在1987年中共十三大政治报告中就明确提出"重大情况让人民知道,重大问题经人民讨论"。两年后,由中国社科院新闻所的陈崇山研究员主编的《中国传播效果透视》就对当时的社会各界和主流社会群体进行过关于改革开放的受众意识方面的调查,它是这个历史时段的信息传播的文化政治学的文本记录。

---

[1] 派伊.政治发展面面观[M].任晓,王元,译.天津:天津人民出版社,2009:175.

对有过这段历史记忆的人来说，改革开放的伟大，就在于能够大胆挑战传统意识形态中的经典命题。第一，能够打破线性历史观，中共十三大政治报告提出了"社会主义初级阶段理论"；第二，社会生产力在之前所遭遇的极大的破坏或损害是改革开放制度创新的动力源。如果按照邓小平"改革就是一场革命"的说法，显然不是经济基础决定上层建筑，而是通过在政治社会关系中对"革命"的"革命"来解放社会生产力，从而提供释放社会空间的政治条件。邓小平理论的要点之一是通过对过去那种一元化权力的局部开放，释放市场经济的社会空间："计划经济不等于社会主义，资本主义也有计划；市场经济不等于资本主义，社会主义也有市场。"① 因著有《脆弱的超级大国》② 一书而闻名的美国学者谢淑丽（Susan Shirk）曾经专门分析过中国改革开放的政治经验。她认为，"为了创建改革联盟，邓小平将目光投向了轻工业、农业、沿海省份及省级官员。吸引这些地区和部门的是邓小平的中央权力下放、市场化及经济开放思想"③。其实，邓小平理论的重要特征是充分重视新兴社会生产力代表的能动性，由此形成推进改革开放的社会力量。

社会生产力的增长必然带来社会变迁，从而提出社会转型的命题，这当中有两个文本值得回顾。20 世纪 90 年代初期，留学法国的学者李培林在 1992 年第 5 期的《中国社会科学》上发表论文《另一只看不见的手：社会结构转型》；之后，另外一位社会学者孙立平在香港《中国社会科学季刊》1993 年第 1 期上发表《总体性社会研究：对改革前中国社会结构的概要分析》一文，提出从"总体性社会"向"后总体性社会"转型的命题。这在社会科学的理论命题上为新闻传播学的发展提供了思考范式，也就是在这前后，资深新闻学者甘惜分先生在《新闻记者》1989 年 6 期上发表《多种声音一个方向——论党在新时期的新闻政策》，提出新闻体制改革的问题，之后其在《视点》1993 年第 2 期发表《新的形势呼唤新闻体制改革》一文，重申这一话题。

---

① 邓小平. 邓小平文选：第三卷 [M]. 北京：人民出版社，1993：373.
② SUSAN S. China, fragile superpower [M]. England: Oxford University Press, 2007.
③ 谢淑丽. 国际化与中国的经济改革 [M] // 基欧汉，米尔纳. 国际化与国内政治. 姜鹏，董素华，译. 北京：北京大学出版社，2003：206.

这些经济和社会层面的变化所激发的关于社会学和传播学的思考，符合我们所理解的传播观念的调解性质。"在现代国家的社会空间中，有两种传播途径构筑了社会传播的调解功能……首先是市场经济的交换空间，这是通过经济活动组织本身表现出来的……其次是政治制度的表现空间，在这个领域中起作用的是直接和间接的政治权力，通过意识形态来发挥作用。"[①]

社会生产力主体结构的社会性变化必然要走向意识层面的开放性。1997年秋季召开中共十五大，十五大政治报告确立了社会主义所有制多元化的政策指向。在新闻传播领域当中，都市报正在成为一种发展势头，尚未得到学术界的肯定。都市报是从传统新闻机制当中生长出来的一个有机传媒，它可以与正在发展的工业化和城市化接轨，低端的信息源和开放的新闻视角相结合，直接产生更大的社会效应，同时与市场经济同步成长。笔者当时提出的观点是这样的："信息资源的扩大化和社会化是中国社会转型的重要特征，新闻传播不再仅仅限于一个单独的宣传使命，而是重新建构社会的一个重要工具，一个真正的社会纽带。各种社会信息的开发和交换有利于为市场经济的发展创造更大的社会参与的可能性，在象征层面上成为社会再生产的重要资源。其次是主体意识的觉醒，就是作为社会成员的公民本身积极投身社会实践，成为一个利益主体，享有权利参与新闻信息交换过程来表达自己的诉求。"[②] 简单说来，经济改革在信息传播领域里所发生的变化不仅是在数量维度上扩大了舆论结构，同时从质量维度上扩大了社会参与。显然，有效的大众传播所带来的是参与社会转型的现实感。笔者把这理解为传播学的中国语境。

社会科学是讨论人的，人就是政治。那么，传播学在中国要获得身份，是不是应该呼应政治命题？它又应该如何呼应政治命题？在1999年10月北京广播学院召开的中国加拿大面向21世纪传播学国际学术研讨会上，笔者提交题为《中国现代化的传播学反思》的论文，根据20世纪90年代中期以后中国社会改革开放的态势，认为传播学在中国的现实意义在于中国社会本身

---

① 陈卫星.传播的观念[M].北京：人民出版社，2004：382-383.
② 陈卫星.建构都市的传播空间[N].南方都市报，1998-12-28.

已经呈现出生产主体多元化—利益主体多元化—象征主体多元化的传播图谱，"中国的经济转型在信息传播层面上导入三个新的维度：第一，在生产关系方面，新的社会生产主体的涌现丰富了传播关系。第二，在信息分配的关系方面，信息资源的营利性和新的利益主体的崛起要求推动信息在经济层面和象征层面的再生产强加一种合法的定义来与自己的利益相匹配。第三，涉及传播网络和传播区域，在区域性的社会发展当中，传播网络的配置是创造一个社会调解的空间，产生地方认同的象征意义。信息资源的开发有利于打破市场建设中的地区封锁和人为划分，形成一个具有最大社会参与性意义的全国市场"①。

现在看来，当年的这个观点是在试图表达传播学如何认知和判断中国的现实社会关系的走向，即从数量和质量两个维度上阐述开放的信息传播如何与社会转型同步。第一，信息传播不再是垂直单向的结构，它的社会扇面的展开，使得信息传播不再仅仅局限于表达一种政治关系，而是成为社会联系的认知手段和知识工具，为真实的日常生活和社会主体意识的成长提供信息条件。第二，预示新信息传播技术所带来的技术变量在中国必然产生社会变量，即新社会阶层的崛起。②一方面，新社会阶层的社会地位将取决于它在经济上的影响力所产生的传播效果；另一方面，新信息传播技术本身的推广自然会从产业经济和价值体系的角度催生出新的社会主体，从而通过广告化的方式逐渐与传统意识形态拉开距离。第三，在改革开放中，传播的方式和手段要立足于社会调解的功能定位，不但要打破经济领域的信息不对称，也要打破社会和政治领域的信息不对称，从而使市场经济要有社会性，要有利于社会保障，推动实现社会转型。这实际上是勾画出一个改革开放的信息传播图式，即从生产力的解放导致社会关系和社会结构的开放，其中的一根轴线是信息传播的开放。

今天的社会，由于新信息传播技术的推广和普及，信息的流量很大；由

---

① 《中国现代化的传播学反思》，陈卫星在1999年北京广播学院举办的"中国、加拿大面向21世纪传播学国际学术研讨会"上的发言稿。
② 周瑞金.十年网络评论打造"新意见阶层"[N].新京报，2009-11-14.

于技术的便利性所形成的传播的自发性,往往会把各个民族国家和各个社会阶层的诉求汇聚起来。传播全球化的要害在于,与物理时间同步的信息如何跨越历史、社会和文化纵深完全不同的空间断面。从文化政治学的角度来说,如果这种信息流的结果是扩大已有概念和现实镜像的误差,使得意识形态和经验感受无法统一,那么任何一个聚焦角度有差异的社会信息就潜藏着政治能量,从而把信息传播和社会风险的概念联系起来,把低端政治转化为高端政治。当然,对中国来说,信息传播当中更多的本土性障碍实际上是需要进行历史性分析的。

二、问题的困境

如果按照一句老话说,"历史没有单行道",那么我们可以说改革开放从一开始就是一个双向通道。国内外学术界对"中国特色"的讨论有很多观点。但如果说其中也有暧昧性的话,那么我们是否可以说,改革开放在培育社会主体的同时产生新的垄断实体?从20世纪90年代中期开始,通过政策性措施和行政化制度,在"抓大放小"的政策指导下,大型国有企业全面崛起,其迅速扩张与主导性发展,形成在经营形态上具有垄断特征的利益集团。当政府在经济运行中扮演主导角色时,市场的特征和功能更多地被局限为实现某种阶段性的政治意图,而很难成为一种在社会增长过程中形成平等、公平和自愿的交换以及监督机制的有效制约。以吴敬琏为代表的经济学家们一再呼吁要建立以法治为主导的市场经济,反对以行政权力主导的市场经济体制。因为这往往导致行政和司法的角色模糊,从而使得所有积极的市场机制创新都难以保证社会信用,反而积累社会矛盾。当行政权力对经济领域和文化领域进行全面渗透时,必然把整体主义和等级社会的统合性重新引入正在开放的社会,从而产生公共物品供给不足的社会现象。社会流动的阻塞和市场准入的门槛在挑战社会的公平和公正。

改革开放中,我们有过很多纲领性口号,但在全面进入全球化之后,我们遭遇的一种意识形态较量就是如何面对"普世"或"普适"价值的挑战。

媒介与传播的边际线 陈卫星自选集

如何在国际上明确中国社会的核心价值？在总结中国自身发展成就的语境化解读的过程中，核心价值的缺位使得主体的身份认同和权益保障成为悬念。从政治学的原理来说，是主体性问题的缺位，即伴随着现代民族国家的诞生所应该完成的从文化共同体到社会共同体和政治共同体的制度化过程还在进行当中，民族国家的宏大叙事尚未完成。当然，关于政治学的问题，我们还应该请相关专家加入讨论。但笔者想要说的是，传播学在西方的诞生和发展是服务于西方国家的政治经济制度的，如果不从社会科学的属性来把握的话，我们可能会想当然地把他们的理论当作解决问题的药方。

举例来说，我们所接触到的西方传播学理论，源于西方国家在社会运行中所产生的制度性需求，实质上是基于市场理性来把握人们接受或享受物质产品和精神产品的作用途径，如对于信息的入口出口的把关问题。社会心理学家勒温（Kurt Lewin）在1947年提出把关人概念，从而阐释具有一定权力的人或机构决定着某个信息的性质和流量，表明在一个传播系统中，信息总是通过某些关口传递的。研究的案例源于普通的市场消费行为。对中国现代史的研究表明，大约在同一历史时期，中国共产党已经从中国革命的社会实践中总结出系统完整的具有把关人概念的信息传播的指导原则，即通过延安整风运动于1942年确立的中国共产党的新闻学原则："党性第一"的原则，"反对虚假真实性"的原则，"新闻的快慢必须以党的利益为准则""运用报纸指导运动"的原则，"新闻保密和分层次阅读"的原则。这一系列原则一直延续到改革开放之后。由此可以说明，西方传播学理论的经验图式遭遇中国语境的政治逻辑的顽强阻击，虽然在改革开放之后的信息流通机制有较大的改进。①

只是到了新媒体时代，我们才发现作为第一生产力的科学技术在信息传播领域的确在产生压缩性时空的"象征有效性"。比如，微博对信息传播的放大效应和加速效应，在尽可能短的时间范围内，释放信息本身所可能具备的爆炸能量，增强信息的冲击力，在某种意义上也可以说是杀伤力，从而对所

---

① 李侃如.治理中国：从革命到改革[M].胡国成，赵梅，译.北京：中国社会科学出版社，2010：199.

有的信息危机处理方式提出挑战,对与信息相关的行政机构的公信力也是一个考验,由此信息疏导也需要有新的把关人模式。由于微博的技术优势和非个体责任性,自然会对公共事件的话语表达形成一个更加自主、更加多元的传播态势,激发网民自主参与或围观公共事件,彰显社会群体的自治意识和权益意识,从而有可能形成新的推进公共管理制度创新的社会基础。

我们引进的传播学理论,尤其是源于美国的传播学方法论,概而言之,其方法论路径是演绎法则理论:从实证经验出发,认为科学理论是一种说明性的努力,阐释并预测研究现象,强调可检验性,具体落实为可证伪性,强调如何与伪科学或意识形态相区别。[①]这一理论方法一般被称为经验功能主义,其展开背景有赖于稳定的政治制度和理性的市场模式。这一理论模式在20世纪后期开始被反思:首先,美国科学史学者托马斯·库恩在《科学革命的结构》(*The Structure of Scientific Revolutions*)一书中提出范式转换原理,认为成熟科学的发展模式通常是通过革命从一种范式不断地向另一种范式转变的。其次,英国学者A.F.查尔默斯在《科学究竟是什么?对科学的性质和地位及其方法的评价》(1976)一书中提出"视觉经验不仅仅决定于看到的物体",因为观察陈述被理解渗透。该书一直不断修订再版,着重提出证伪主义的局限性问题,这对于非西方文明国家,对于还在延续隐蔽的制度(潜规则)的国家,或者说对那些各种社会内部活动的形式要素的数量和质量的结构性关系仍然非常复杂的国家似乎更贴切。最后,样本始终是有限的,信息观察的有限性限制了归纳过程的有效性。何况在新媒体时代,针对任何一个事件,有多少个观察者就有多少种真相。

与美国的传播学学科发展有密切关系的美国功能主义社会学大师帕森斯和默顿所提出的研究方法,其基本特征停留在中观层次,提出了许许多多的中层理论,如越轨理论、角色冲突理论、参照群体理论、矛盾选择理论、科层结构理论、科学共同体等。这些理论的目的并不是要对社会秩序和社会变

---

① 贝尔特.社会理论与社会科学[M]//德朗蒂.当代欧洲社会理论指南.李康,译.上海:上海人民出版社,2009:30-31.

迁提出一般性解释。

与西方社会发展过程不同，处于社会转型期的中国，面临着如何落实科学发展观的艰巨任务。中共十七大政治报告指出："社会主义民主政治不断发展、依法治国基本方略扎实贯彻，同时民主法制建设与扩大人民民主和经济社会发展的要求还不完全适应，政治体制改革需要继续深化；社会主义文化更加繁荣，同时人民精神文化需求日趋旺盛，人们思想活动的独立性、选择性、多变性、差异性明显增强，对发展社会主义先进文化提出了更高要求；社会活力显著增强，同时社会结构、社会组织形式、社会利益格局发生深刻变化，社会建设和管理面临诸多新课题；对外开放日益扩大，同时面临的国际竞争日趋激烈，发达国家在经济科技上占优势的压力长期存在，可以预见和难以预见的风险增多，统筹国内发展和对外开放要求更高。"[1] 这一重要战略判断是传播学发展的指导思想。

简单说来，目前中国面临的许多社会难题的讨论都具有相当的开放性，比如如何重新分配资源、如何建立公共保障体系、如何改革金融体制、如何确保能源安全、如何维持社会稳定、中央政府和地方行政机构如何协调权力调控距离的制度衔接等，这些领域中的话题无疑是大众传媒中颇具有社会影响的议题。再简单一点说，各种社会内部关系的流动性由于遭遇相关制度化或非制度化的利益机制而扭曲，由此产生大量的承诺、信息以及协调方面的问题，在处置失当的情况下往往形成社会秩序的不确定性以及不稳定性建构。

之所以要在这里强调整个社会背景，是因为我们对传播学抱有理论期待，即能够在本体论的学术层面上有一个社会阐释力量。传播学这个概念通常更容易在当下的语境中被理解成大众传媒的文本效果或传媒机构的经营效益，而从社会学科本身的发展应该力图产生更大社会效益的角度来说，我们往往更愿意把传播学看成是寻求不依赖于任一特殊学科背景或知识基础的关于人类社会关系的传播性质的认识，由此使得学科的发展与人类社会的发展形成

---

[1] 胡锦涛在中共第十七次全国代表大会上的报告全文 [R/OL].（2007-10-24）[2024-04-23].
https://www.gov.cn/ldhd/2007-10/24/content_785431.htm.

一种既平行又开放的互动关系。

为什么要求平行的学术观？因为平行是保持对学术史的自身发展过程的尊重，而开放则是要考虑把日常生活中的主体传播经验与固化为社会结构和社会利益之间的关系作为研究支点，并延伸到民族国家所构成的世界体系当中去。这就要求在把握学术思想的过程中，充分考虑系统与主体的关系、量化与质化的关系、制度与经验的关系，等等。如果说大众传播的方式决定了社会得以建构的规范和价值观的命运，那么这种命运的未来就只能存在于行使公共意愿的普遍权利当中，越来越根本的问题是关注和影响这种意愿的形成过程。如果我们在方法论上被管理实证主义控制，我们对问题的认识就会越来越强调技术性的方法和结论，从而淡化人类社会通过信息传播走向自由的根本命题。当然，我们看到的情况可能并不令人乐观，把社会科学管理学化已经成为一种制度性安排（诱惑），其结果可能是问题性被遮蔽。如果没有问题的真实性，如何形成能够经得起历史检验的学术积累？

我们面临的问题在一定程度上是和全球化分不开的。随着信息资本主义所带来的传播全球化、全球化和本土化的调解、新媒体与传统媒体的受众市场竞争及其受众分化，将传播文化视作连接工业、文本和受众的单一线性观念已难以全面阐释大众传播机制的复杂性。网络传播的多元化叙事使得信息由于界面的不同而具有不同的面貌，分裂意义上的信息呈现出持续性的社会焦虑以及公众精神生活的面具性。结合全球社会公民运动对主体性的种种追求，新的理论探索和新的传播实践无疑意味着一种更多元、更活跃的理论潜力正在孕育。

在中国，传播学今天所面临的学术挑战是一个二元命题：既有技术扩散与社会转型的复杂角色冲突，更有源于研究对象的本土性所提出的本体论意义上的挑战，即现代性的挑战。后者在方法论上是再现理论：不是量化逻辑主导，而是试图从社会逻辑（现象和行为过程）去把握社会和行动之间的关系，假定科学研究是一种揭示性的，强调理论和经验的对应关系。虽然"世界是平的"，但历史依然有纵深："在主张第二现代性的西方学者看来，政治民主化（民主国家）和社会民主化（福利国家）正面临着全球化、个体化、性别革命、不充分就业和全球风险等非稳定因素的挑战,以互联网为基础的当代传播手段或许可以成为人们重新恢复对人的信任和对社会关系的信心的符咒。而对发展中国家而言,对第一现代性的追逐仍将继续立足于社会发展的意义来探索传播的真实性和合法性相统一的途径。"①

面对这样一种现代性的挑战,我们还是有理由保持乐观的,因为2008年以来,中国在举办国际盛会、战胜自然灾害、应对金融危机、维护地区和平等诸多重大事件中经历了考验,继续坚持推进政治体制改革的目标选择,坚持从革命党到执政党的政治观念转换,政治的刚性中增加了柔性因素,从建立包容性增长方式出发,协调相关各方利益成为政治抉择的基本出发点。同时在社会层面上,自发建立公民社会的自觉意识在提高,开放的信息传播环境加速对人类已有文明成果的汲取,中国对建立和维持世界的和平发展秩序也在承担越来越大的责任。各种主客观和内外部因素的汇聚有可能形成推动政治体制改革的动力。中国的传播学界能否为自己的学科发展提供更大价值的学术贡献?其中的一个使命是要挑战西方理论和本土经验的学术不平等关系。突破点在哪里?只有回到本土语境,重新梳理本土文本,从文献到考证,从事实到经验,从模式到理论,从中提炼中国革命和中国社会的传播学叙事。正如伊娃·伊卢(Eva Illouz)在向洛文塔尔致敬时所说:"当一个文本能够提供一套全新的隐喻来理解社会现实并重组我们对社会世界运转方式的理解的话,它就能成为经典。经典性文本对于解释性科学是至关重要的,因为它们为理解现实提供了独一无二的隐喻和语言规则。"② 希望用这样一句话来与大家共勉,期待我们能够继续学术努力,为后来者的超越留下有价值的路标。

---

① 陈卫星.传播观念与现代思想[M]//余虹,杨恒达,杨慧林.问题(3).北京:中国人民大学出版社,2005:79.
② ELIHU K, JOHN P, TAMAR L, et al. Canonic texts in media research [M]. Cambridge: Polity Press, 2003:91.

传播学叙事的历史学技艺[*]

一、从历史叙事到问题意识

探讨传播学叙事的历史学技艺这一问题,首先需要厘清历史学和传播学的关系。两个学科中一个是先来的学科,一个是后到的学科。早在2500多年以前,西方的历史编纂就有编年体、回忆录、论文等形式,强调政治与军事事件,尤其是大人物的故事,这种叙事模式在启蒙时代受到挑战;而传播学在20世纪问世。这两个学科在20世纪产生了一种什么关系?从20世纪90年代开始,随着全球化铺天盖地袭来,学术界开始扩散20世纪60年代发轫的全球史观念,以跨国家、跨地区、跨民族、跨文化的视角重新思考、审视并编写人类的历史。美国知名世界史学家杰里·H.本特利(Jerry H. Bentley)明确指出新世界史即全球史的主题有5种,即跨文化贸易(cross-cultural trade)、物种传播与交流(biological diffusions and exchanges)、文化交往与碰撞(cultural exchanges and encounters)、帝国主义与殖民主义(imperialism and colonialism)以及移民与离散族群(migrations and diaspora)。[①] 差不多一半以上的内容是基于文化介质的传播行为或传播过程,这就形成全球史和传播史的一种关系,需要人们重新认识从印刷工艺到电子革命和虚拟世界的传播媒

---

[*] 本文原载于《陕西师范大学学报(哲学社会科学版)》2019年第1期,收入本书时略有删改。
[①] 陈恒,李文硕.从世界历史到世界的历史:评《剑桥世界史》[J].历史研究,2016(4):160–173.

介的历史向度。在这个演变过程中，传播文本的叙事特点和表现形式究竟产生了一种什么性质的变化？因此，把叙事作为历史学和传播学的共同特征是时代的基础性命题。正如法国历史学界年鉴学派的创始人之一马克·布洛克所说的："因为我们的理解力从本质上说更多地倾向于理解，而不是知道。由此便产生了真正的科学，即成功地以自己的方式在现象之间建立起阐释性关系的科学。"[1] 如果用大名鼎鼎的美国后现代史学家海登·怀特的话来说就是"如何将理解了（knowing）的东西转换成可讲述（telling）的东西，如何将人类经验塑造成能被一般人，而非特定文化的意义结构融入的形式。我们可能不易完全领会另一种文化的特定思想模式，但相对而言，无论这种文化显得多么奇异，我们也不难理解其中的故事"[2]。

不管是历史还是传播，都是一种叙事方式。由于历史的叙事，人们才得以建构对历史的认知，而且作为传播文本流传下来；反过来说，人们对历史的认知是由于传播的文本所影响、所决定的。从今天的社会学观念来说，人要形成一种社会组织或一个共同体需要一种共同的信仰作为精神内核，把观念转化为媒介化的叙事文本，一种有意义的信息传播过程呈现出一种社会的叙事结构。所以，作为载体的媒介就成为历史演进的一种工具，如平面媒介从纸莎草、竹简或羊皮纸到各种印刷纸质本。这样，我们就可以理解，通过媒介的联接（articulation）形成被传播的历史及其叙事。

一般意义上的历史叙事主要聚焦两个主题，一个是人物，一个是事件，由此构成叙事的基本框架。自从开创民族—国家建构模式的法国大革命以来，"在塑造民族特色的过程中，共同拥有的历史观念占据着极其重要的地位，所以，历史观——它是什么意思，如何形成，如何使用——在民族主义的构成和维持中起着至关重要的作用。历史的书写在19世纪的欧洲成为一个专门学科，它的发展与欧洲民族国家和民族主义思潮的出现有密切关系。利奥波德·冯·兰克（Leopold von Ranke）是德国历史学家，他对把历史创设为现

---

[1] 布洛克. 历史学家的技艺 [M]. 黄艳红, 译. 北京: 中国人民大学出版社, 2011: 35.
[2] 怀特. 叙事性在实在表现中的用处 [M] // 陈新. 当代西方历史哲学读本. 上海: 复旦大学出版社, 2006: 199.

代学术学科起到了决定性的作用"①。从兰克学派出发,德国人最先建立近代意义上的历史学。为什么是德国人最先建立历史学?法国大革命开创的历史新纪元的意义在于形成了民族—国家的范本,造成了对它东边的神圣罗马帝国解体之后的普鲁士各邦的压力,当时尚未形成德意志民族。法国在西边,普鲁士要超越西方就要形成自己的民族国家,并在当时的世界格局的竞争中形成新帝国,如从拿破仑一世开始的法兰西帝国,从俾斯麦的普鲁士王国到威廉二世的德意志帝国。我们今天可以这样理解,即一个新的国家崛起的过程,不仅要发展经济和科学技术,还要形成历史和文化的叙事来强化某种民族的、国家的认同。"对兰克和他的追随者而言,对意义的解释意味着达成目的的手段——目标是重建人类命运和民族命运;资料居于中心地位,因为它提供了详细可靠的细节,所以叙事的编撰才能够完成。"② 从这个意义上说,历史学家认为德国史学参与构建了一个民族的,或者说一个相当于国家主义的意识形态,这一意识形态试图寻求一条有别于西方民主从而带有半独裁性质的制度和价值的现代性德国道路。

虽然兰克的史学观被学术界认定为实证主义历史学,但他并不是没有考虑到人们在进行历史叙述时的主观能动性。所以后来有专家认为,兰克历史写作的思想背景被误解了,因为他植根于德国古典主义哲学,这在某种意义上就超越了尊重事实的精神。兰克说过:"史学别于其他学科的独到之处,在于它亦是一门艺术。史学是一门科学,因为它可搜集、发现和钻研;而它也是一门艺术,则是因其能对已发现和已知之物加以重述和重构。其他诸学科,或仅止于严格如其本然地说明所发现之物,史学则拥有重现事物的能力。"③ 换句话说,人文社会领域知识的传播功能其实是要产生意识和观念的转化。历史叙事不能仅仅由实证主义来决定,重要的是建立什么样的解释体系。有新意地阐释历史及其意义结构,往往来自一种新的世界观。代际之间人的世界观是不一样的,因为不同时代的人在其所生活的年代会形成自己的理念或观

---

① 古切尔,沃尔顿.全球文明史[M].陈恒,译.上海:格致出版社,2013:277.
② 托什.史学导论[M].吴英,译.北京:北京大学出版社,2007:240.
③ 兰克.论普遍历史[M]//刘小枫.从普遍历史到历史主义.北京:华夏出版社,2017:179.

念。代际之间的沟通,从细节到价值,从方法到模式,从理念到故事其实都是有分歧的,所以只有重新从自己的体验认知开始,才能体会到一个历史叙事的形成过程。在一个指认的历史进程中,不同年龄段的受众的观念认知和心理体验也是有差别的并决定一种视角。所以,实证主义只是一种方法和支撑,主要的影响还在于理念的逻辑体系。

世界近代史的开端有两个标志性事件,一个是美国独立战争,一个是法国大革命。这些驾驭历史火车头的民族国家,往往要进行有创新意义的知识生产,通过重新发现和重新总结来进行学术积累,形成一种新的人类自我认知的学术方法和学术观点。在20世纪产生历史学革命的学派是法国的年鉴学派,其特点是不限于把历史简化为一个政治家或一个历史人物在实现政治理想或者开创历史局面的个人英雄主义逻辑当中演绎出来的故事,而且充分考虑到这种历史的构成是由更大数量的不同人群所囊括的社会阶层甚至包括社会底层参与、形成的一种共同的叙事,阐释人在跨越时空性质的地理疆界的活动当中所产生的行为结构。

第一代的年鉴学派,对历史学领域的开拓是把史料范围和历史类型予以扩展。创始人吕西安·费弗尔(Lucien Paul Victor Febvre)在1929年创办杂志《社会经济史年鉴》(*Annales d'histoire économique et sociale*),让历史学家和地理学家、经济学家和社会学家对话,把研究领域从政治历史拓展到社会和经济领域,集中研究长时段(La longue durée)的历史结构与动力运动。他有15部著作,中文版著作有《莱茵河:历史、神话与现实》《16世纪的不信教问题:拉伯雷的宗教》《大地与人类演进:地理学视野下的史学引论》和《印刷书的诞生》。他的历史叙事别开生面,形成一种人与自然环境、社会环境互动的历史叙事。另一个创始人是马克·布洛克(Marc Bloch),其在学术上较少涉足地理学,更为热衷社会学。他强调,"历史是关于人的知识:从这个特征中引出了历史学对表达形式问题的独特立场"①。他的代表作生动深刻,中文版著作有《为历史学辩护》《封建社会》《法国农村史》《历史学家的技

---

① 布洛克. 历史学家的技艺[M]. 黄艳红,译. 北京:中国人民大学出版社,2011:47.

艺》《奇怪的战败》等,其中有对具体历史单元的看法,甚至包括当代历史事件。他的伟大还在于他是第二次世界大战时期法国抵抗运动的著名烈士,法国里昂市区的抵抗烈士墙的人名排列是从他开始的。他所创造的历史叙事不仅存在于图书馆,而且也被活生生地记载在生活的空间当中。

"马克·布洛克一开始就提到了'历史的合法性',这个说法表明,在他看来,历史认识论问题不但是思想和学术的问题,而且是公共问题,甚至是道德问题。"[1] 布洛克给我们提示的一个有趣的文本是《国王神迹》(*Les rois thaumaturges*)。他发现历史的叙述有一个重要的心理学基因,往往是一个精神分析的来源。这本著作研究从中世纪到18世纪的英法国王是如何借助触摸病人的仪式来换取大众的信任的,直接启发了年鉴学派后来向历史社会学、历史人类学、心态史学和新文化史的转向,提出人们日常的历史活动中如何产生"集体幻觉"的传播问题。我们在讨论历史的时候,发现人和人之间的关系的心理状态或心理需求这一部分内容其实是没有历史的,诸如人和人之间的信任和不信任、引导和被引导、忠诚和背叛、管理和被管理、引导和跟随等种种关系,始终存在并呈现为媒介化的仪式、符号或动作。在这个意义上来说,心理学和政治学的信息传播不是全部可以量化或证伪的,这个原理有助于我们理解历史的连续性和断裂性的复杂关系。

第二次世界大战以后,年鉴学派逐渐形成第二代,开始接受马克思主义史学观的影响,力图寻求并阐释历史的大结构。其中最著名的学者是费尔南·布罗代尔(Fernand Braudel),他的研究范围聚焦三大主题——地中海、文明和资本主义以及法国身份,被认为是后来的"世界体系理论"的前驱。他的鸿篇巨著几乎是年鉴学派的标签,中文版著作有《十五至十八世纪的物质文明、经济和资本主义》(3卷本)、《法兰西的特性》(3卷本)、《资本主义的动力》《资本主义论丛》《菲利普二世时代的地中海和地中海世界》《文明史纲》《地中海考古:史前史和古代史》和《论历史》等。具体而言,他的研究主题涵盖物质文明、市场经济和资本主义这几个关键词。从地中海南岸的意

---

[1] 布洛克.历史学家的技艺[M].黄艳红,译.北京:中国人民大学出版社,2011:4.

大利城市共和国开始跨越阿尔卑斯山深入到莱茵河流域，一个空间区域所形成的人群关系所组成的经济结构、生产方式到社会模式经过整整3个世纪的演变和竞争，最后，资本主义作为一种经济体系和社会模式覆盖欧洲，形成一种新的文明形态。

在历史研究的方法论层面，布罗代尔提出把握历史的三个概念：第一个概念是事件性历史（L'Histoire événementielle）。事件往往是节点性的，如什么时候发生了一种政权更替、权力转移、生产力转型乃至技术的升级换代，由此演化出一个以集体身份或物质事件为标志的具有历史节点意义的概念转型。比如，2011年以前没有微信的时代和2011年以后使用微信的时代，这实际上就是一个社会史、文化史的节点。年轻人使用微信的体验跟那些以往有过其他媒介使用经验的人的体验可能不一样。因为对于老年人来说，这种新的经验只是在原来的媒介使用经验当中所增加的那一部分，这部分使用者总是用原来的媒介近用（access to the media）来比较新的增量；而新生代完全是用新体验来扬弃所有的传统媒体。第二个概念是局势性历史（L'Histoire conjoncturelle）。比如，一个过渡的历史时代，对于一个企业来说可能是一个盘整期，对于一个社会来说可能是一个变动期，对于一种制度来说可能是一个调整期，或者再往大一点说可能是一个转型期，等等。第三个概念是结构性历史（L'Histoire structurelle）。这就是一个大型时空结构，可以引发许多新的想象，让人产生一种理想或追求一种理想，就是在骨感的现实和丰满的理想之间表达一种认知态度和实践意向。布罗代尔对后来的历史社会学和国际传播学有很大的学术影响，在他看来，研究历史的主要途径就是将它视为一个长时段。虽然不一定是唯一的途径，但借助它可以分析和推演过去和现在的重大历史结构的基本格局，试图把历史与现实结合成一个密不可分的时空实体。按照法国哲学家保罗·利科（Paul Ricoeur）的说法，长时段"应当被理解为是在呼唤社会时间的多元性"[①]。

---

① 利科.法国史学对史学理论的贡献［M］.王健华，译.上海：上海社会科学院出版社，1992：42.

历史总是在逐渐的演化过程中自我呈现,"长时段"这个概念的重要性在于让人从浩如烟海的史料文献和历史活动的时空体量当中简化认识问题或理解问题的分析路径。按照摩尔定律,人类社会的信息量每一年半要增加 1 倍,难以想象人们的思维方式或生存状态会发生什么变化。但只要人类社会还要建构自己的文明或自己的叙事,那就逃不脱历史叙事的建构和竞争所表达的功能性和意向性。在这个过程中,对传播学的历史学回顾的确是一种挑战,"因为从材料上说,它最终面对的是人的意识。在历史学看来,通过意识构成的各种关系以及以意识为基础的各种影响乃至混乱现象,构成了现实本身"①。

第二次世界大战以后兴起的"发展"概念几乎是影响所有发展中国家的紧箍咒。从这个意义上说,这个概念显然内含西方的文化霸权意识,但它同时指认了一个历史事实,即所有那些被认为是属于"发展中"或"不发达"的国家和地区,除去经济的竞争力不足之外,也伴有一种文化缺失,缺乏有竞争力的本土知识系统,有的甚至没有本土的文字体系,由此引发不同导向的现代性观念来抵抗以理性和技术为核心的现代化霸权。正如德国当代全球史专家于尔根·奥斯特哈默所归纳的:"随着时间逐渐实现普世化并最迟在 1930 年前后成为全球进入'现代'标志的每一种新的思维方式、技术、机制和'决定性要素'(dispositive),无一不是在 19 世纪由西方发明并从这里踏上其形形色色的世界之旅的。就人类的记忆和观察而言,其内容无论在过去还是现在,始终都具有地方性和'文化'特殊性的色彩;然而其媒介和形式却与此相反:在这方面,世界每一处地方都深陷于西方的影响之下,尽管程度不一,表现各异。各方都是根据其对欧洲化或畏惧或欢迎的态度,在适应和反抗之间做出各自的选择。"② 这个分析恰好印证后来发展传播学在全球的境遇。

---

① 布洛克.历史学家的技艺[M].黄艳红,译.北京:中国人民大学出版社,2011:136.
② 奥斯特哈默.世界的演变:19 世纪史(第 1 卷)[M].强朝晖,刘凤,译.北京:社会科学文献出版社,2016:88.

二、全球传播的四个维度

全球史学家认为所有人类社会在不同程度上都是相互关联的，即"社会变革常常是与其他社会接触后的产物，采取的方式要么是模仿，要么是应对"。① 从长时段走向全球史，我们从布罗代尔的历史观当中获得启发，这种启发在传播学上产生的一个摹本，就是马特拉的《全球传播的起源》，这本书的译名更接近于中文读者的理解，实际上它的原文名字应该叫作《传播的发明》。传播是一种发明，而这种发明伴随着近代以来建构民族—国家的社会进程中所创新并拓展的工业文明或科技文明。所以，传播和媒介是近代化以来建构民族—国家或者建构社会秩序甚至普世观念的技术手段和叙事结构。

大西洋彼岸的历史学家也不约而同地发现传播学和历史社会学的平行关系。在先后经历民族—国家身份建构的独立战争和南北战争之后，美国在19世纪后期加速进入工业化、城市化和社会化合流的历史进程。按照美国历史学家丹尼尔·罗杰斯的说法，"随着风俗习惯在商业化的潮流中消退，人类力量的作用变得越来越明显，出现了围绕着'社会'概念的整套语汇——'社会经济''社会政治''社会问题''社会疑难'，所有这些都证明了人们日益意识到市场资本主义的社会结构本质"②。这个社会转型的视角直接催生了后来的传播学经验功能主义学派。

从文明史转型的叙事出发，马特拉考证出"传播"这个词源于狄德罗主编的《百科全书》的一个词条。这本书几乎是启蒙运动的一个标签，在历史上享有盛名。在这本书的编撰过程中，因词条内容中增加的大量时政评论而引人关注，法国宫廷和出版商围绕着出版许可相互博弈。被禁止的信息总是最有竞争力的信息，这几乎是社会心理学的一个规律。善于在政界和商界左右逢源的出版商庞库克在印制和发行环节中绞尽脑汁、几经反复，先后推出

---

① 麦克尼尔.西方的兴起：上［M］.孙岳,陈志坚,于展,译.北京：中信出版社,2015：2.
② 罗杰斯.大西洋的跨越：进步时代的社会政治［M］.吴万伟,译.南京：译林出版社,2011：46.

不同版本。哈佛大学的图书馆原馆长罗伯特·达恩顿为此写出一本出版史的名著《启蒙运动的生意》，该书成为新文化史研究的范本。从这本书的出版开始，围绕着信息的禁止和商业的驱动，形成一种被政治化的传播竞争，如盗版、假封皮、假日期、走私入境等。法国的启蒙运动使欧洲的近代化服从一个新的思想理念，即通过启蒙把对一种神圣权力权威的服从转化为对人类自我理性的一种肯定，从中产生了科学、艺术和职业这几个近代化的关键词。

一个时代的关键词涵盖一个时代的主要诉求。因为没有科学理念就没有新技术开发，没有生产力革命，社会革命就缺乏必要的前提，而艺术始终是一种创造性或创造力表达的必然形态。人类社会的竞争必然需要创新思维，而创新思维的启蒙或启动肯定首先是通过想象力驱动来进行训练的。在这个过程当中，人们为了形成社会共同体意义上的责任意识和信任机制，一定要形成一个职业观念。现代人在这种职业观念当中所传递的是一种技术责任，这样才能形成一个可持续的社会分工协作。从马特拉的叙述当中，传播学叙事包括科技的创新、文化的扩散、观念的推广以及民族国家内部的社会关系和外部的国际关系的秩序建构，甚至还包括法权观念的建构和物流设施的建设。

在马特拉这样的左翼传播学理论家看来，新闻传播要被定义在一种近代化的历史过程中，因为在近代化的民族国家建构当中才可能产生一种信息交换的必要性以及信息意义的平衡态势，这差不多在某种意义上成为基础性社会学科之外的另外一个学术补充。基础性社会学科就是关于人的经济利益分配的经济学，关于人的社会组织方式的社会学，关于人的身份和权益的政治学。从17世纪人们推出现代意义的大众传媒开始，英国大法官弥尔顿在1644年发表《论出版自由》，提出近代化过程的舆论法则的学术论证，到20世纪30年代之后，大众传媒研究（mass media studies）或者大众传播研究（mass communication studies）在美国问世，美国学术界在第二次世界大战以后把它扩展成为传播学，后来推广到全世界。传播学诞生的意义就在于它对信息传播效果的定位和定义，使得人们对社会秩序的建构或者社会的运作流程形成一种监测或建立一种信心，在行政管理和社会协商的可能性当中形成一种可以调节的观察模式和行为框架。

马特拉的全球史传播观始于19世纪后期逐渐问世的各种近代通信技术（communication technology），大众传播和大众文化纷至沓来的19世纪是国际传播的历史起点，而"tele-"的前缀意味着都是以远距离的信息传递、信息传播为一种调控方式手段，这就形成一个现代信息传播系统，应运而生的大众传媒研究同时见证一个自由交换原则的实践性应用。"这是一个传播基础技术系统被奠基的世纪，也是一个自由交换原则诞生的世纪。"① 前者是强调文艺复兴和宗教改革之后，工业革命和科技创新所焕发出来的生产力的解放；后者更是一段围绕着贸易、殖民、战争、革命的不断轮换的一种动感历史。信息的自由交换是生成信息变量的一个必要契机，为观念创新和技术进步提供操作平台。所以后来围绕着信息生产技术本身，形成以 IT 业为主的硬件产业，引发冷战结束后的新经济革命和新经济实体。甚至有人解释美国终结冷战的筹码是能够在整个冷战期间抓住产业更新的方向，信息技术的创新使得美国在霸权博弈当中把握先机，阿帕网的民用转化成为一个巨大的全球性的新生产力。这就是说，在全世界范围内的竞争其实是跟生产力结构的转换密不可分的。如果说科技是第一生产力，那么只有科技创新才会使社会生产力给人提供更多的福利和便利。

17世纪出现的最早的纸质媒体开始生产商业信息，然后获得市场回报，启动工商阶层来不断扩大贸易流量以激活人的生产欲望和交换能力，产生近代资本主义体系的扩张，在时间推移中不断扩大活动范围，产生新的对象关系以形成新的动力势能，最后呈现一种体系性的外观和结构。马特拉由此提炼出我们从全球史的意义上来理解传播学的 4 个维度或 4 个意义板块。

第一个维度是"流动社会"。近代意义上的国际关系的历史是从17世纪30年代战争结束后开始的。《威斯特法利亚和约》之后的民族—国家逻辑使"社会"成为依附于同一个民族国家的个体和集体相互整合的历史进程，人与人的关系和人与信息传播的关系相互交织。这首先表现在谁的土地上信谁的

---

① 马特拉.全球传播的起源[M].朱振明，译.北京：清华大学出版社，2015：8.

教，然后就形成了民族—国家的一种共同体边界。作为基础设施的交通网络的建构在民族—国家的形成中被提上议事日程，改变自然地理环境的水力运输和公路工程兴起；围绕建立统一的国内市场所推进的人流、物流和信息流的发展需求，使传播与社会的可完善性成为议题，从而形成近代的西方工商资产阶级社会体系。同时期的科学研究开始从微观角度深化对人体自身的生理学认识，如血液循环流动的发现，组织社会生产力的重农主义学派的经济学理论的问世，统一度量衡的标准量具的采用等。知识生产方面出现古典经济学的劳动分工论、马尔萨斯的生存竞争论、达尔文的生物进化论和斯宾塞的有机社会理论等。所有这些生产领域和知识领域的发展和创新是在自由竞争过程中不断扩大和延伸的。

达尔文的生物进化论被延伸到社会学的讨论范畴，清末时期被翻译家严复介绍到中国，按照生物学的观念来讨论人的天赋能力的进化，后来把进化论和社会等级制相结合叫社会达尔文主义。这些一个多世纪前的概念创新和理论发明所形成的叙事，在今天似乎也在重演，或者说在我们所熟悉的环境当中，社会流动的各种纠结始终围绕着如何降低机会成本，如何寻觅流动平台，如在时下的商业文学中常常说到的"风口"这个词。这反映出社会的发展需要通过竞争，而竞争产生人的流动；流动的成本高低跟机会把握有关，而这种机会把握的决定性要素，是如何掌握信息或者如何对信息做出反应。今天的竞争实际上是把人与信息的接入关系，或者说通过信息绑架的方式变成了物流的一种形态，这似乎很残酷。经济学或管理学把这称之为物联网，具有未来的产业形态的组织特征。从天上到地下，我们目前所看到的交通运输基础设施的现代化，正好形成这种发展的物质基础，至少中国的物流产业和移动支付无疑在全球是效率最高的。

被加速的信息传播的全球化所形成的第二个维度，马特拉称之为"普遍联系的乌托邦"。有史以来，人类就在寻找各种精神方式来消解自己的烦恼，解脱自己的不幸，这就是为什么宗教会出现，并提供救世情结来满足普遍主义的心理诉求，尽管其在祈祷的仪式当中只能制造幻影或提供自我安慰的环境氛围。近代工业革命之后产生的社会竞争和社会不平等是空想社会主

义理论的现实来源,从法国的圣西门主义的企业思想开始,就形成了传播救世意识形态。法国思想家克劳德·昂利·圣西门梦想着用工业组织的方式来建构一种新型文明。那么,在资本主义扩张的实际过程中,释放产能、输出技术、资本投入以及劳动力的重组都在某种意义上成为一种传播形态。"和法语中的'communication(s)'的所指相同。马克思用它来表述广义的'贸易(commerce)'或狭义的'社会关系'(Verkehrsform,Verkehrverh ltnisse,随着马克思著述变成了'生产关系'或 Produktionsverh ltnisse)。因此,如果我们想从马克思那里找到'communication'一词的现在意思的演变踪迹,就必须涵盖劳动、交换、所有权、意识等的所有关系形式以及个人、群体、民族、国家等之间的关系。就像马克思相信传播技术的社会决定性一样,圣西门主义者坚持传播技术的决定论思想,希望用它们来重铸世界。"①

显然,新的传播技术和新的生产方式的结合,必然会制作新的信息橱窗和社会景观,如在19世纪兴起的国际性的工商博览会。这里不仅有帝国和殖民地之间的利益冲撞,也有国家意志和市民社会的矛盾协调,还有国际与跨文化关系场景中的景观修辞,如世博会、奥运会等。这些实体化的普遍联系使乌托邦能够跨越国界,跨越性别、民族、宗教、语言的各种界线,通过传播载体来实现信息穿越。如果回到几十年前讨论国际传播的格局,一般会认为国际新闻传播的主要操盘手是跨国传媒集团,如时代华纳、维亚康姆、贝塔斯曼、新闻集团等。但是,今天我们讲到全球媒体的时候,则是聚焦在全球提供信息交换的媒体平台。各种自媒体和这些平台的结合构成当下的全球信息景观。

自媒体所产生的信息交换平台把信息流向在平面上进行扩张,从而稀释传播体制的纵向结构的约束力。在一种简单的意义上,回到了人类起源的原始朴素的状态。在实际流变当中,又会发现信息接收的兴趣爱好的排列所形成的一种信息供需模式,这在理论上有一个说法叫长尾理论。这个理论不是指通过商业竞价所形成的搜索排名所带来的信息误导,而是通过受众关系的

---

① 马特拉.全球传播的起源[M].朱振明,译.北京:清华大学出版社,2015:112-113.

研究发现，世界上能满足大多数人需求的信息产品是有限的，还有受众、用户或消费者需要更小众的产品，这样才有文化创意产业的无限拓展。创意始终是个性化的，而产业的界定是规模本身，两者形成一种奇异的组合。随着市场的细分，人们会开发出越来越多的区域化、地方化、行业化、年龄化、性别化、趣味化、主题化的信息娱乐产品，才能满足市场的需求和创业的需求。所以，今天要理解的普遍联系可能不是那种万人空巷的乌托邦，而是满足于你所感知的环境世界与你同在，尽管文创产品的"爆款"会自发形成一个个市场竞争的节点。之所以会有这样的理解，显然也是基于法国哲学家让-弗朗索瓦·利奥塔（Jean-Francois Lyotard）1979年出版的《后现代状况》之后的宏大叙事的终结的概念。这同时触发了另一种思考：当信息手段越来越趋向于用一种标准化的方式来进行集中化的处理，如大数据概念或者大数据产业，人们是不是愿意被变成大数据当中的一个分子呢？还是说需要自己去创造一个自己的信息世界。在传统媒体时期，全国最多不过就几百家电视台，上千家广播电台，几千份报刊，而在互联网时代至少有上千万家微信号。当技术越来越集中的时候，文化趣味有可能是越来越分化、越来越小众的，它可能需要基于小众的流量开发出100,000+的受众指标。如果放在吉登斯在他的《现代性与自我认同》这本书中所讨论的现代性的理论框架中来看，人类社会从"解放政治"走向"生活政治"的时候，借助信息技术的自我认同的释放，个体性的、自主性的信息生产无疑有助于丰富世界的多样性和创造性。

全球传播的第三个维度是围绕着传播的地缘政治的空间谱系。在马特拉看来，文化和传播网络的建构伴随着帝国霸权的确立："世界就像单一的工厂和市场；相互依赖的国家依据不同性质工作而划分的国际劳动分工分布开来；在地球的开发中形成相互联系的人类；等等。这些对世界的表述都逃脱不了对帝国时代传播流动地形图的分析"[①]。布罗代尔的"经济世界"模型旨在说明全球经济的空间循环是中心和边缘地带之间的不平等交换，这在信息传播技

---

① 马特拉. 全球传播的起源 [M]. 朱振明, 译. 北京：清华大学出版社, 2015：187.

术史上的注脚就是全盛时期的大英帝国的电缆公司拥有的决定性霸权："对网络的控制要么通过所有权进行直接控制，要么通过对网络中信息的审查来实施间接控制。"① 从此以后，技术的垄断和技术的分享究竟应该形成一种什么样的关系结构就成为国际传播的主体博弈的主题。

从近代史的逻辑来看，一旦在竞争当中形成了制度化的管控模式，这种模式的外溢就会产生冲击力。历史的发动机是通过生产力的发展形成一种生产方式，并把生产方式凝固为制度并输出到其他国家，逐渐形成通过政治谈判、军事威慑、贸易机制、技术主导来形成的一种游戏规则，这就是我们所说的国际体系、国际机制或国际关系的霸权（hegemony）。世界近现代史上曾经有过一种具有不同程度的地区性、国际性甚至全球性影响力的制度安排，专业术语称之为条约体系，如1815年的维也纳条约、1919年的凡尔赛和约、1945年的雅尔塔协定，其中雅尔塔体系维持的美苏霸权格局因1991年苏联解体而不复存在。19世纪以来，与此相对应的理论学说有德国学者拉策尔的地缘政治学，慕尼黑学派时期的"世界强国""空间显现""生存空间"和"繁殖空间"等概念。同时期的海权论繁衍出海上空间和"天定命运"的战略思想，在此期间发展起来的军事感知后勤学终于在随后的无线电领域（今天的互联网）当中找到新的争霸方式。

自从改革开放以来，中国一直声明不谋求国际霸权，一直主张国际关系民主化，推进世界的和平与发展和互利共赢的国际关系。当然这里面实际上还存在一个国际经济秩序竞争的内在结构所界定的上下游关系，其中一部分是通过科技创新的竞争所呈现出来的硬件板块，另外一个板块就是以信息内容为核心的软件系统。20世纪90年代初期，美国学者约瑟夫·S.奈发明了"Soft Power"这个概念，其在中文语境当中有不同的翻译，如"软权力""软力量""软实力"，强调一种在信息诱惑、价值观念或国际制度建设方面的参与能力的贡献或影响力。这让我们不得不反思信息传播的实体介入究竟在什么意义上形塑了民族—国家单元的等级序列。

---

① 马特拉.全球传播的起源［M］.朱振明，译.北京：清华大学出版社，2015：192.

在西方语境中，"Soft Power"这个概念与其说是创新不如说是更新。与资本主义的历史轨迹相平行，17世纪的罗马教皇格列高利十五世就发出"把信仰放大到世界的每个角落"的动员令，两个世纪后的罗马教皇直接宣称"用传道网络把地球包围起来"。从哥伦布发现美洲大陆开始，西方文明的对外扩张就是在商业拓展和军事征服的同时，用宗教的方式来奠定语言和文化的霸权。在近代以来西欧文明的世界性扩展流程中，宗教改革所引发的天主教和新教的内部竞争最后被国际化，西班牙、葡萄牙和法国这样的天主教国家的殖民扩展演变成后来的拉丁美洲，而从欧洲逃亡的新教徒后来形成美国、加拿大、澳大利亚的社会基础。

如果说从流动社会外溢出来的空间乌托邦最后还原为信息资源的战略竞争，那么所有对传播的起源及其嬗变的因果关系的梳理说明传播既是一种产生权力的资源，也是一种负载权力的标签，由此衍生出体现全球信息技术的管理思维的国际组织，如万国邮政联盟、国际电信联盟等非政府组织（NGO）性质的跨国组织负责管理全世界的信息交流当中各种技术资源的分配和技术规范的普及。在通信行业中的竞争不仅仅是设备制造和商用能力，最重要的是制订技术标准，由此引导产业链的先发优势。

信息传播始终以技术平台作为出发点，那么技术与人的伦理关系就是马特拉所指出的传播关系的第四个维度。《大众传播学研究的里程碑》（*Milestones in Mass Communication Research*）一书告诉我们，美国经验功能主义学派的研究非常关注传播的伦理问题，强调社会关系的秩序建构。所以我们可以说，对人的行为方式、活动机能、文化涵化的数理观测，可以被看作经验功能主义学派的传播效果研究的发生学。对人和媒介的传播行为的量化研究与行为主义逻辑密切相关，就是把控人在信息交流过程中的生物物理学指标，测定可控或不可控的边界条件。当然随着人的自我意识的解放，尤其是到20世纪60年代的社会运动之后，多元文化主义的人性指标不断被扩大、提升或简化，由此改变时尚和风俗。但从工商企业的市场目标或社会治安的公共管理来说，就会把信息传播变成一种控制论。罗伯特·维纳发明的控制论只是涉及弹道轨迹来考虑两个要素：一个是正反馈或负反馈的问题，另一个是同态结构的平衡问题。今天我们是要通过大数据逻辑来控制让人越来越分化的观念性冲动所形成的不可预计的挑战性行为，即通过信息模块的信息流量和信息流程的分析来控制、约束或引导信息源的一种处理模式。

行为主义逻辑主导的社会物理学，把人的善恶倾向、生产效率、消费品质、抗干扰性以及人和社会系统稳定的关系纳入社会管理的"统计理性"。这种"统计理性"从社会管理的日常流程来说已经变成不可抗拒的物质现实，因为每个人的消费数据和消费信息都已经被记录在案，如果以后对人的身份管理是通过信息流程，这可能会提高社会的清洁度，但是，人性的原始的自由可能会慢慢消失。电影《银翼杀手2049》中的复制人的平均素质肯定超过现实社会当中的普通人，他们被高度编程，一旦他们的生命可以延续，人类社会怎么办？如何讨论人的行为主义？如果从传播学的角度最终发现人的意向、理念、想法都是被信息灌输和程序控制的结果，那么人的自我意识的边界在哪里？会不会出现一个后人类时代的行为主义。大数据管理肯定有助于政治化或商业化的极化思维，因为它是通过测量评估和记录分析来确认对一种信息的把控、对一种局势的操控、对一种效果的预测、对一种利益的享有和对一种风险的回避。

透过马特拉所提炼的传播的四个维度，传播学的历史变成了新的全球史的一部分，并在不同的分析维度中呈现出不同的物质关系和非物质关系的互动结构和主观取舍。无论是宏观社会的发育还是个体自由的想象，大到时空霸权的拓展，小到人体行为的控制，马特拉从庞杂的历史现象和思想轨迹出发，将事件和数据以及概念和现象予以语境化的编织，通过对大范围、长时段的历史运动的整体分析，把交通工程、经济竞争、殖民扩张、帝国争霸、语言传播、社会治理和企业经营等主题的生成演变的各个节点纳入令人眼花缭乱而又不无启迪的传播学前史。哈罗德·伊尼斯在《帝国与传播》中曾经探讨过交通运输工程所建构的传播的空间结构。后来的经济制度的竞争又通过经济利益的分配效果产生一个人心向背的政治后果的问题。一种制度模式的扩张是一个影响力传播半径的问题，而人们在心理上所依赖的信息源是来自信息元素的构成，也就是语言。为什么有的语言因为能够开发出对自然界的对象性关系而有创造力,有的语言很古老但缺乏创造力?近代史上的民族—国家的新生往往会伴随着语言革命,如把拉丁语变成法语、德语、意大利语等,形成民族—国家建构的认知体系。在今天的全球化竞争当中,语言的影响力又转化为权力的索引或经济的诱导。总之,我们在今天要强调从全球史的角度来理解传播学和历史学的关系,以便进一步思考全球化的走向,应对互联网的挑战。

三、历史叙事的文化转向

上文关于全球传播的源起和扩展的四个维度的讨论显然属于宏大叙事的范畴,格奥尔格·伊格尔斯(Georg G. Iggers)是著名的全球史学家,他在一篇访谈中这样说过:"从20世纪60年代开始,包括马克思主义学派(比如E.P.汤普森)在内的历史学家开始强调文化因素在历史中的作用,我认为这非常好,它是对用定量的社会科学方法来研究无人的社会结构和变化的一种反制,使历史研究转向更加重视具体的人(表演者)的经验和文化。"① 事实上,恰恰从20世纪60年代开始,年鉴学派的第三代就对历史研究的对象进行分解,或按横向分成不同的区域,或按纵向分成不同的层次,这样就开拓出新的史学研究类型,有心理史、意识形态与社会想象、计量史学、阅读史、书籍史,还有意大利的微观史学(microhistory)、德国的日常生活史(alltagsgeschichte)和美国的新文化史(new cultural history)等。不仅是吕西安·费夫尔,达恩顿也在研究书籍出版,因为整个中世纪文艺复兴之后的理性文明就是以印刷文明作为核心的,所以才有约翰·弥尔顿的《论出版自由》为那个年代开始的信息传播革命提供法学论证。人们一般会认为,历史叙事的学术研究应该聚焦大人物、大事件、大结构,但现在的文化转向转而偏重于普通人群在日常生活中的文化实践形式。一旦往下看,看底层、看细节、看人物、看史料,就会发现这种社会的集体表象不完全是教条性质框架的大线条、大板

---

① 贺五一.伊格尔斯访谈录[J].史学理论研究,2013(4):88-93.

块,而恰恰会通过许多细节来产生亲近感,这些细节正是人类在当下重新进行历史认知的自我意识的一种信息来源。普通受众的信息接触方式是意识形成的涵化过程,即今天使用文化产品的方法、过程及其体验。过去人们说新闻是日常生活的历史,而现在人们的欲望、想象、理念、情绪的信息源多半是每天和他们保持同步状态的文化产品,时空距离几乎消解为零。

互联网时代之前的人无法在技术上实现人与信息源的同步。当下的信息体验和文化实践实际上是人们当下关注自己日常生活叙事的瞬间效应的历史投射。可能受到20世纪60年代年鉴学派第三代的叙事方式的影响,文化人类学家克利福德·格尔茨(Clifford Geertz)在1973年出版的名著《文化的解释》中就提出了"Thick Description"的概念,被称为"深描""厚重描述"。比如,其中阐述他的田野考察是去观察发生在印度尼西亚的一场斗鸡表演,用文字把整个社会环境、治理关系、文化符号、场景结构以及人物心理的细节记录下来,然后产生一个文化人类学的叙事文本。他认为意义是一个网状结构,细节与系统相连;从现象入手形成解读的脉络并由此形成被后人膜拜的"厚重描述",这样就有力地呈现了从细节出发产生的意义的研究价值。这种样本就在于人们不再把意义归纳为一种教条,而是把意义还原为一种结构和关系。好比今天的受众在微信传播过程中有多重身份和态度偏好,由此决定参与的节奏、力度、频率,潜移默化的心态起伏和心路历程都演化为自我意识过程中的关系数据。正如马克·布洛克说过的那样:"历史事实本质而言是心理事实。因此应在其他心理事实中寻找它们的先决条件。当然,人类的命运位于物质世界中,并感受到这个世界的影响。然而,在外在力量的介入最为剧烈的时候,这些力量也只有通过人及其思想的引导才能发挥作用。"[①] 换言之,人类叙事的模式大概就是通过对事实的不断重复和不断改编来适应不同时代的受众。

从年鉴学派第三代的微观史写作的初衷来说,人们认为仅仅用理论框架来研究、解释历史的企图已经不再让人信服。在此意义上的微观史研究希望

[①] 布洛克. 历史学家的技艺 [M]. 黄艳红,译. 北京:中国人民大学出版社,2011:163.

通过平常、平淡的细节来触摸历史的脉搏，让历史成为可以被人们感知的内容。在这个意义上，如何突出或放大人或物的细节的意义来不断重复人们对历史的认知或更新人们对历史的感受，甚至可以上升到哲学层次来探索人类的价值和命运。有学者分析，为什么法国人类学的创始人马塞尔·莫斯（Marcel Mauss）恰恰是在 1925 年推出他的代表作《礼物》，因为之前结束的第一次世界大战的残酷把人与人之间、民族与民族之间的关系推向深渊。他的田野考察证明人类最早的关系结构当中其实存在着互惠的社会交换形式，通过礼物的循环来维持一种人类学意义的社会关系，从而反思第一次世界大战对人类理性的毁灭性打击。优秀的人文学术都不可能脱离对人或人类命运的关注和思考。同样是反映第一次世界大战所带来的社会震荡，美国著名导演斯皮尔伯格 2011 年拍摄的《战马》（*War Horse*），就是通过一匹马来穿越烽火，穿越战场，穿越敌对的阵线来连接不同战壕的士兵，历史的毛细管被还原为一种人性的诉求。

在分析历史叙事与传播主题的关系结构时，观念的引进往往和本土的文化基因产生冲突关系。新信息的介入，如果从技术元素来讲可能只是增加一个新的变量，然后把技术的变量转化为一种更本质的变量，这就会产生文化融合的冲突，这就是美国政治学者塞缪尔·亨廷顿（Samuel P. Huntington）提出"文明的冲突"的概念之所在。所以在这个过程当中，任何观念实践的可能性都是要受到在地化的权力结构和伦理秩序来进行节制的，这是个恒定法则。如果将历史和传播形成一种关系结构，后来为什么人们通过书籍史、文化史、出版史再延伸到社会史、生活史，通过人们所使用的工具、所穿戴的衣物、所使用的材料来考察社会形态的组织结构，可能更容易理解各种不同的文明形态的竞争，或者理性定义的差异。这样我们就会发现为什么在有的地方技术的发明会成为一种历史更替的动力，而有的地方的技术创新始终只能成为少数人的专利。今天，我们对信息传播学的理解已经不再拘泥于一种固定的学科视角，而是把意义当作旅程，如让历史活起来的信息状态涌现出新的意义，或者通过受众对新媒介的接触频率所获得的信息契机来产生对不断变化的世界的理解和想象，所以要反复强调物质活动或者物质世界如何转换为研究视角。可能人们现在熟悉的传播方式在不久的将来又会被一种更新的技术载体所更新，对信息环境的感知就又是另外一个角度。但阅历的增长会帮助人们形成一种历史感，让人们通过不断对个体化的、非个体化的历史经验的总结来不断进行自我提升或自我调整，成为逻辑清楚、想法明确、行动果断的、有创造力的现代人。

对历史的这种观照其实往往反映了一个现实的需求和现实的认知，人类站在现代人的角度不断重新考察历史才会有决心和力量创造出新的历史。意大利思想家克罗齐有一句名言"一切历史都是当代史"。对历史的认知水准不取决于我们要去考证多少史料，而是看有没有新的认识框架，抛弃不再有意义的教条，如想想互联网究竟是经济基础还是上层建筑？如果按照二元结构的对位组合，它要么是这个要么是那个，但是后来发现，互联网既是经济基础也是上层建筑。20世纪70年代，对传播学的反思是人对媒介做什么，在此之前是媒介对人做什么。大家之前相信的是效果论，后来相信的是有限效果论。20世纪70年代之后大家发现是人在对媒介起作用，斯图亚特·霍尔在此基础上提出了编码—解码理论。

媒介技术或信息技术的生命力在于媒介技术形态的更新和人的自我意识的演化同步，能够出现信息移动的个体化、微型化的转移方式。这样媒介的技术本体跟人的理性自我的融合程度越来越密切，人借助媒介做什么其实就是说人自己如何成为媒介，这可能是今天"网红"能够成为"网红"的一个理由。

我的探讨是从一个历史路径和知识方法的互动结构来重新考察知识学意义上的历史变量，深入理解历史演变和媒体更新的关系。至少从媒介技术演变的历史过程来看，历史叙事的结构性内容不再是单一的或少数的，而是每个人的自我参与让个体本身成为社会媒介化或者媒介社会化的一个元素。

从漂浮的能指到符号的资本[*]
——论符号学的方法论演变

一般认为，法语的符号学（sémiologie）这一专有名词的原创来自法国词典学家、哲学家和政治活动家埃米尔·利特雷（Émile Maximilien Paul Littré）。作为研究符号（signes，也被译为记号）的科学，最初的意义是指在医学上研究症候（symptômes），即表现为各种症状的临床符号。在经验性的观察中，症状学发现这些可见的症状与人体机能失调有关，有时会引发人体器官的病变。"符号"从专业知识系统最初的结构成分延续至今，对"符号"的识别和判断仍然是临床医学实践中极其重要的内容。

符号学在后来的迅猛发展，乃至在半个世纪前成为全球人文学科的领航学科之一，这显然与瑞士结构主义语言学家索绪尔的创造性挪用分不开。在索绪尔所著的《普通语言学教程》中，符号学被定义为一种从符号开始研究传播的系统科学，"一门研究社会生活中符号生命的科学；它将构成社会心理学的一部分，因而也是普通心理学的一部分；我们管它叫符号学（sémiologie，来自希腊语 semeion '符号'）"[1]，从而把对语言的本质研究扩展到研究语言和其他符号系统的共有特征。

在法语语境的符号学发展中，符号学又可以分为传播符号学和意义符号

---

* 本文原载于钱中文、曹顺庆主编《中外文化与文论（第30辑）》（四川大学出版社2015年版），收入本书时略有删改。

① 索绪尔. 普通语言学教程[M]. 高名凯，岑麒祥，叶蜚声，译. 北京：商务印书馆，1980: 38.

学,前者指包括语言在内的具有传播功能的符号结构,如从广告海报到交通标识,实际上包括所有社会运行的编码系统。从这个意义上而言,传播学研究范围的泛化乃至突破学科范围的瓶颈,符号学的介入具有不能被低估的意义。因为,所有在人的行为如仪式、程序、景观环境中具有实体特征的姿势、声音、外在空间和行为方式的对象性标识都成为符号学的研究对象。意义符号学则伴随着大众文化的普遍化,聚焦一种共同文化的语言学阐释来分享、解析所有再现体系的能指的力量。戏剧、艺术、影视、漫画、演出、广告和今天无所不在的新兴媒体文化等创造性活动的表现性元素,都可以被意义符号学从系统、结构、符码等角度来进行语言分析。

有史以来,人们的生活实践和生产实践就包含着创造和使用符号来相互认知、把握外界并产生互动,由此产生与传播相关的问题如信息、语言、符码、常规、再现、阐释、意义、支配、行动、互动、调解的置换。今天的人们面对着无所遁形的信息传播,即有意无意地产生相互交叉的传播主体间的关系性行为,使各相关主体在信息关系(事件、行为、背景)维度上不停地谈判和协商。"如果我们把符号学作为新闻传播学的领头羊,至关重要的无疑是领会'语言学转向',但同时也很重要的是要找到出口。有节制地消费这一范式。"①换句话说,当人们从语言学转向中找到新的认知世界的方法论时,很快就会发现语言中心论的局限,从而产生要用新的方法论来完善语言中心论的焦虑。

如果像罗兰·巴尔特那样认为语言学包括符号学,认为只有得到命名的事物才是有意义的,就不得不面对符号学的方法论断裂:从能指的角度来说,美国符号学家皮尔斯(Charles Sanders Peirce)所提出的符号分类在根本上质疑是否可以用一种同质化的方式来命名事物;从所指的角度而言,语用学的逻辑更强调一种陈述(énoncé)的意义建构有赖于陈述行为(énonciation)的环境要素的支撑和支持功效。

随着时间的推移,人们开始对索绪尔的符号学产生怀疑。一方面,如果

---

① BOUGNOUX D. Sciences de l'information et de la communication [M]. Paris: Larousse, 1993:101.

仅仅是从语言学出发，把各种混杂的信息种类作为一种逻各斯或一种语言理性的分析对象，难免把产生事物的逻辑与事物的逻辑本身相混淆，成为一种封闭性质的同语反复。另一方面，仅仅关注语言文本的解码，容易把所有事物看作一种语言活动的结果。此外还有第三种意见，一个符号并不意味着它在表面上所代表或所关联的事物——对一种表意符号的符号学的分析，最终可能需要语言符号学和其他学术方法相结合。

在这个分析框架中，显然最后一点可能最为重要，因为这体现出结构主义之后的人文学科与社会科学相结合的发展趋势，从而让我们在语言学和社会学之间进行连接（articulation），有力地把握语言表述与社会现实的关系，阻遏意义消费对意义生产的吞噬，阻击那些有意无意地通过符号应用来弱化、淡化甚至迷失语言与现实的社会关系的倾向。

从上述推论和假设出发，自结构主义时代的语言符号学开始，人们对符号学方法论的更新就无法回避法国社会学家布尔迪厄后来提出的反思社会学以及符号权力的生成和应用。

当年符号学盛极一时，领域内有一种学科跨越的创新勇气。今天符号学学术创新，仍然需要打破学科桎梏，把静态的符号指称分析延伸到动态的主体结构分析，以便增加符号学介入或嵌入的可能性，为符号学的发展寻求新的视野与动力。这是本文探讨符号学方法论更新性转向的预设逻辑。

一、符号差异的由来

作为现代符号学的创始人之一，索绪尔认为符号学的主要对象"是以符号任意性为基础的全体系统"[①]。因为在他对符号的分类中，存在着两类符号，即以任意性为特征的符号（signe）和以理据性为特征的象征（symbole）。这与另一个符号学创始人，美国符号学家皮尔斯的符号分类有所不同，后者把

---

① 索绪尔.普通语言学教程[M].高名凯，岑麒祥，叶蜚声，译.北京：商务印书馆，1980：103.

符号主要分为具有临近性特征的指示符号（index）、具有相似性特征的肖似符号（icon）和具有任意性特征的象征符号（symbol）。显然，皮尔斯的Symbol等于索绪尔的Signe，两人都把任意符号作为符号学研究的主要对象。

在索绪尔看来，符号保持了能指和所指的关系的自然性，从而让语言本身成为一种具有内部秩序的形式系统。"索绪尔的主要使命是确立记号的任意性，证明语言作为一个价值系统，既不是凭借内容亦非凭借经验，而是凭借纯粹的差异建立起来的。"①

作为一种方法论，索绪尔的语言学所指称的语言本身是封闭的，符号本身并不创造任何事物，只能增补一个有声音意象（能指）的概念（所指），能指与所指的关系是任意性的。因为"完全任意的符号比其他符号更能实现符号方式的理想；这就是为什么语言是最复杂、最广泛的表达系统，也是最富有特点的表达系统"②。每个所指符号所对应的经验层面的事情越来越少，反而在结构意义上产生相对立或相区别的关系。无论是皮尔斯还是索绪尔，符号学的第一个姿态就是搁置现实或悬置参照物（référent）而编织出符码或一个能指结构。

随着皮尔斯的符号学概念的推广，人们开始提出在语言学摇篮之外开放的另一种能指体系：肖似符号（icon，也被译为像符），指示符号（indic，也被译为指符），既不能被简单地纳入语言学的词语分析范围，也与能指和所指的区分不兼容。由此对能指逻辑本身提出了一个问题，即能指如何纳入指示符号的功能？那些刺激性的、痕迹性的感知和情绪能否成为符号学的合理构成部分？

从更大的范围来考察，人们如何在符号域和生态域以及文化和自然之间平衡符号学的文化差异？索绪尔认为一个符码或一个所指，习惯于把关系界定在信息发出者和信息接受者之间。皮尔斯的符号学系统囊括了很多自然现

---

① 多斯.从结构到解构：法国20世纪思想主潮（上卷）[M].季广茂，译.北京：中央编译出版社，2005：60.
② 索绪尔.普通语言学教程[M].高名凯，岑麒祥，叶蜚声，译.北京：商务印书馆，1980：103.

象的编码和解码,包括一个环境、一种解读常规或建构阐释者的符码。通过符号、对象和阐释者的三元关系的确立,在一种相对单项(向)性质的信息传播中,对信息的回应是可以被归纳的。在皮尔斯的符号学所展示的开放的信息世界中,由于同时存在着对符号的关系和对对象的关系,信息的回荡、回应和回旋是不可控的。由此产生的符号差异可以成为一种动态结构,对象的日新月异驱动着符号的无限生成,从而标志着阐释者的千差万别。这样的符号学认知结构跟今天新兴媒体时代的信息框架几乎一样,并再次印证符号学的认知功能其实源于人类学所提示的交换过程。

作为结构主义理论的主要创始人,法国人类学家克劳德·列维-施特劳斯开创了在人类学和结构主义理论基础上运用符号学原理的先例。从人类学的考察出发,婚姻基础上的亲属制度有较大的社会内涵,它不仅包括合作群体的组织,而且包括权利、财产、知识、传统观念和期望的传递,它在个人和群体之间形成传播,信息被纳入符码化的过程。在1958年出版的《结构人类学》一书中,列维-施特劳斯对此进行了总结:"不把社会或文化还原成语言,我们也能开始这一'哥白尼式的革命'(豪德里柯特与格拉奈这样认为),这就是根据一种传播理论将社会作为一个整体来加以解释。这一努力在三个层次上都是可能的,因为亲属关系与婚姻法则保证了共同体间的妇女的循环,如同经济法则保证商品与服务的循环、语言学法则保证信息的循环一样。"① 他认为,这三种传播形式同时表明三者之间的交换性关系,如婚姻关系伴随着经济上的给予,而语言可以在所有水平上进行干预,这就为在这三者之间寻找同质性提供了依据。②

在人类学所提示的交换过程中,交换不是自然的,也不仅仅是物质的或物理的,而是一种使用过程中的符号功能,所有的社会运行都要依从符号转换。在这个过程中,一方面,符码先于信息,因为信息不是一种经验性的表达,而是在经验的差异化过程中使用符码的可能性和限制性。那么,如何处

---

① 列维-施特劳斯.结构人类学[M].谢维扬,俞宣孟,译.上海:上海译文出版社,1995:88.
② 陈卫星.传播的观念[M].北京:人民出版社,2008:118-119.

置那些新事物的编码？因为在符码的实践性应用中，显然存在着固定的惯例、礼仪和习俗。信息要产生一种新的意义，就需要生成一个尚未被符码预见并予以包容的信息。其结果是，能指的使用越来越趋于所指不充分。因为每个信息发出者所感知的或意识到的与他人感知或意识到的信息差异，使得能指膨胀并形成一种信息竞争的符号学特征。

既然是一种向其他人展示的未知的、新的信息，那么吸收异质要素的努力旨在给无意识以意义，意义就来自无意义，因为能指的充斥带来相互的抵消，即"象征价值零度。"在人类学的语境中，人把握能指的能力往往超过对所指的寻觅。这就是列维－施特劳斯提出的"漂浮的能指"（signifiant flottant）。① 这种人类学的拟态在今天的新兴媒体的常态化实践应用中，已经被证明是标志信息权力转移的基本参数。从语境参数的变化来看，西方语境的学术左派借用这个概念来为想象的社会抗争和街头的公民运动扬威壮胆。而在非西方的语境中，这一概念更是借助新兴媒体的灵活身段来演绎不断翻新的符号游击战。总之，在事物的真实关系中，人们不停地抽取和加热符码、常规和阐释系统，通过一种媒介化的操作方式来维持从事件到神话的符号学传播机制。

随着社会信息化进程的加速，信息传播的自发性和自治性具有技术上的可操作性，能指的外在性不但成为新常态，而且具有双重意义。一个意义是寻求、建构或维持共同体式的话语竞争，从而把符号学与政治效果挂钩。另一个意义是个人经验的个性叙事，使得能指的较量通过对已有神话的祛魅而力图使现实的经验被归纳为新的神话。品牌神话的物化效果已经不再是批判的对象，而是虚拟化存在的标志和隐隐约约的话语憧憬，虽然品牌周期可能更短，但其样式、内涵和品质都因为更加丰富多彩而自由奔放。这在审美心理上是一种精神解脱，在信息格局中是一种空间分割，在娱乐状态中是一种游戏机制。为什么传统媒体需要周期性的改版，这是因为任何事物一旦形成常规，无疑会异化它的自发性或它的本性。从这个意义上说，以双微（微博、

---

① 法语大百科全书［EB/OL］.［2024-04-22］.http://www.universalis.fr/encyclopedie/mana-1/.

微信）为代表的新兴媒体的确有理由为延续信息的大众化而感到自豪。

二、符号权力的姿态

当符号学家还在津津乐道于文本分析的内部循环时,20世纪90年代初期,法国学者德布雷在《普通媒介学教程》当中指出,符号学的应用不是将符号学从属于社会心理学,"而符号学的实际应用却走上相反的道路。这些应用将社会生活转移到符号中间,使社会心理学成为语言学的一个附属。被符号化的世界是一个静止的、微薄的和苍白的世界,在同步切面的无时间性当中漂浮着语言的幻影和语义的幽灵,所有都事先按照'二元格式'重新誊写。这样一来,什么都可以成为能指系统,所有社会历史实践向语言规则的转变都变成一个游戏"[①]。媒介学的观点强调一定历史时期的信息技术对当时的传播方式的影响,当然不认同一种超越社会行动主体的文本主义的参照物幻觉来安排客观世界的信息序列。

与此同时,法国社会学家布尔迪厄开始挑战符号学的理想:"'纯粹'语言学秩序的自主性是一个幻觉,这种语言学秩序的确定是通过赋予语言的内在逻辑以特权才得以实现的,但同时这一做法付出的代价是忽视了语言的社会使用方面的社会条件与相关因素,这种做法为后来的许多理论开了先例,这些理论的思路都好像是说:一个人一旦掌握了语言的规则,就足以赋予他一种能力,使他可以在实践中操持一种社会上视为得体的语言。"[②] 布尔迪厄之所以提出不同意见,是因为他认为符号学赋予语言的共时性的、结构的或内在的视角优先性,无疑淡化或掩盖了影响或支配语言活动的其他要素,如历史的、社会的、经济的要素等。

布尔迪厄要建构的"实践理性",实际上是力图把所有的实践都分析为物质利润或象征利益的最大化。只要社会主体的实践行为被纳入社会范畴,就

---

① 德布雷.普通媒介学教程[M].陈卫星,王杨,译.北京:清华大学出版社,2014:55.
② 布迪厄,华康德.实践与反思:反思社会学导引[M].李猛,李康,译.北京:中央编译出版社,1998:188.

不可能不考虑人们对实践主体的评价和主体的自我反思。当人们在使用语言技术对现实进行区分并予以说明时，就是一种统摄现实的规范能力的显现，这种语言实践的受众效果其实源于言说者本人的社会身份和专业资质，"语言技能并非一种简单的技术能力，而是一种规范能力。这就意味着并非所有的语言说法都是同样可以接受的，并非所有的言说者都是平等的"[1]。该理论并没有主张阶级斗争，但人们完全可以意识到社会差异所带来的话语差异的效果，可以说，布尔迪厄的学术挑战的成功源于他在理论方法上对马克思主义的另一种解读。

英国著名左翼学者伊格尔顿对此耿耿于怀："在对马克思主义整体明确表示怀疑的同时，社会学家皮埃尔·布尔迪厄掠夺了马克思主义的理论资源，提出了像'符号资本'（symbolic capital）这样的概念。"[2] 符号资本化或资本符号化表达了布尔迪厄的激进社会学的批判观点，这也是当时和后来的史实所证明的一种资本再生产和社会再生产的制度路径。按照美国学者戴维·斯沃茨的分析，布尔迪厄采取了两个基本步骤，第一是把经济利益的观点拓展到表面上看起来是非经济的商品和服务，第二是把资本概念扩展到所有的权力形式，包括物质的、文化的、社会的和符号的。个体与群体凭借各种文化的、社会的、符号的资源维持或改进其在社会秩序中的地位。[3] 资源的性质和资源的评估是由资源被纳入的权力场域来定价的："权力场域所包含的每一个场域都是按照与它相对应的结构组织起来的，在这些场域的一个极点上分布着经济上（或者世俗上）处于支配性，文化上处于被支配性的位置，另一个极点则分布着文化方面处于支配性，经济方面处于被支配性的位置。"[4] 场域的定位逻辑和转换逻辑逐渐成为社会权力再分配的基本配置。

---

[1] 布迪厄，华康德.实践与反思：反思社会学导引[M].李猛，李康，译.北京：中央编译出版社，1998：193.
[2] 伊格尔顿.理论之后[M].商正，译.北京：商务印书馆，2009：35.
[3] 斯沃茨.文化与权力：布迪厄的社会学[M].陶东风，译.上海：上海译文出版社，2006：77-86.
[4] 布尔迪厄.国家精英：名牌大学与集体精神[M].杨亚平，译.北京：商务印书馆，2004：466.

布尔迪厄首先尊重索绪尔的符号差异观，认为符号过程和符号逻辑通过语言的二元对立来确立"差异与差异的偏离的逻辑"。① 由此建立的符号系统通过排除与包含的逻辑产生意义。在索绪尔看来，对立关系只存在于语言当中，而对布尔迪厄来说，意义不是从符号本身的内在特征中获取的，而是来自它们的对立关系，但这个关系要被纳入其场域理论的整体框架。任何一种社会化的语言实践的受众效果，并不仅仅指望传播者的主观态度，而传播行为的社会场域的权力配重对受众效果更有影响力。当然，今天在评估布尔迪厄的场域理论时，我们看到，新兴媒体的技术创新使得场域本身出现越来越灵活和越来越自治的局面。比如，今天任何一个有知性水准的受众，面对着信息差异和信息冲突的信息流，他要获取的信息的意义就来自这些信息之间的博弈过程。与其说不同的传播者有不同的受众，不如说是不同的传播者本身携带着不同的符号权力："语言的权力关系绝不能仅凭现存语言能力之间的关系予以界定。不同能动者的重要性还依赖于他们的象征性资本，即他们从群体中所获得的认可，无论这种认可是否已经制度化了。"② 语言权力的受众效果要取决于语言主体的影响力的社会认证。

媒介学对我们的提示恰恰说明，一旦人类历史进入一个信息技术更新换代的时期，总的历史趋势是信息权力的稀释，即人们从 20 世纪末期就开始如痴如醉地对新兴媒体进行节点化和去中心化。值得提醒的是，非宏大叙事的千姿百态并不意味着管制的终结，而是制度管控或调节的场域逻辑的延伸和扩大。

布尔迪厄是个一生致力于学科创新的学术活动家，对权力和统治的概念有天然的敏感，他提出的资本概念源于更广大的社会范围中可以被验证的与权力资源相关的劳动类型，从而显示出不同权力资源背景下的资本积累过程和资本转换逻辑，实际上是社会行动者维护和强化其社会地位的根本所在。在他看来，对词语表达的传播效果的分析，不能仅仅停留在语言学层面上，

---

① PIERRE B.Language and symbolic power [M]. Cambridge: Hayward University Press, 1991:237.
② 布尔迪厄.言语意味着什么［M］.褚思真，刘晖，译.北京：商务印书馆，2005：57.

更重要的是不能忽略语言符号的象征权力生成机制。

从结构主义的方法论中,我们可以知道,词语所产生的象征权力的生产必须要通过一个象征交换过程,即被认同的过程。"符号权力通过陈述某个给予之物来构成它,通过影响世界的表象来影响世界。这种权力并不处于以'以言行事的力量'为表现形式的'符号系统'中,而是在一种确定的关系中被这种关系所确定。这种关系创造了人们对言辞的合法性以及说出这种言辞的人的合法性的信念,而且,它正常运作的条件就是那些承受这种权力的人要认可那些施展权力的人。"① 这种符号权力的自然化过程是产生符号权力的根本法则。从这种意义上说,有史以来的社会群体的利益竞争,无不是从符号权力的崛起开始,无论是口头话语的突破,还是民间话语的逃亡,抑或各种媒体技术(平面或电子)的大众化过程中的自主性实践和自媒体的方兴未艾。

三、结语

今天的人们正在经历或经受信息革命对人们的观念颠覆,符号的日新月异,不仅是人们视野的扩大,信息敏感的倍增,还是自我意识的强化和与此相伴的主体认同的危机。主体的符号化必然产生符号的主体化,两者在新兴媒体的虚拟世界和多维空间中相互交融。除此之外,符号差异的游戏性竞争和符号权力的分解或构成是同时进行的。

半个多世纪前,结构主义符号学通过更新方法论和明确批判意识,逐步使自身学术具有合法性。今天,我们面对的是一个越来越被聚焦于信息和传播的世界,这个世界在满足信息需求的同时,还造就了符号学的危机。因为在过于丰裕的信息环境中,人不可能再满足于一个文本主义的范式。"从动词时态、陈述结构、逻辑程式等文本特点出发(因为缺乏对人的记录,它只能

---

① 布迪厄,华康德. 实践与反思: 反思社会学导引[M]. 李猛,李康,译. 北京:中央编译出版社,1998:196.

在文本自身找寻文本的权威）。科学的世界观就是最终在假想中强行建立了普遍信仰的世界。"① 布尔迪厄的这一反讽式表达其实在本质上是符号学的，即任何文本符号的使命无不是在符号的价值延伸中显示或找到一种信任或信仰的落脚点。无论是从索绪尔的语言学指称出发，还是从布尔迪厄的反思社会学出发，人们总是力图把行为逻辑与象征资源挂钩，从而追求一种集体信仰的规约性或信任资本的可靠性，这是我们在这里讨论的从语言现象开始的符号学方法论更新的内在逻辑。

---

① 布尔迪厄.科学之科学与反观性：法兰西学院专题讲座（2000—2001学年）[M].陈圣生，涂释文，梁亚红，等译.南宁：广西师范大学出版社，2006：49.

技术的介入

数字神话的传播想象[*]

神话是一个人类学的概念,源于人类学家列维-施特劳斯的田野考察。把神话概念与信息传播相互连接,则始于法国结构主义大师罗兰·巴特。他把大众传播过程中内涵意义的运作称之为神话,就是把人类学中的神话概念重新移植到对被信息传播技术不断推进的日常生活现实的变动当中。人们由此推导出信息传播会引导人们形成一些固定化的信仰、观念。换言之,传播媒介是在运用神话制造新意义。由此在受众或用户层面上形成的神话和常规塑造着受众或用户对传媒的知觉方式,而作为媒介神话载体的媒介文本同时能够描述现实、形成社会关系和建构社会身份,是产生可能的意识形态意义的多元节点。

经过18—19世纪的政治革命后,20世纪的人类社会则在某种程度上成为生产力革命的实验田,科技创新和社会想象相互平行,正如革命导师列宁那句名言:"共产主义就是苏维埃加电气化。"但在20世纪的最后10年,把历史进程进行时空一体化推进的技术发明无疑是互联网,因为这为人类提供了一个新的时空形式,莫斯柯教授的话题就从这里开始。

《崇高的数字化》一书是从数字神话的可疑性出发。在人类传播史上,文字的出现意味着批评性质的传播模式,诸如理性精神、怀疑态度和逻辑思维等。把批评和反批评的信息传播同时组合在一个或无数个具有交流性质的时空维度中,是电脑传播的表现特征,技术性能上升为文明神话。"根据这些神

---

[*] 本文原载于《中国图书评论》2009年第5期,收入本书时略有删改。

话，电脑传播的力量将使得我们经历人类经验中划时代的转变，这种转变将超越时间（历史的终结）、空间（地理的终结）和权力（政治的终结）。神话很容易被作为不合逻辑的虚构而加以摒弃，这样对它们的理解就变得很简单：揭露谎言，使人们看到被神话遮蔽的真相，从而消除它们迷惑思想和操纵行为的力量。"① 电脑传播似乎要彻底颠覆人类有史以来所感知的物质世界的形式结构，这无疑是一种巨大的想象。

但是，为什么电脑传播会成为神话？莫斯柯提出的理由是"神话是能够激活个体和社会的叙事，能够为人们提供途径，使他们得以超越平凡的日常生活。它们能够提供通向另一种现实的入口，一个曾经以崇高的许诺为特征的现实"②。的确，神话往往提供对事物的新透视，从而为人们的超验性提供新的物质基础。这不仅源于一种技术推广的社会活力，更因为技术功效被转化为集体信仰，成为被追捧的社会神话。

一、技术神话源于对社会关系的拓展

在现当代的传播学发展中，人们对信息传播技术的演变，有几种价值取向，或者是把它当作文明演变的发动机，从而坚信技术决定论引导人类；或者是着眼于研究信息技术更新和特定时期的知识扩散的关系，从而考察技术变量和社会存量（变量）的关系参数；或者是琢磨新媒体出现的动力机制，从而预测新媒体的应用前景和效益评估。显然，莫斯柯所要讨论的神话属于第一种取向。"根据神话，信息时代超越了政治，是因为它使得每个人都可以得到极大丰富的权力。政治的定义特征、对稀有权力资源的争夺，都被消除

---

① VINCENT M. The digital sublime: myth, power, and cyberspace [M]. Massachusetts: The MIT Press, 2004:2.

② VINCENT M. The digital sublime: myth, power, and cyberspace [M]. Massachusetts: The MIT Press, 2004:3.

了。这样，神话通过对历史的否定创造了一个新的历史、新的时代。"①自从诺伯特·维纳在第二次世界大战以后提出控制论以来，借用新信息传播技术的发明来论证科学技术对社会历史的颠覆几乎是一种惯性。

问题在于，根据法国学者布鲁诺·拉图尔（Bruno Latour）的观点，人们长期以来习惯用两分法来看待世界，即人类和自然的交集形成两个集合，科学管理自然，政治管理社会。但是面对越来越和人类主体产生关系的科学发现和技术更新，这种两分法越来越难以理解涉及人类和自然"杂交"状态的增殖。其实，人类社会在演进过程中，不停地反复这种状态：一个始终存在的自然界越来越不孤立，因为始终同时存在着一个由利益、可以预见的赌注和稳定性质构成的社会，以及一个作为参照的独立话语。②这种把对历史学和社会学的观照同时纳入对文化、媒介和技术的学术考察，说明科学发展本身同时凝聚了三个要素，即自然（对包括技术在内的物质力量的理性整合）、政治（对自私的社会行动者和力量的策略性掌控）和文本（用来解释世界，从而在语言上构成对世界的修辞策略）。

拉图尔的技术社会学提供了针对科技神话的价值批评。因为，"我们从来都没有成为现代的"。科技神话虽然基于社会现实的某种趋势，却难以传递形而上学式的真理。因此，如何从主体间性的角度去把握科学陈述本身所揭示出来的陈述状态的力量关系，就成为左翼批判的理论出发点。因为，"从本质上而言，神话能够取消政治，能够将话语去政治化，但它们也能够打开通向修复政治和深化政治理解的大门"③。莫斯柯是北美传播政治经济学流派的代表人物，主张把政治经济学定义为对社会关系，尤其是权力关系的研究，从而把大众传播过程的分析聚焦在传播资源的生产、分配和交换的环节。他的论述不仅是对神话观念的知识考察，更有着鲜明的评论视角："从文化或者神话

---

① VINCENT M. The digital sublime: myth, power, and cyberspace [M]. Massachusetts: The MIT Press, 2004:35.

② LATOUR B.Nous n'avons jamais été modernes [M]. Paris: La Découverte, 1991:21.

③ VINCENT M.The digital sublime: myth, power, and cyberspace [M]. Massachusetts: The MIT Press, 2004:16.

性的角度看，赛博空间也许会被看作历史、地理和政治的终结。但是从政治经济学的角度看，赛博空间则是数字化和商品化相互建构的结果。"①

20世纪80年代以来，以自由竞争为导向，美国的企业重组政策引导建构信息传播的宏观技术系统的自由竞争，在市场扩张的同时形成了一种新的意识形态——技术全球主义（Technoglobalisme）。"这种波及全球的特殊视角有助于遮蔽复杂且真实的赌注：世界意义上的互动和交易的新形式。"② 在法国传播学家马特拉看来，这种技术乌托邦的赞助来自冷战后的经济地理学而不是冷战后的地缘政治，亦不是社会学家或政治学家的语义学思辨，而是股票交易商的实用主义。"真正的推动力源于金融领域的全球化，国际经济当中唯一一个愿意在真实时间中愿意把自身的活动和信息传播网络进行普遍联通的部门。"③ 在传播全球化的征服过程中，电脑传播与金融资本的结合修饰着数字资本主义的形象。

如果说20世纪60年代初美国著名学者丹尼尔·贝尔（Daniel Bell）提出的"意识形态的终结"是一种神话，那么，20世纪90年代初期福山提出的"历史的终结"不过是一种神话的新包装。对于这一点，莫斯柯的批评是毫不犹豫的。在他看来，福山的缺陷在于"没有考虑到自由民主的理念和权力集中的商业巨头对世界政治经济日益增长的控制之间存在着潜在的深刻冲突。重要的经济、政治、社会和文化决策都是由全球性的公司网络来决定的，其中许多公司在财富和权力方面让世界上多数国家相形见绌。这样一个世界损害了自由主义的自由和民主中所包含的平等参与"④。跨国传媒集团对各个国家尤其是发展中国家的信息支配或渗透成为传播政治经济学的批评指向。

莫斯柯的分析思路是借用信息传播史的史学文本进行反思的。在当今的

---

① VINCENT M.The digital sublime: myth, power, and cyberspace [M]. Massachusetts: The MIT Press, 2004:157.

② ARMAND M. Histoire de l'utopie planetaire, Editions [M]. Paris: La decouverte & Syros, 2000:351.

③ ARMAND M. Histoire de l'utopie planetaire, Editions [M]. Paris: La decouverte & Syros, 2000:353.

④ VINCENT M. The digital sublime: myth, power, and cyberspace [M]. Massachusetts: The MIT Press, 2004:59–60.

西方左翼学者中，对启蒙思想的反思向来注重考察技术和政治的关系，其基本原则是反对工具理性。因为，技术引发的神话，最终总要得到某种平衡，这种反向的动力源于具有政治性质的文化实践和社会实践。这就是说，信息传播技术不能被简单地还原为一种工具，技术本身被带入社会语境后，就有可能参与社会建构。这样，技术应用的可能性就不仅仅限于国家权力的政治需求和商业公司的市场扩张，不同形式的社会力量组合也可能把新信息传播技术作为探讨社会问题的一种方式，一种呈现主流媒体所不能接受的信息的方式。西方国家不断兴起的新社会运动和另类媒体的结合，就是社会与技术博弈的征兆。

莫斯柯从传播史的文化起点出发，解释赛博空间的神话含义，梳理网络神话与历史神话的关系，并置于信息传播技术神话的知识考古学范畴之中，分析这种神话背后的政治动力、经济动力和文化动力，一步步把文化研究性质的路径依赖还原为政治经济分析的话语通道，最终确立传播学批判学派的学术选择，即在商业背景下出现的信息奇观不仅是文化政治的批评目标，也透露出背后的美国文化和政治轨迹中永恒的神话愿望，即通过不断制造新的神话来延续自身的神话。

值得注意的是，从罗斯福的广播谈话到肯尼迪的电视演说，信息传播技术在20世纪的不断更新使得任何政治或社会性质的权力关系不得不依赖传播的网络来建构并展开。赛博空间所蕴含的政治意义不仅在于把传统的政治竞选简化为鼠标的点击，也通过网络论坛的方式来产生舆论压力或者聚集人气。赛博空间的兴起会产生"政治终结"的幻觉，本质原因在于把政治传播的流程从纵向转换为横向，传统性质的权力关系的纽带因此而改变。这无疑是在求证一个传播学发展史上被反复争论的命题，即新媒体始终是在信息源的多样化方面打开缺口，从而成为"民主的技术"。但是，这种技术的可能性即使在西方发达国家也不能担保社会进程中的技术决定论。英国学者斯蒂芬·拉克斯指出："媒体传播研究成功地证明，政治信息的传递方式和政治讨论的方式，是按照权力的意志设定的。民主遇到的问题从来就不存在于信息或政治讨论的质量和数量。"①

二、传播乌托邦的路径依赖

神话学理论被大量移植到传播学的研究过程中,因为大众媒介的深层法则是不断维持自己的注意力,而现代人对任何问题的注意和保持兴趣的持续时间都在不断缩短。媒介必须不断推出新的神话文本,不管是人物、叙事、结构、观念、时尚、潮流、商品还是其他东西,这是现实生活的意识形态的一部分。意识形态曾经是一种信仰和概念模式,它瞄准向个人或集体解释一种复杂的社会现象以便疏导或简化他们的选择。或许我们可以说过去的意识形态多半从主体意向出发,可能凝固性更强一些,而今天的意识形态则更着眼于一种对象化的表达,已经简化为职业意识和操作手段,如传播不仅是在传播内容,同时成为内容评判的唯一标准。我们把这种新形式的意识形态统归于传播意识形态之下。

传播意识形态源于控制论的初衷。作为第二次世界大战的经历者,控制论创始人维纳认为野蛮意识形态不断地指定一个人类的敌人,如属于某个种族、阶级或某种社会身份的成员。从控制论出发,敌人不再是人,而是一个恶魔般的实体,非秩序,组织短缺和信息窒息。维纳的世界观是围绕着信息来组织世界的,从而确立反对一切人类社会中组织化的暴力的合法性。② 维纳认为,"社会中存在所有反对稳态的因素,传播手段的控制是最重要的、最有效的"。其中涉及的传播手段包括印刷媒体、电信媒体和文化教育领域,但是这里面存在着严重的问题:"我们到处有传播手段的三重限制,按照利益的标准淘汰信息;事实上是让这些手段掌握在人数非常有限的少数富人阶级手中,自然表达了这个阶级的舆论;最后,作为通向个人权力和政治权力的主渠道,

---

① 冈特利特. 网络研究:数字化时代媒介研究的重新定向 [M]. 彭兰, 译. 北京:新华出版社, 2004.

② PHILIPPE B, SERGE P. L'explosion de la communication a l'aube du 21 siecle [M]. Paris: Editions La Decouverte, 2002:314.

它们吸引所有那些有抱负以寻求一种这样的权力的人。这个系统应该比所有其他系统更有助于社会稳定,并直接被掌握在那些为这类权力游戏和金钱最操心的人手中。"① 维纳虽然是一个科学家,但他显然是试图把科学理性和社会理性结合起来,强调信息的自由表达,强调传播的公平公正,更强调信息传播的社会责任。所以,传播学把维纳看作乌托邦的创始人,因为他第一个提出了信息传播技术的神话模型。

作为第二次世界大战的幸存者,维纳给他的乌托邦赋予了鲜明的人道主义色彩。面对信息传播技术的未来,他的期待分为三个乌托邦指标:第一,透明,即信息传播透明化。显然,只要人与人存在着差别,存在着利益的差异,信息传播就会成为一个利益组合、调和或斗争的过程。第二,拒绝社会排斥,即不要把信息传播的技术应用和内容服务只对着一部分人,要降低信息传播的门槛。当然,迄今为止的现实告诉我们,信息传播的技术推广不得不遇到一些门槛,或者是文化门槛,或者是经济门槛,或者是政治门槛。即便人们能够解决信息传播的技术问题,人们有没有消化信息内容的能力,有没有支付信息消费的能力,有没有信息传播的权利,无疑都是在考验社会制度的品质。第三,质询市场逻辑。市场的形式无可非议,但市场功效的社会反馈始终是一个被争论的政治问题。关于这一点,丹尼尔·贝尔予以坚持:"大多数对贝尔的批评是指责他没能看到资本主义是如何制造出特定的文化来破坏自己的,但这些批评忽略了特别重要的一点,那就是,贝尔明确地指出市场就是它自身麻烦的来源:'任何张力都创造了它自己的辩证法。既然市场是社会结构和文化相交汇的地方,那么,过去五十年里所发生的一切,就是调整经济使之能够创造出与文化相适应的生活方式。这样,不仅在不同领域之间发生了冲突,而且这种紧张关系也在经济领域自身内部造成了更深的矛盾。'"②

解决这些矛盾的意识形态需求成为神话的社会根源。因为人类学和政治

---

① 马特拉. 世界传播与文化霸权 [M]. 陈卫星,译. 北京:中央编译出版社,2001:143.
② VINCENT M. The digital sublime: myth, power, and cyberspace [M]. Massachusetts: The MIT Press, 2004:66.

学的案例都证明，神话的象征作用有助于推动社会心理的整合，而在心理根源上又恰好利用恐惧和欲望的诉求，展开理想与现实的冲突场面，这恰好为大众层面的信息传播提供用武之地。大众传播的技术神话，首先要具备世俗功能，即凝聚和集合了可以作为模仿对象或审美对象的文化经验和政治经验。"在多地区、跨国以及全球各地的个人经历中，人们之间的接触点和交叉点不断增加，甚至成倍增加。通过电脑建立起来的（虚拟）传播模式或许正是这方面的案例。'地球村'的观点之所以不是错误的，是因为它又一次虚构了'共同体'的再现。而电子媒体的秘密正是取决于它原则上调动的传播形式以及由此形成的潜在的政治契机。"① 传统的神话意识是接受最终真理，而大众传播的技术神话，多多少少是在现实层面难以实现乌托邦的困境下对虚拟社会的神话化，从而希望线上乌托邦能够和线下乌托邦形成真实有效的互动。

新信息传播技术促进权力关系发生改变的趋势是什么？美国著名左翼社会学家托德·吉特林认为"横向关系发展的趋势是一切竞争性意识形态中最强大的意识形态"②。显然，通过赛博空间产生的政治权力是基于网络化的节点的相互依赖，新的物理空间对传统的政治空间产生吸纳功能，从而使得演化为大众传播界面的赛博空间涌动着信息、渴望、想象和神话。由此产生的结果是传统政治的风险规避，发达国家的政治生活模式从此改观，公共与私人、社群与个人之间的二元关系的界限不断模糊："那种不同阶级之间争夺国家权力的斗争的政治，正在被一种为个体提供安全保障的新政治所取代。在一个后传统的世界里，公认的阶级纽带和经济组织体制及其科层等级，让位于一种界限模糊的、变化的、交互影响的、以网络为基础的从属关系。……公民不再拥有相对固定的阶级地位，相反，他们对民主活动的直接参与所依赖的身份，在本质上也许只是一种相连的临时性位置的副产品。这样，一个新的以网络为基础的社会网络化进程——能够灵活地跨越边界并发挥影响——至少使得相互依赖和融合的新政治梦想成为现实。随着不确定的传播网络的胜

---

① 贝克. 什么是全球化？全球主义的曲解：应对全球化 [M]. 常和芳，译. 上海：华东师范大学出版社，2008：108.

② GITLIN T. We're all authorities [J]. New York Times book review, 1999(5): 23-32.

利，阶级斗争终结了。"① 莫斯柯的这种描述揭示了这样一种现实，即新信息传播技术在虚拟空间中对公民政治身份产生新的组合功能，新形态的社会意识使得政治竞争的权力关系变得更为灵活、丰富和多样化，从而可能弥补现实层面的政治竞争中的权力关系的僵化和脆性。借用另外一位美国批判理论家N.弗雷泽的话来说，"批判理论家必须创造对结构压迫和集体身份的新的、后形而上学的理解，它们能够阐明那些非阶级运动的斗争，以及那些继续把它们的热望连接在阶级语言之中的斗争。"② 借助新信息传播技术所能够展开的流动空间的开放性质、分配正义的诉求、身份平等的技术可能性和民主参与的话语操作都似乎能够在新信息传播技术的实践中成为现实，走出传统政治空间的封闭系统，在赛博空间中聚合新的政治动力元素。这无疑是当今西方传播政治经济学批评借助文化研究的旨趣所在。

这或许可以解释莫斯柯为什么要把赛博空间定义为崇高的对象。因为在西方古典美学中，崇高向来都是通过对象本身的超自然存在而产生惊奇、敬畏和恐怖的心理反应。试想，假设电脑传播能够在瞬间让全球各地的信息在赛博空间中自由流动，从而逃逸商业利润的限制和审查机制的束缚，自然会把个体的主体性存在提升到前所未有的高度。笔者认为借助技术工具而产生的神话，难以逃离意识形态的扭曲。如果把类似柏拉图的洞穴幻象的认知方式转换为一种自觉的意识，自然会产生认知的栅格，从而对现实产生筛选作用。

在人类传播史上，信息传播技术的每一次突破都在某种程度上意味着触动人们对世界认知的环境框架。正如加拿大学者塞尔日·普鲁（Serge Proulx）所说的："通过传播技术配置所产生的对我们思考世界的方式的影响，不能仅仅还原到文化内容传递这样一个唯一的角色。技术工艺就其物质性层面而言，不是一个'中立的'媒介。看来，这些技术配置归纳出我们建构现实的方式

---

① VINCENT M. The digital sublime: myth, power, and cyberspace [M]. Massachusetts: The MIT Press, 2004:113.
② 弗雷泽. 一个美国当代批判理论家的中国情结："今日西方批判理论丛书"中文版序［J］. 邝月，译. 世界哲学，2009（2）：53-56.

的'环境'。"① 尽管任何传播技术的发明都不可能与束缚和限制绝缘,我们仍有理由相信,随着电脑在人们生活中的日益普及,它自然演变为共享生活的一种环境,并可能通过电脑传播的信息侦察引导现实生活中的人际传播行为。在这种背景下,电脑传播是在真实生活中活动并有可能开辟人类主体的活动领域。在这种意义上,数字传播把社会生活和社会历史予以"自然化"的过程蕴藏着社会创新发展的机遇和可能。

---

① ALAIN G, PIERRE M. Politique, communication et technologies [M]. Paris: PUF, 2006:382.

智能传播的认识论挑战*

从一般意义上说，今天的人们在人文社会科学层面上提出的问题，都是在人及人类社会发展变迁过程中所潜存或暴露出来的"差异""变异""断裂"和"亏欠"。社会科学问题不同于一般的哲学问题（往往聚焦更长久的问题），它是相对具体的，更多指向当下，趋于紧迫，试图在社会的诉求、权力的意志、利益的偏向和研究者个人的主观意愿或旨趣之间寻找最大的公约数，这就不可避免地涉及如何探索跨学科或组合交叉学科的认知需求，关涉到合理的认知以及怎样能够知道想知道的事物和对象。

针对数字化的智能传播所带来的对信息传播格局的改观，英国学者卢恰诺·弗洛里迪（Luciano Floridi）[1]在2001年提出一个信息哲学（philosophy of information）的路线图，该路线图包括信息、语义、智能、自然和价值五个方向的18项问题。其实，从20世纪90年代后期开始，弗洛里迪陆续提出两个概念，一个是"信息圈"（infosphere），另一个是"再本体论化"（re-ontologization）。前者"指称由所有信息化实体（故此也包括信息能动者）及其属性、互动、处理与相互关系所构成的信息化环境。这是一种不同于网络空间但又可与之相比拟的环境，可以说，后者只是其子区域之一，因为它也包括线下的、模拟的信息空间。"[2] "信息圈"的命题是一个信息传播的生态格

---

* 本文原载于《国际新闻界》2021年第9期，收入本书时略有删改。
[1] 弗洛里迪. 信息哲学的若干问题[J]. 刘钢，译. 世界哲学，2004（5）：101-107,113；弗洛里迪. 什么是信息哲学？[J]. 刘钢，译. 世界哲学，2002（4）：72-80.
[2] 弗洛里迪. 信息伦理学[M]. 薛平，译. 上海：上海译文出版社，2018：8.

局的技术性嬗变的问题，而"再本体论化"的命题蕴含着信息传播的主体性被重新建构和重新核实的质询。

弗洛里迪提出的信息哲学概念，试图从信息的概念本质和基本原理出发，从哲学视角透视计算机方法论的应用，希望"信息哲学可以解释和指导知识环境有目的的建构，并可以为当代社会的概念基础提供系统性处理"[①]。系统本质上是个网络化结构，关联信息传播的认识论问题，其实也牵涉社会秩序的建构。在20世纪三四十年代问世的传播学，曾经有过经验功能主义学派和社会批判学派的认识论交锋。随着20世纪90年代计算机和互联网的普及，传播主体和信息技术的关系建构成为认识论建构的焦点，由此提出的问题涉及虚拟世界的基本属性和人工智能的意识边界。

传播学的研究先后经历了20世纪经验功能主义锁定的客体世界的固化、后实证主义张扬的主体意识对传统文本的颠覆，如今到了数字虚拟整合经验世界的技术实用主义阶段。这驱使我们对以计算和智能作为基本特征的传播实践活动提出了一种认识论的反思。本文力图从认识论的历史路径出发，提出如何区分认识主体和认识对象，回顾控制论的崛起所带来的传播范式的革命，从认知科学的视角探讨计算的层面和意识的边界，透过社会传播与机器意识的交叉辨析认识论的新平台，呼唤建设性的现实重构能力、信息评估能力和抽象思维能力。

一、从认知表象到话语范式

从媒介学的视角来看，"认识论是对科学的思考，研究那些有效的知识的结构。认识论对描述性的陈述系统发表规范性的言论，它给出有效性的标准，辨认真实在发展中遇到的'障碍'"[②]。这就需要反思如何建立有关其问题能够有效提出并可以得出结论的知识"对象"。准确定义知识属于认识论的命

---

① 弗洛里迪.什么是信息哲学？[J].刘钢，译.世界哲学，2002（4）：72-80.
② 德布雷.普通媒介学教程[M].陈卫星，王杨，译.北京：清华大学出版社，2014：45.

题，结论是否有效考验着认识论的可靠性。严格来说，人们最早使用的知识定义是柏拉图的若干对话，他认为人们的理解能力受到了自身所在的第二重世界的局限，所以他在《泰阿泰德篇》等论著中提出"具有解释的真信念"，并指出可把这一信念简化为一种公式，"被证实的、真的和被相信的陈述"（Justified true belief，简称 JTB 条件）。"在各种状况下，我们的心灵都在努力坚持对当时确定为真的事物的信念"[1]，"真实的信念加上说明原因的解释产生最完善的知识"[2]。柏拉图的这些判断说明知识是得到证明的真信念，既有知识结构和知识本质的信念，也包含有关知识来源和知识判断的信念。简而言之，有关认识论的讨论必然会涉及知识的获得、检验、改进和传播，而这又进一步牵涉到人的心理、行为、语言、逻辑乃至社会性。由此延伸开来，认识不仅是一个信息范围的拓展或扩容，还是一种对认知结果及其规范所提供的某种担保。

一般而言，认识论诉诸人类知识的性质、范围和界限，需要探索知识在多大程度上有现实依据和观察视角。在迄今为止的人类思想史历程中，人们往往会把经验科学的、数学—逻辑的、语言的和常识的知识作为探索认识论的切入点。"对于人类传播理论而言，每一种理论都包含着有关知识性质和人类如何获得知识的假想。"[3] 具体而言，包括"相关知识是什么？""我们如何获得相关知识？""怎样改进信念的认识质量？""我们认识的手段能经得起怀疑吗？"等命题。

就认识论反思的历史路径而言，在我们所面对的自然事物或社会事物中，必然具有因果力（causal powers）或作用方式（ways of acting）、某种易受影响的性质（或易感性 susceptibilities）。在人们对事物的实际观察和思考中，如何把经验衔接起来，如一个事物引起另一个事物，能不能从"是"中推导出"应该"，从"事实"命题中推导出"价值"命题。这个实然与应然问题就是17 世纪著名英国哲学家休谟提出的一个经验主义认识论的命题。当我们说一

---

[1] 柏拉图. 柏拉图全集（第二卷）[M]. 王晓朝, 译. 北京：人民出版社, 2003: 674.
[2] 柏拉图. 柏拉图全集（第二卷）[M]. 王晓朝, 译. 北京：人民出版社, 2003: 746.
[3] PAT A. "Epistemology", encyclopedia of communication theory [M]. London: SAGE, 2009:349.

个对象与另一个对象相联系时，意味着在我们的思维中产生了某种联系，并形成了两个对象可以相互证明对方存在的推论。"根据经验主义的诠释，只有两种知识：建立在经验基础上、因而最终建立在感性知觉基础上的知识，以及建立在关于概念之间关系的约定规则基础上的知识，如我们在数学和逻辑那里所看到的知识。"① 后者是证明的推理，即关于观念之间关系的推理；前者是或然的推理，即关于事实与实际存在的推理。也就是说，我们所有对于事实的想法都是从已知的"因"导向期待中的"果"。自此以后，因果关系及其归纳、演绎等方面的不完备性，成为人类思想史上的经典问题。

心理过程（如思维）是心理表达之间的因果关系。从图灵测试开始，计算就意味着符号间的某种保持内容的因果关系。技术思维的出发点是在经验观察的基础上探讨因果关系。"语言和思维依赖于规则和程序的运用，而这种运用需要在某种能够执行它们的媒介物中表现出来。"② 今天的大数据时代或算法时代，传播模式往往是基于数据化符号在时间和空间的联合分布所形成的关联与相关性，推导由此产生的观念联想（relation of ideas）如相似性、毗邻性和因果性，进一步探索人们在社会实践中的意义和方向，以及人类社会主体之间聚合的集体意识。

"我们知道什么？""我们如何确信自己知道？"这是一般意义上的认识论的基本诉求。20世纪科技思维发展史上的一个重大转折：1956年，在剑桥和达特茅斯召开的会议上，赫伯特·西蒙（Herbert Simon）、诺姆·乔姆斯基（Noam Chomsky）、马文·明斯基（Marvin Minsky）和约翰·麦卡锡（John McCarthy）等人提出了认知主义（cognitivism），作为现代认知科学的第一个路标。从认知主义的观念出发，"计算是对符号（表征它们所代表的世界的元素）所执行的运算。这里的关键概念是表征（representation）或者'意向性'（intentionality），即哲学家的术语'关于性'（aboutness）。认知主义者主张智

---

① 希尔贝克，伊耶.西方哲学史：从古希腊到二十世纪[M].童世骏，郁振华，刘进，译.上海：上海译文出版社，2004：265.
② 威尔曼斯.理解意识[M].2版.李恒威，译.杭州：浙江大学出版社，2013：81.

能行为预设了以特定方式表征世界的能力"[①]。所以，我们对认知行为的解释，首先要假设解释者提供解释对象的表象的可靠性，而这些表象恰恰是能够在人脑或机器中借助符号编码产生一个物理学界面，而作为符号操作的计算不能脱离语义值的约束条件，虽然对象和表象之间的区别完全有可能是不确定的、模糊的甚至是不稳定的。

20世纪50年代至20世纪末，认知科学先后开拓出三条路：（cognitivism）20世纪50年代至70年代，认知主义居于支配地位，20世纪80年代之后，联结主义（connectionism）挑战认知主义传统，20世纪90年代以后，具身动力论（embodied dynamicism）脱颖而出。[②] 借助于信息技术在智能运用层面上的社会化普及，认知科学逐渐与传播学研究合流，并成为今天继续探索新传播范式的科学基础。

二、控制论意义的传播学革命

19世纪末20世纪初，量子力学的问世为人们的世界观开辟了新的视角：事物可以存在于不同的现实层级，从物理学向其他学科拓展，关系是事物结构的重要来源。1943年，数学家诺伯特·维纳（Norbert Wiener）和心理学家A. 罗森勃吕特（A. Rosenblueth）以及工程师J. 比奇诺（J. Bigelow）合作发表一篇题为《行为、目的与目的论》（"Behavior, Purpose and Teleology"）的论文。同年，神经学家沃伦·麦卡洛克（Warren McCulloch）和逻辑学家沃尔特·皮茨（Walter Pitts）联合发表题为《内在于神经活动中的思维逻辑演算》（"A Logical Calculus of the Ideas Immanent in Nervous Activity"）的论文。[③] 这两篇论文把生物系统和机械系统联系在了一起，内嵌于环境中的活体组织及

[①] 瓦雷拉, 汤普森, 罗施. 具身心智：认知科学和人类经验[M]. 李恒威, 李恒熙, 王球, 等译. 杭州：浙江大学出版社, 2010：34.
[②] 汤普森. 生命中的心智[M]. 李恒威, 李恒熙, 徐燕, 译. 杭州：浙江大学出版社, 2013：3-4.
[③] 米歇尔, 汉森. 媒介研究批评术语集[M]. 肖腊梅, 胡晓华, 译. 南京：南京大学出版社, 2019：119.

其运行机制被视为具有独立性的实体。"大脑中的每个神经元是一个简单的数字处理器以及大脑整体上是一种计算机形式"①，神经网络可以计算逻辑函数，这是第一个被认可的人工智能思想，由此诞生了"控制论"这一术语。

从传播学理论和思想的发展谱系来说，控制论的创新在于"认为人类主体的各种界线不是既定的，而是被建构的。将控制、传播以及信息作为一个整体的系统进行概念化处理。控制论从根本上改变了人们对界线的看法"②。早期的控制论力图从内容和语义中把信息抽象出来并转化为数据，通过数据的输入和输出的处理过程，制造数据的消化、转移和变量。"计算机作为一种使用符号的机器在控制论早期发展中起的作用较小；控制论的主要基础是反馈论和信息论，而计算机只是最大的'机械装置'。"③ 这种能够包括物体、装置和程序组成的相互协调的整体，形成一定意义上的技术体系，拥有记忆和进行逻辑运算的能力。这个涵盖知识、技能和话语构成的整体，塑造了当代传播学的技术格局的基本轮廓："人机对话是今天社会性的生产实践活动当中一种非常普遍的状态。在传播学历史上，第一个考虑人和传播机器对话行为模式的理论是控制论……所以说，控制论模式在象征化水平上和内容传递机制上表明，传播同时是过程和这个过程的结果。"④ 所有的人机交互都是基于主体之间的交流或自我认知，这离不开对信息的储存、传输和处理，实质上是人的感性结构化与人的部分理性程序化之间的融合，或者预测未来的信息，或者探寻未知的可能。

人机对话是在人与计算机或类似于计算机的交流平台的交互中，人的心理活动和过程。调节人类的感知能力和理解效率，通过人的身体与媒介的结合来完成媒介化对实践活动的指令和定位，思维活动的相对稳定性积淀为某

---

① 郭贵春，殷杰. 爱思唯尔科学哲学手册·心理学与认知科学哲学[M]. 王姝彦，译. 北京：北京师范大学出版社，2015：529.
② 海勒. 我们何以成为后人类[M]. 刘宇清，译. 北京：北京大学出版社，2017：111.
③ 西蒙. 我生活的种种模式：赫尔伯特·A. 西蒙自传[M]. 曹南燕，秦裕林，译. 上海：东方出版中心，1998：250.
④ 陈卫星. 传播的观念[M]. 北京：人民出版社，2004：19.

种概念集合。正如弗里德里希·基特勒（Friedrich Kittler）所说的，"一个简单的反馈圈—信息机器就超越了人类，它们的所谓发明者。计算机本身变成了主体。如果实现编写的条件不存在，数据处理可以根据编号指令的惯例照常进行，但如果某个中间结果可以实现条件，那么程序本身就可以决定其后的指令，即它的未来"①。所以，我们需要和以技术为核心的人工环境结盟，而不是把它们看作是完美无缺的工具或我们意志的延伸。21世纪以来，在传统媒体和新兴媒体的叙事衔接方面提出新思路的美国传播学者亨利·詹金斯（Henry Jenkins），率先为我们展示了新旧媒体的融合文化的理论推演，并提出了脍炙人口的"跨媒体叙事"（transmedia storytelling）这个术语，用来描述媒介融合时代文化消费者所面对的内容创意与娱乐体验的新样态。② 詹金斯在其著作中曾毫不吝啬地引用法国学者皮埃尔·莱维（Pierre Levy）关于共享知识和集体智慧的见解和观点，这让我们得以重新认识这位似乎被遗忘的人工智能传播学的开拓者。这里所说的人工智能，既可以被理解为编制程序的技巧性思维或概念性构想，也可以被想象为探索知识甚至是处理心与物关系的实验认识论。

早在1987年，莱维基于对艺术和科学的创造条件的考察，出版了成名作《通用机器》（*La Machine Universals*）。在书中，他从哲学和人类学的角度系统思考计算机的表达模式和演变机制，并由此提出算法（algorithm）和建模的思想。他认为计算机图像处理（infographie）让被看到的形象具有一种逻辑特征，把虚拟集合和现实步骤融合在程序中。计算机这种"通用机器"代表人类的古老梦想：一切都可以计算。"认知科学只在算法模式中理解记忆、实习或感知。面对计算机模式，我们应该重新质询变化和生命。在没有预料到的人工智能的启蒙下，我们要重新思考思维。"③ 也就是我们应通过源代码引导的信息触角，表现认知状态的开放性，并应用统计程序予以优化。

---

① 基特勒. 留声机 电影 打字机 [M]. 邢春丽, 译. 上海: 复旦大学出版社, 2017: 299-300.
② 詹金斯. 融合文化 [M]. 杜永明, 译. 北京: 商务印书馆, 2012: 153.
③ LÉVY P. La machine univers: création, cognition et culture informatique [M]. Paris: La Découverte, 1987:7-8

1990年,莱维更深刻地感受到智能技术对人们的思维和知识关系的冲击,从而拓展出认知的新视野,提出了类似"机器能否思考"或"心灵是否可以被考虑成一个机器"这样的问题。计算机革命改变了问题的方向,并通过计算机去模拟推理、决策、解决问题,计算机的界面感知和语言越来越程序化。莱维在《智能工艺——计算机时代的思想未来》一书中勾勒出人类思维状态转型的环境界面的路线图:从线性时间意识转向瞬间即时意识,从普遍化转向语境化,从理论转向建模,从语义转向语用,从真实性转向有效性,等等,而所有这一切变化是基于人机传播所带来的"人与机器之间的意义创造"。在这当中,恰恰是信息背景意味着一个较大的语义网在特定时刻的活动框架。"传播的游戏意义在于,借助讯息手段来确定、校正和转化信息背景先于和同伴一起分享信息内容。"① 技术不再只是媒介,而是在扮演一个新的传播主体,从而用自己的专业标准核实什么样的信息实践在传播情境中可以通过言说来实现。

莱维提出的语言思维与物质方式的交互机制呼应了随后以概率统计为基础的统计建模、机器学习、随机计算算法等物质化程序。"语言的物质化有两种类型:一种是通过书写或印刷,另一种是通过语法化与模拟来重新创建人工语言能力。与需要写作工具和纸张的前者相比,后者需要更细致的客体间关系。从通用标记语言到超文本标记语言再到网络本体的发展就是这样一个逻辑能力的语法化与模拟过程,它以分析性和连通性为前提。"② 计算机语言成为算法操控的技术支点,影响着人们的思维方式、文化态度和行为规范。

在人类社会已有的文化经验中,被广泛使用的自然语言不仅包含着各种信息内容,而且也具有看待这些内容的各种态度。"我们倾向于把语言简单地当成一种表达技术,而没有认识到语言首先是对涌流的感性经验的分类和组织,它产生了某种世界秩序。运用其特定的符号象征方式,一种语言很容易

---

① LÉVY P. Les technologies de l'intelligence: l'avenir de la pensée à l'ère informatique [M]. Paris: La Découverte, 1990:26.

② 许煜. 论数码物的存在[M]. 李婉楠,译. 上海:上海人民出版社,2019:141.

将世界的某个侧面表达出来。"① 后工业化时代的计算机的语言编程形成前所未有的对象语言对自然语言的挑战。"当传播、教育、知识和认知活动通过信息的自动处理成为媒介，文化会成为什么？当数字合成装置、调色板和文字处理系统从根本上转化创作条件时，如何理解艺术现象？"②20 世纪受到的冲击还只是计算机对经验的取代以及信息编码的语言功能。从今天的角度来看，莱维提出的问题还是一个前智能时代的问题，即人要通过学习和使用去适应机器智能，去重新塑造经验的形式和结构，这在当下体现为机器通过"理解"人的语言指令来完成人机对话，即机器通过记录人类行为的海量数据来生成新的信息模式和传播规则。

三、计算的层次与意识的边界

20 世纪 70 年代末，神经系统学家与心理学家、计算神经科学的创始人大卫·马尔（David Marr）熔数学、心理物理学、神经生理学于一炉，首创视觉计算理论（computational theory of vision），包括计算机视觉（computer vision）和计算神经学（computational neuroscience）。他认为信息处理可以分为三个彼此独立的层次，即计算理论、表象和算法以及硬件实现。③ 理论层次解决计算什么的问题，以及执行计算的策略逻辑，涉及认知状态；算法层次解决怎样计算的问题，涉及区分输入、输出的表象以及实现表象之间变换的功能；硬件层次解决用什么结构来计算的问题，涉及物理层面。

计算的物质性要以理性支配的行为为目标，即理性在计算过程中被解释为对符号的操作过程。认知和计算之间的关系有时被抽象为事实与符号之间的描述刻画（描画）关系或映射关系，实际上是赋予命题符号以意义过程的

---

① 沃尔夫.论语言、思维和现实：沃尔夫文集[M].高一虹，译.长沙：湖南教育出版社，2001：23.
② PIERRE L.La machine univers: creation, cognition et culture informatique [M]. Paris:La Découverte, 1987:7.
③ DAVID M.Vision: a computational investigation into the human representation and processing of visual information [M]. Massachusetts: The MIT Press, 2010.

一个方面，即意指。从认知科学的角度来说，认知系统的运作包括三个层次，即物理的层次、符号的层次和语义的层次。加拿大学者泽农·W. 派利夏恩（Zenon W. Pylyshyn）从计算机科学的视角定义了三个解释层面：功能建构层面、代码及其符号结构的层面、代码的语义内容层面。① 派利夏恩对语义的研究旨在建立一套能够判定任一陈述句真值条件（truth-condition）的规则体系。今天的人们可能会确认计算机在功能建构和符号结构方面的技术优势，但在代码方面，计算机程序还只是一个语法统计模型，不可能完全取代人在思维过程中的语义建构，诸如意识、思想、情感、情绪等心理特征，都是具有语义内容的。这意味着人们还在期待从神经科学、认知科学和心理学的角度予以回应，尤其是如何克服在情感化表征、非公理性推理和直觉决策等方面的人机差异。毕竟，人类能否超越自身，或者计算机程序能否跳出自身，这可能是一切认识的根本性问题。

计算机思维是否能够取代人脑？20 世纪后期的认知科学曾经把心理表征视为计算机数据结构，认为心智内心的"计算"程序就是算法，而思维的过程就是运行程序的过程。人们有目的的行为是否可以被人们的信念和欲望予以合理性解释？美国著名哲学家杰瑞·艾伦·福多（Jerry Alan Fodor）在 20 世纪就提出了"心"的表达理论（the representational theory of mind），也被人们称为精神表征主义（mental representationalism），"思维就是计算"便是其中的一个主要论题。② 这种关于机器理性的图灵—福多构想③ 试图结合意向心理学的似律（law-like）和计算机心理学的法则，认为计算是先处理符号间的因果关系，再形成推理关系，如联想就是真正的计算关系。所以，人的心灵是一个基于内在符号进行计算操作的序列："心理表达具有语义值以及具有保

---

① 派利夏恩. 计算与认知［M］. 任晓明，王左立，译. 北京：中国人民大学出版社，2007：10.
② 福多. 心的表达理论［M］// 玛格纳尼，李平. 认知视野中的哲学探究. 广州：广东人民出版社，2006：315-333.
③ 斯蒂克，沃菲尔德. 心灵哲学［M］. 高新民，刘占峰，陈丽，等译. 北京：中国人民大学出版社，2014：348.

持语义值的因果力。"① 换言之，一个计算机可以修改自身的程序，但不能违背自身的指令，最多只能通过服从自身的指令来改变自身的某些部分。

人类社会的未来是否由计算机思维主导？学术界目前分为两派：一派主张弱人工智能，认为计算机可以模拟大脑过程，模拟意识，但是本身并不能产生意识。另一派主张强人工智能，认为意识是可以用纯算法来实现的，提出了心灵计算理论（computational theory of mind），超越归纳逻辑的资源空间，用算法开拓更大的领域，如探索数字规则、发现因果网络、提炼概念和假说、建构评估系统等。简言之，借助计算机和互联网，人工智能的发展已经跨越从表示、计算到感知的阶段，后续便是突破认知和意识的限制，即让计算成为认知，而不再是分析哲学家普特南过去所断言的"人工智能的想象的任务是模拟智能，而不是复制智能。"② 不过按照卷积神经网络（Convolutional Neural Networks，CNN）之父杨立昆的技术判断，机器学习存在着效能上的极大局限，因为人的大脑计算量远超 CPU，要达到人脑的计算能力，需要 10 万个处理器连接上功耗至少 25 兆瓦的巨型计算机才能实现。③ 从 20 世纪 80 年代开始，新的认知模型以大脑为基础，但大脑不再是一个受规则主导的信息管控中枢，而是随着自身经验而改变的神经网络。

迄今为止，基于计算机的智能传播被归纳出三个方向：符号主义主要是用公理和逻辑体系搭建一套人工智能系统（功能模拟），代表形式是知识图谱和专家系统，主要处理知识和推理。借助每秒能够处理 2 亿种棋盘落子状态的专用芯片，1997 年 5 月，以 IBM 的深蓝（deep blue）国际象棋程序打败世界冠军卡斯帕罗夫（Kasparov）为标志，第一代人工智能达到了峰值。④ 连接

---

① 福多.心的表达理论［M］//玛格纳尼，李平.认知视野中的哲学探究.广州：广东人民出版社，2006：320.
② 普特南.重建哲学［M］.杨玉成，译.上海：上海译文出版社，2008：11.
③ 杨立昆.《科学之路》| 图灵奖得主杨立昆人工智能十问：AI 会统治人类吗？［EB/OL］.（2021-08-20）［2024-04-22］.https://view.inews.qq.com/a/20210820A0EOMG00?startextras=0_4142ab91e4f74&from=amptj.
④ 张钹，朱军，苏航.迈向第三代人工智能［J］.中国科学：信息科学，2020，50（9）：1281-1302.

主义源于仿生学,主张模仿人类的神经元,用神经网络的连接机制连接人工智能(结构模拟),主要处理数据。行为主义控制论意为假设智能取决于感知和行动(行为模拟),强化学习方法,主要处理信息。但人的深层次的智能活动恰恰包含非表象的、不可形式化、不可规则化的信息,如人类自我意识的内在结构中的无意识。

有学者归纳了人类历史的进化逻辑,提出生命就是一种自我复制的信息处理系统。在这个系统里,信息(软件)决定它的行为以及硬件的蓝图。生命1.0属于生物阶段,硬件和软件都只能演化,而不能设计生命;生命2.0属于文化阶段,硬件可以演化,软件可以设计;生命3.0属于科技阶段,硬件软件均可以被设计,这便是人工智能。① 目前最乐观的看法是主张把人工智能(客观智能)和人类智能(主观智能)相结合,不仅要设计软件,也要设计硬件,从而开辟一个"人机融合的智能时代"②。或者说,"人类社会实质上是一个不断进化着的复杂的信息—计算系统,而人则是生产信息和消费信息的'物种'"③。在这种人机共生的蓝图中,算法是人工智能的重要组成部分,其意义在于不断提炼或强化产生、操作和处理抽象符号的能力,同时物化和积累关系,当下的发展趋势正在走向机器学习的时代而挑战人类的现实理性。

展望未来,当人类社会的演化路径来到一种跨物种属性的下一代智能科学体系时,人们希望能从语用学的角度打破所有形式化的二元分离,如语法和语义、离散与聚合、自组织与他组织、自主化与智能化、形式系统与非形式系统等,真正体验一种主体客体化、客体主体化的建构与挑战。由此观之,人机合一的人类生态产生了认识论的变位,以适应未来可能面临的多重主体、多重身份和多重代理的传播状况。面对人类和非人类行动者之间的界面关系,人们至少要求一种新的经验研究的方法论原则来弥补数字鸿沟。

从20世纪末人类社会进入互联网时代以来,人们一方面开始积极地适应

---

① 泰格马克. 生命3.0: 人工智能时代人类的进化与重生 [M]. 汪婕舒, 译. 杭州: 浙江教育出版社, 2018: 37.
② 李平, 杨政银. 人机融合智能: 人工智能3.0 [J]. 清华管理评论, 2018 (Z2): 73-82.
③ 郏全民. 计算社会科学的哲学透视 [J]. 河北学刊, 2019, 39 (5): 98-104.

并参与数字化生存环境的演进,同时质疑数字的、硅基的、线上的社会形态,在如何吞噬模拟的、碳基的、线下的社会时联想到殖民化效应。今天,两者之间的界限越来越模糊,人们又开始积极地去评估当今社会建构中线上线下相互并行的平行结构。简而言之,"从一种认为物理对象与过程起关键作用的唯物质论,走向一种唯信息论。这种嬗变意味着对象与过程都被去物质化(de-physicalized)了"①。因为数字化的本质就是在人和物理系统之间增加了一个信息系统,使过去的人、物理二元系统进化为人、信息、物理的三元系统,而作为中介,信息系统的影响力日益膨胀。通过以计算机为代表的智能系统的介入,人工取代自然似乎正在成为人类生存世界的全天候背景,媒介虚拟对感官的替换成为认知的主要途径,"虚拟不是非现实,而是与现实有一定关系的东西。是什么关系呢?至少是一种可能的关系:什么东西原本可以成为现实呢?什么东西可能成为现实呢?"②似乎经验的决定性因素越来越远离经验本身。

计算机系统在多大程度上能够进行自我复制、自我管理、有限的自我修复、适度进化以及局部学习,甚至能不能转变成生物学意义上的活系统。这些仍然是人们关注的问题。从神经生物学的角度来看,人的大脑之所以会思考产生思想,源于上亿个神经元对输入的生物电信号做出反应,根据从上游神经元接收到的信息计算是否产生电脉冲信号、动作电位或放电脉冲,并将其发送给所有下游神经元。因此,乐观主义的未来学家谨慎地表态:"短期内计算机不会变得更像人类,特别是应该并不会获得意识或是具备情感和知觉。过去半个世纪。计算机智能(computer intelligence)已经有了巨大进展,但在计算机意识(computer consciousness)方面却仍在原地踏步。据我们所知,2016年的计算机并未比20世纪50年代的计算机原型意识更强。"③人们希望计算机的智能结构和意识状态形成一种人机共享的知识形式,形成一种协调

---

① 弗洛里迪. 信息伦理学[M]. 薛平,译. 上海:上海译文出版社,2018:14.
② 布艾希. 科技智人:从今天到未来的哲学[M]. 刘成富,陈茗钰,张书轩,译. 北京:中国社会科学出版社,2019:198.
③ 赫拉利. 未来简史[M]. 林俊宏,译. 北京:中信出版社,2017:278-279.

主体与主体之间、主体和客体之间的中介。这当中的意识状态包含多种命题，涉及意识的定位、形式、功能以及检测方式等，如如何界定自我与意识心灵的同一性，文本化的主体在不同编码层之间的递归性反馈是否可能获得意识，新的含义模型能否识别神经语言结构和计算机语言结构，等等，总之，是希望虚拟化的信息平台让社会性的客观机制升华为一种有序、有效和有力的流动结构。

面对信息平台对社会意识的渗透，加拿大学者杰弗里·温斯罗普-杨（Geoffrey Winthrop-Young）提出下列质问："计算机以何种方式重新划定人类和技术的界线？数字机器如何影响个人主体性和社会结构？计算机影响通信、信息、质料性、身体、形象、书写等媒介理论概念的途径和原因是什么？"[1]其在这里界定知识范围的目的，显然是想要探索基于计算机的智能传播认识论的边界条件，至少是要避免只有人类行为但缺乏意识体验的"僵尸"（zombie）效果来篡改人类的意识状态，随着作为意志、自由、表象决策机制主体的日渐模糊，一种巨大的影像循环式的信息自恋吞噬了代表权力、知识和历史的主体。

四、传播技术的文化调适

如果智能传播是在信息技术智能化的基础上建立起来的一种文化结构，那么在传播环境中，文化实践就是智能应用的原动力。人们通过智能传播来认识和改造环境，使其成为拟人化的操作对象。

从生产力与生产关系的辩证法来说，当任何一种普适性技术的发展速度、规模和范围过于超出现有社会环境生态的可接受性时，必然遭遇来自族群和地理意义上的地方性社会与被排斥社会阶层的文化抵抗。从市场经济背景下的演变规律来看，技术创新一开始在资本加持下出场，并逐步进行社

---

[1] 米歇尔，汉森.媒介研究批评术语集[M].肖腊梅，胡晓华，译.南京：南京大学出版社，2019：148.

推广，一旦产生社会风险，就会被重新进行制度校正，从规制的确定到时尚的变异，从技术内涵的调整到文化心理的修复，从而完成一次结构性的循环。媒介技术始终在扮演一个引导受众面向新社会实践及其冲突的向导或导游这样的角色。比如，今天的自然语言处理（NLP）与物联网（Internet of Things, IOT）等技术的突破让人机交互方式变得更加自然且广泛。数字助理（digital assistant）、聊天机器人（chatbot）的出现更使得原本作为传播渠道的机器有望成为独立的互动对象（interlocutor）。一旦发挥智能化的数字网络的任意连接和流动游牧性，参与传播场域的社会主体就会不断聚集，让非线性时空产生一种凝聚力和可变性，并有希望去建构新的社会主体或拟主体。

当知识的对象出现范式转换时，知识的积累和定义就被转移到新的知识平台上。事实上，新媒体的来临总会涉及一个重新建构社会共同体的想象力边界的现实性介入，即拉斯韦尔的五个W传播模式中的第一个W——谁（who）的问题：谁可以说、谁被省略、谁最权威、谁被相信等，那些附着于传统媒体的社会传播等价物将会因此而被重新审视和维护。

在人类知识的储存、分析和创造的发展过程中，无论是科技知识的自律性，还是人文批评的自主性，它们始终是对人类社会主体之间关系走向的严肃挑战："倘若我们过分容纳事实，那么以其整体性呈现的人文元素就会向客观性倾斜，变成了一种可数、可计算的事物，一种力量维度的底线，成为芸芸众生中的一个物种。如果我们过分容纳价值，那么自然的一切都会倾向于变成神话般的不确定性，变成诗歌与浪漫主义；万物皆变成了灵魂与精神。"[①]法国科学人类学家拉图尔的上述分析提出了一个命题，即认识主体要成为思想主体，就无法回避对思想工具的把握和对思想对象的选择，不一定是事实性的内容体验更容易被聚焦。

如果说"媒介构成了经验与理解的基本结构和准超验标准。在法国哲学家福柯的知识考古学中，在特定历史时刻，知识之所以能成为知识，这全

---

① 拉图尔.自然的政治：如何把科学带入民主［M］.麦永雄，译.开封：河南大学出版社，2016：7.

是看得见、说得出的这类层面的功劳。同样，有了媒介在给定的时间、空间里的调节作用，实实在在的经验才能发生"。①20世纪60年代以来蓬勃发展的后工业化加速了信息传播的技术创新及其社会普及的潮流。1973年，罗伯特·梅特卡夫（Robert Metcalfe）发明了以太网；1975年，温顿·瑟夫（Vinton Cerf）和罗伯特·卡恩（Robert Kahn）发明了互联网；1976年，史蒂芬·保罗·乔布斯（Steven Paul Jobs）和史蒂夫·沃兹尼亚克（Steve Wozniak）发明了第一台个人电子计算机；1990年，蒂姆·伯纳斯-李（Tim Berners-Lee）发明了万维网，这意味着主体与主体关系的发展已经进入到一个事物的情感与感性可以被计算的状态。随后，人们马不停蹄地催生了第一个浏览器、第一个搜索引擎、第一个社交网络、第一部智能手机、第一个视频网站等。这种人与机器可以通过物质化关系进行交互的环境，成为经济全球化和信息全球化的主要表象特征。

从人类文明史的角度来看，以语言为基础的文化技术创新之所以会发生，是因为表征与意义世界（语言）这一方和物与物质世界（技术）另一方之间的不对称和不平衡，由此往往刺激后者进行颠覆性创新来引导一个从量变到质变的进化路径。当代媒介考古学家弗里德里希·基特勒（Friedrich Kittler）认为图灵设想的通用计算机就是打字机的升级换代："因为可以通过扫描磁条上符号的存在或缺省控制每一个步骤，最终形成书写。"②进一步思考就会发现，过去的信息技术的主要功能是通过模拟界面的扩增，有助于人们突破信息接收的障碍，这在今天转化为一种导航机制，对海量信息进行搜索、匹配、分类和筛选。在这个从信息到知识的加工过程中，仍然存在参与者和观察者的经验的限制与束缚，同时是文化多样性对"唯一客观性"的解构。

今天的人机合一的生活现实似乎在传播机器和人类之间孕育的某种同源性，信息装置的时空模式和技术格式在不断透视和解析物理时空中的人性，这是一种无法与人的信息行为所构成的科技环境分开的人性。"技术正像人本

---

① 米歇尔，汉森.媒介研究批评术语集[M].肖腊梅，胡晓华，译.南京：南京大学出版社，2019：1.
② 基特勒.留声机 电影 打字机[M].邢春丽，译.上海：复旦大学出版社，2017：20.

身一样形成了一种人造的性质（nature artificielle）。"① 技术对象或系统在不同现实甚至不同世界之间建立联系之后，"人化"（hominization）不能和"技术化"（technicalization）相分离，至少信息的流动形式和信息的内容本身一样重要，实现了信息的流通、处理和存储在数量上的飞跃，技术化的社会环境成为人们认知的组成部分。人的智能常常表现为情智（算计），机器产生的往往是理智（计算），人机融合生成的智能一般是情智+理智，最终形成客观化的事实链、个性化的价值链与共性化的责任链交织纠缠在一起的三维结构。

五、认识论的新平台博弈

从20世纪早期开始，维也纳学派分析哲学提出了对世界本身的本体论观念，逐渐转向关于信念的理论或语言或系统的元科学。"传统哲学意义的本体论就开始被关于某个给定语言或者科学如何概念化某个给定领域的研究取代。本体论变成特定陈述的本体论内容的某个理论。"② 换句话说，要确定科学理论在标准化形式里面使用的量化变项的值。"存在就是成为变量的值。"从此以后，对本体的理解就不再是假设与事物本质相关的内在关系，而是考察其开拓外部关系的可能性，即被信息系统定义出来的"可供选择的可能世界"。也正是在这个意义上，我们可以理解以计算机和远程通信技术的无线融合形成了当今媒介的集合，为我们带来的新概念和新关系成为本体论的新认知平台。

今天的传播生态的运行图基本上被纳入了大数据的视野，面对着在数量（volume）、类型（variety）、速度（velocity）和价值（value）等方面超过传统社会科学应用规模的海量数据资料，以人工智能为背景的算法逻辑似乎成为一种解药。在技术乐观主义的热情拥抱之外，从社会批评哲学的角度也可能将其视为一种以科学和量化研究面目出现的"毒药"："这些受数学物理学启发并应用于算法的数学形式已经被初级阶段的、贫乏的控制论所挪用，已经

---

① 盖伦.技术时代的人类心灵[M].何兆武，何冰，译.上海：上海科技教育出版社，2008：4.
② 弗洛里迪.计算与信息哲学导论（上册）[M].刘钢，译.北京：商务印书馆，2010：346.

被仅仅是拼凑起来的信息论所挪用，而且已经被那种消除对技术的任何思考、任何心智式的关怀沉思对技术的使用所挪用。"① 著名法国左翼学者贝尔纳·斯蒂格勒（Bernard Stiegler）认为，技术网络是对社会网络的解构，尤其是计算的霸权性使得信息的生成机制本身不再有多样性的可能，从而隐匿黑天鹅或灰犀牛的线索。

在一个数字媒体全天候传播的时代，原来相对稳定的且由机械时间所奠定的社会与心理秩序遭遇强力冲击。如果说在前数字化时代，"物体中的这些时间残留与存在的知识相结合，产生了语境和环境的存在关系"，② 那么在数字化时代，数字媒介的加速度对社会结构的调整和社会分工产生越来越复杂的影响。"自动化的可计算性能够将知性（understanding）的分析能力委托给自动化的滞留系统（retentional system），而这就会导致康德意义上的知性的过度增长和理性（reason）的退化。"③ 这里提出的质询就是，数字符号意味着一种数学真实，但它是否可以等同于一种具有科学真实意义的代表经验对象的符号。

更值得警惕的是，由数据的生产、索引、注释和分配的传播机制而产生的权力效应，让行为主义快感湮灭认知理性。围绕着数据的先验如何激发主体的综合性判断，以及数据分析的可追溯性，正在演化为数据信息权力的社会再分配景观。"一旦数据成为有机体可以借助某种广义上的语言（声音、视觉模式、手势、气味、行为等）加以利用的可编码资源，我们就从一种前认知系统走向后认知系统。"④ 比如，粉丝经济中的"冲榜"行为暗示了量化所隐藏的权力，而投票、刷榜等行为是数据驱动的、由算法实现的，从而在信息消费行为（阅读、点赞、转发、评论等）的流程中固化数据的意识形态性，

---

① 斯蒂格勒，陈明宽.心智多样性与技术多样性：建立在理论计算机科学基础上的新经济的诸要素［J］.陈明宽，译.国外社会科学前沿，2021（1）：15-32.
② 许煜.论数码物的存在［M］.李婉楠，译.上海：上海人民出版社，2019：169.
③ 斯蒂格勒，陈明宽.心智多样性与技术多样性：建立在理论计算机科学基础上的新经济的诸要素［J］.陈明宽，译.国外社会科学前沿，2021（1）：15-32.
④ 弗洛里迪.信息伦理学［M］.薛平，译.上海：上海译文出版社，2018：323.

这是把其偏狭性、片面性和局限性实体化的麻醉行为，上演了一场大众消费主义和技术民粹主义的连续剧。当信息技术及其操作流程被嵌入社会关系中时，社会关系的外观和结构会因此而更加复杂化。"机器人、人工智能体和算法是产生这些社会关系的装置。通过这些装置，特定形式的权力得到处理和转化"。① 围绕着算法的编程和应用以及数据的选择和组合，最终究竟还原为何种制度意义上的社会事实，是一场不间断的舆论博弈。

面对一种外在于主体的操作程序的压力性机制，人们有理由呼唤重建建设性的现实重构能力、信息评估能力和抽象思维能力。人们会坚持认为计算机的推理能力不过是基于海量样本的机械模仿，而人的思绪活力却具有自发性和自主性。一直致力于理解人类概念的本质和人类思考的根本机制的道格拉斯·R. 霍夫斯塔德（Douglas R. Hofstadter）曾断言：

> 人的思维，包括它的灵活性和易错性，在原则上讲是可以用"一组固定的指令"模型化的，前提是人们要从那种认为按照算术运算而建造的计算机，除了奴隶般地产生真命题——全部真命题且只有真命题外，什么也做不了的先入之见中解放出来。……人的思想从根本上不是一种逻辑引擎，而是一种模拟引擎，一种学习引擎，一种猜测引擎，一种审美驱动的引擎，一种自我校正的引擎。②

一种形式系统之所以能够产生意义，关键在于这种系统与现实世界的同构。新媒介技术如平板电脑和智能手机的普及，正在重组社会群体的联通方式和接触频率，以及事实、幻象和游戏的生产模式，形成更有活力和更有生气的群体意识和社会意志。

今天的信息传播是基于信息生产的数据链组合，这就需要不断确认数字

---

① 巴尔金, 刘颖, 陈瑶瑶. 算法社会中的三大法则[J]. 法治现代化研究, 2021, 5（2）: 185-200.
② 内格尔, 纽曼. 哥德尔证明[M]. 陈东威, 连永君, 译. 北京: 中国人民大学出版社, 2008: 9.

符号和实践经验的关系,或者从操作形态上确定数字符号与经验世界的相关性系数。如同著名社会批判哲学家阿多诺所说的:"因为观念真理是且仅是思维的真理。没有数学命题或逻辑命题能以异于可能存在的思想的术语被构想。另一方面,思维意味着人的思维,那种不预定现实生动的个人的现实的物理思维行为的思想是我们所不能了解的。"① 由此出发,我们可以期待传播伦理的新节点推动产生新的社会价值,尤其是信息传播的社会主体的自我认同伴随着知情权的普及、常识的指数型增长以及建设性责任意识的确立。简而言之,基于人与人之间的关系建构是获取并维系意义感、价值感、存在感的来源,并以此成为智能传播认识论的基石。

六、结语

智能传播的现实告诉我们,今天的主体定义首先是其时空性和关系性的重新定义。我们不得不看到的一个现实是表现为算法的方法论正在修改方法论意义上的世界观:"我们的世界主要由物理环境、人和社会构成,如果按此划分,人类的计算也可分为两大类:人和社会的计算、物理环境的计算"。② 前者研究人文环境中的社会行为和社会逻辑,包括社会人群的存在方式、社会意识的话语结构、社会组织的动力机制等,涉及传统的经济学、社会学、政治学和历史学;后者研究人类自然生活环境的现实状态和演化机制,涉及物理、化学、天文学、地理学、动物学、植物学等学科。从思想史的角度来看,这恰恰印证了罗素当年提出的一个指称:"数就是由于相似关系而聚合在一起的许多'类'组成的一个整体"。③ 在这个意义上,算法本身可以被理解为认知当今社会关系的媒介,为个体、社会和全球的发展提供运行图示和约束机制,同时接受来自前者的反作用。一方面是客观环境的现实机理和因果

---

① 阿多诺.胡塞尔与唯心主义问题[M]//张一兵.社会批判理论纪事(第2辑).北京:中央编译出版社,2007:266.
② 涂子沛.数据之巅:大数据革命,历史、现实与未来[M].北京:中信出版社,2014:270.
③ 罗素.罗素自选文集[M].戴玉庆,译.北京:商务印书馆,2007:309.

链条，另一方面是人类主体的自我意识与价值链条。

任何技术创新在本质上都要服从于话语建构。传播媒介发展史本身就是一部围绕着媒介技术创新所活化的话语变迁史。"媒介学的功能正是要建立技术领域和神话领域的关系，即在不断变化的东西和能够持续存在的东西之间建立联系。"[1] 这种联系就是通过传播能力的赋权效应激发社会主体的潜能，强化其社会性和文化性的存在，同时应对技术逻辑的增长和人工环境的变异。一方面是主体语境氛围的变化，人与人的关系以及社会意识不可避免地会受到挑战；另一方面是客体环境参数的变迁，甚至面对着物质化、虚拟化和智能化等多重逻辑的加持。

智能传播产生的技术变量总在制造新的信息环境，虽然说智能传播的算法时代也有可能在资源配置、价值分配和财富指数等方面制造新的社会差异或导入新的社会博弈，但作为技术体系的传播逻辑不仅是参与控制的内在机制的形式，还是参与社会构建的阐释机制的增量。"技术因素可能是必要条件，但不是充分条件。它产生一半的效果，为其他结果的产生提供了环境。"[2] 从这个意义上说，智能传播技术的媒介化功能只能在其使用过程和应用语境中产生。

科技创新所激发的问题（problem）性挑战，有助于人们深化将技术作为思想对象的问题（question）性思考，提出更有价值的问题（problematic）框架。我们对以计算为基础的智能传播活动的认识论进行反思，不是仅仅把这些活动当作客体性或直观性的形式，而是把"它们当作感性的人的活动，当作实践去理解"（马克思语），[3] 力图阐释由问题本身所引发的实践战略与策略，探讨其意义的解读和做的方式，从而展望一种新的认识论的方法论。从马克思主义的立场出发，一切技术都是人类生产关系的总和，也是一种文化可使用的全部设备和可运行的工艺实践的集合。因此，当代以数字、智能和算法

---

[1] 德布雷.普通媒介学教程［M］.陈卫星，王杨，译.北京：清华大学出版社，2014：35.
[2] 德布雷.媒介学引论［M］.刘文玲，译.北京：中国传媒大学出版社，2014：90.
[3] 马克思，恩格斯.马克思恩格斯选集：第1卷［M］.中共中央马克思恩格斯列宁斯大林著作编译局，编译.北京：人民出版社，2012：133.

为关键词的传播学是否能改变以及如何改变历史的欲望法则、言说形式、行动规则和神话话语体系，如何完善并优化社会建构中的外在人为秩序和内在自生秩序之间的互动模式和关系结构，就不再仅仅是我们研究信息技术史和传播思想史的问题化对象（problematiser），而是人们介入当下社会实践的直接参照。

算法的数据变异与社会建构[*]

今天，人们用计算技术、计算方式甚至计算思维来讨论信息传播学已经成为人文学科数字化的时尚。

对物质对象的数量关系的把握，一开始就是人类的基本技能之一。把人们对时空感知的信息传递和接受方式纳入一种数学性质的研究，源于社会科学的量化研究在 20 世纪所衍生的一个研究方向，即把信息传播技术的更新所伴随的各种感觉比例（sensory ratio）的量化。这项研究的开创者是 20 世纪 70 年代后期的两位斯坦福大学的学者乔恩·巴威斯（Jon Barwise）和约翰·佩里（John Perry），他们使用的数学框架被称为情境论，包括空间位置、时间位置、个体、有限关系、类型等概念。① 从线下的物理感知到线上的虚拟现实，在不断腾跃的互联网时代，对物质现实进行量化的压力和需求催生出今天的计算思维（computing thinking）。② 就科技创新的规律而言，算法与智能的结合代表着一种科学探索的潜力，在对信息进行分类和排序的操作中验证猜想或发现意外。

在技术受限的时代，人们无法搜集和处理所有的信息，决策机制中的信息源和决策方式都是相对简化的；在今天的信息时代，所有的制度运行、社

---

* 本文原载于《新闻界》2021 年第 12 期，收入本书时略有删改。
① 阿德里安斯, 本瑟姆. 爱思唯尔科学哲学手册·信息哲学（下）[M]. 殷杰, 原志宏, 刘扬弃, 译. 北京: 北京师范大学出版社, 2015: 83.
② DIAKOPOULOS N. Algorithmic accountability: journalistic investigation of computational power structures [J]. Digital journalism, 2015, 3(3):398–415.

会治理、产业生态和日常生活都被纳入数据化的运行机制。我们不得不承认，计算绘制着人类存在的图示结构，包括自我意识的定位、社会传播的形式、物质观念的更新以及主观能动性的释放。从某种意义上说，这是对人类已有的关于生存、实践和思考的方式的重新定义。换言之，人们对世界的认知和对事物的理解，不再追求信息意义的变化，而是竞争信息结构的重组。

早在20世纪中期，提出知觉现象学的法国哲学家莫里斯·梅洛－庞蒂曾经把算法视为语言一样的符号，认为它可以在人们的认知过程延续知觉，但并不被还原为知觉："一切在数中显现的东西在被计算的对象中也是真实的，这完全是确定的，但并没有引出任何来自真实的预先存在。"[①] 人们在感知过程中发现的新关系可能与数的结构或算法有关，但两者之间不能画等号。也就是说，在人们认知实践中产生的意识与其物质对象之间，存在一道认识论的鸿沟，即理论的不可还原性。

基于一种认识论的反思，本文的分析思路如下：从传播实践中的计算行为的身份表象出发，分析信息和想法的流动在计算过程中的变异性；在充分意识到算法逻辑对社会意识的编纂效果和形塑个体自我认同机制的同时，评估算法驱动的市场效果和文化效应。本文旨在探究知识形态的结构性增长如何遭遇非意图效果，从而对算法驱动的技术绩效和社会建构提供思考的线索和有效的阐释。

一、计算的专业资质与表象特征

在人类文明史上，当谈到人类如何发明对外部事物进行定义的文化技术时，考古学会告诉我们，对事物的量化认识要早于文字书写。

今天的计算其实是一个很大的学科系统。就常识而言，计算可以分为基本计算、复合计算和基于计算模型的计算，其中，基本计算可以包括数值计算（加、减、乘、除、微分、积分）、字符计算（并串、取串、找串）和图像

---

① 梅洛－庞蒂.世界的散文[M].杨大春，译.北京：商务印书馆，2005：142.

计算（图像分割、图像压缩）。严格、确定和精确的计算称为硬计算，而模拟自然界中智能系统的生化过程（感知、脑结构、进化和免疫）的软计算则是按照模糊逻辑、人工神经网络、遗传算法和混沌理论提供的计算模式。① 计算模式的基本特征就是符号化和形式化，借助一套人工语言的发明和更新来摆脱经验规定性的限定性；同时，当人们越来越依赖于对一切感知形式的控制进行升级换代时，其中一个重要指标就是追求信息传播过程中的数据信息的定式或定型的定位。

世界本身是有差异且分层次的（differentiated and stratified），由各种事件和客体组成。后者的结构属性具有能够引发事件的力量和动力，也就是在社会生产力创新和技术升级换代的时候，往往会出现的用机器替代人工的客体主体化的智能效应。换句话说，客观事物的生成流变成启发社会主体的主观能动性的发动机，信息化时代的大数据就是这样一种客观事物。

2012年，牛津大学教授维克托·迈尔－舍恩伯格（Viktor Mayer-Schnberger）在其畅销著作《大数据时代》②中指出，数据分析将不再是"随机采样""精确求解"和"强调因果"这样的传统模式，数据处理理念出现三大转变："要全体不要抽样"（全体数据）、"要效率不要绝对精确"（近似求解）和"要相关不要因果"（只看关联不问因果）。自此以后，数据挖掘（data mining）大行其道，即利用趋势与模型分析大量数据，实现个性分析、目标定位以及个体协作的方法。当下，这种方法已经进化到分析数字"面包屑"内的规律过程，称为现实挖掘（reality mining）。从这个角度来说，大数据技术导致了人类社会的信息与决策机制的嬗变，每个普通个体都可以通过智能手机来对自己进行大数据操作。

从数据库的制作和现状出发，描述一个问题解决方案的步骤，就是算法。一个算法就是一个明确的，按部就班去回答或解决某个问题的程序。自从计算机普及以来，这往往是通过常规的机械式指令（routine mechanical

---

① 夏耘，黄小瑜.计算思维基础［M］.北京：电子工业出版社，2012：1-2.
② 迈尔－舍恩伯格.大数据时代［M］.盛杨燕，周涛，译.杭州：浙江人民出版社，2013.

instructions）指定后续的步骤。应运而生的计算传播或计算传播学，就是"通过收集和分析网上行为数据，描述、解释和预测人类传播行为及其背后的驱动机制的一系列计算方法"①。这一研究方向的表象特征是基于各种数据（如服务器日志、网页文本、数字档案）的智能化处理，囊括范围遍及社会主体的生存状态、生活方式和生产过程。

二、数据蒙太奇的物化诱因

基于算法的数据分析所面临的挑战是如何应对丰富多样性的构成，这不仅包括动态性、混乱性和不确定性的互动结构，还必然涉及产生高度关联性的路径依赖。我们不能不注意到，基于各种公理、假设、条件、约束、边界和规定的算法，在传播界面中产生的是近似值，而不是绝对的精确、客观；甚至不同的大数据背后隐藏着不同的文化习惯、制度约束和人际互动的不同模式。从后现象学的社会批判立场出发，"真正可以去相信的、独一无二的事物，都是不可以计算的。可以计算的东西，不需要人们去相信，而只需要去认识"②。算法折射出来的信息节点可以被理解为时空奇异点（spacetime singularity），它是符号真实（数学真实）而不一定是经验真实的全部。当人们在虚拟世界中被"新型的真实"如信息茧房等信息过滤装置迷惑时，有可能酿成迫使自我意识蜕化的心理症状。

从传播学的效果研究角度来说，因为传播者的来源构成不再是固定的，传播界面的移动性和随机性大大增强，传播主体的身份把握和行为描述就与传统媒体时代有更多的流变性。当人们进行以搜索词来测量公众注意力的研究时，发现同一议题可能会用不同的关键词来予以测量，这导致相关研究之

---

① 祝建华，黄煜，张昕之. 对谈计算传播学：起源、理论、方法与研究问题[J]. 传播与社会学刊，2018（44）：4.
② 斯蒂格勒. 手和脚：关于人类及其长大的欲望[M]. 张洋，译. 北京：新星出版社，2013：78.

间无法对话，研究结论也可能大相径庭。[①] 虽然自动的算法系统可以编辑行为模式、筛查心理态度、计算和测试身份，但自动生成的数据库可能不能与经验现实画等号："计算机操控符号是基于它们的物理特征或形式，人类操控符号则是基于意义或内容。而一个符号的意义并不是它的物理特征，你不能通过检查一个符号的形式来判断它的意义，因为任何一个东西都可以作为另外任何一个东西的符号化表达。"[②] 作为一种语言的符号系统，其自身属性能够说明思想的形式，但不能说明思想的内容，更难延伸到思想的交流和转换。因此，所有的相关性系数的设计和运用，除去技术性外观和中立性修辞之外，不可能省略定义变量的思想和立场的定位。

从认知科学的角度来说，仅仅从抽象形式出发，忽略甚至省略时间性、具身性、互动性乃至真实世界对认知系统的限定和影响，计算程序还不能完全回应哲学家塞尔在20世纪提出的意向性问题，尤其是考虑到人类的认知行为往往受制于信息不完全和非结构化环境的现实语境。事实上，具有数据采集和控制能力的传播主体（独立、参与或与他人共同）的数据处理方式，常常包含一系列组合式操作："（1）组织、改编或更改数据；（2）检索、咨询或使用数据；（3）通过传播、散布或其他可用的方法公开数据；（4）整理、屏蔽、删除或破坏数据。"[③] 这一技术现实不仅说明数据本身可能是一种加工之后的结果，也解释了为什么信息安全的话题一直伴随着计算机的普及和互联网的移动，由此不断更新人们关于旨在描述信息和想法的流动与人类行为之间可靠的数学关系的变异性。

伦理学的原则预先提示一个或然性的道德陷阱："道德上的问题被认为是不适当地获取与使用别人的财产，以及对于人的工具性对待，把人还原为数

[①] 祝建华，彭泰权，梁海，等. 计算社会科学在新闻传播研究中的应用[J]. 科研信息化技术与应用，2014，5（2）：3-13.
[②] 希克，沃恩. 做哲学[M]. 柴伟佳，龚皓一，译. 北京：北京联合出版公司，2018：122.
[③] 拜纳姆，罗杰森. 计算机伦理与专业责任[M]. 李伦，金红，曾建平，等译. 北京：北京大学出版社，2010：266.

字与信息的无生命的集合。"① 今天的技术流程在不断更新逻辑推理的程序，希望通过更加个性化的体验来塑造人们对真实世界的期待和希望，但也可能潜伏着各种不明智的信息依赖和心理依赖。同时，不能避免另一种可能性，即信息获取的不完整以及信息处理过程中的心智能力的限定性，而后者又是主观意义上对信息环境评估的不确定性所带来的偏差。这里提出了一个不大不小的问题，即数据的流动究竟是属于已被文化习俗置换的道德真空还是需要构筑保障个体权益的伦理防火墙，由此展开了一个心理学和法学交叉的话题领域。

无论是公共管理还是行政管理，管理学的宗旨必然会强调专业性的技术系统受制于制度性的管理机制。我们也不能忽略，不同等级和分类的计算系统的构成不一定是透明的。"当正常的运作停止或受到干扰时，它们就会变得更加不透明。"② 越来越轻巧的控制系统有可能潜藏着令人难以预测的威胁和风险。数据可以测量事物发生的概率，但不能省略偶然因素的存在，更不能免除蝴蝶效应或黑天鹅现象，更不要说制度运行中各种科层制之间的信息阻塞和决策失灵。

我们可以确认，基于大数据的计算公式和智能处理的优势不仅简化了信息采集的成本，也扩大了人们认知的范畴和跨度。无法回避的问题是：当大数据的生成和用途成为实现物的某种关系的手段时，物本身有可能成为主体和目的；人不过是客体和手段，人的愿望和意志完全被数字化方式压缩，人在社会实践中处于被动、消极的客体状态，因为失去有机的社会关系而走向原子化的归宿。这就形成物主体化和人客体化的普遍物化。

三、被编纂的认同机制和社会意识

一般而言，计算者，这里尤其指在一线工作平台上的操作者，关注的仅

---

① 弗洛里迪.信息伦理学［M］.薛平，译.上海：上海译文出版社，2018：378.
② 布艾希.科技智人［M］.刘成富，陈茗钰，张书轩，译.北京：中国社会科学出版社，2019：56.

仅是固定为概念的符号之间的关系，而不再是现实世界里发生着的不断变化着的因果过程。在这个从符号形式到意义结构的转换过程中，数据是标量，信息是矢量。因为前者是物理性的，后者是心理性的，从而蕴含丰富的价值取向，包括个体的想象、共同体的信念与实践以及其他非客观的事物、未经规划的方案或不可预测的行为。所以爱因斯坦说："不是所有算得上数的东西都能计算，也不是所有能计算的东西都算数。"① 如果指望用有局限性的公式、方程、范式、推理去制造自动化或智能化效果，人们会不会模糊知觉和错觉的界限？

在自媒体时代，当信息流及其公式成为自我跟踪的自我意识的技术时，这一意识的诉求不再是理性和自主，而是跟随诱惑的机会成本的边际化效应，陷入一个机会成本越来越低而心理成本越来越大的矛盾困境，在自身主体性的不确定边界中看到一个无限开放的世界图景。这当中形成一个开放性和压缩性同步的悖论：所有的信息开放在一个被压缩的时空维度中展开，所有的事情在同步进行，眼下的事情似乎是最重要的事情。得益于信息的持续性和黏性的并轨，数字网民被定格在各种电子屏幕的触控和转移中。

当人们习惯于自我约束和自我强迫的压迫性逻辑时，退出机制也成为一种人际传播的奢望。非物质生产使每个人都拥有自己的生产资料，人们在数据主义的比例中量化自我的心理、情绪乃至日常活动，生命的形态和数字化潜意识融为一体，时间轴的非线性结构和多重空间的框架相互分离，理性的坚守和精神的自足被悬置。"一个人要面对无处不在的操作和期待，同时他的视觉活动变成了观察和管理的对象。在这种环境中，可见世界的偶然性和可变性变得不再容易理解。"② 理所当然且大行其道的是数字市场主体的商业人道主义的修辞学，"你喜好""你关注"或"你认同"的标签为人们编织了一个虚拟世界，管控着信息传播和言论形式的数字传播平台，以自己的观念包装

---

① 斯科特.六论自发性：自主、尊严，以及有意义的工作和游戏[M].袁子奇，译.北京：社会科学文献出版社，2019：173.
② 克拉里.24/7晚期资本主义与睡眠的终结[M].许多，沈河西，译.南京：南京大学出版社，2021：50，55.

塑造着用户的意识外观。按照英国马克思主义文化批评家和文化研究的重要奠基人之一雷蒙德·威廉斯的看法,"事实上没有大众,只有把人们看作大众的方法"①。21世纪以来产生的各种定义集体个性的术语,如"蜂群思维""集体智慧""智能系统""利基社群"等其实都服从于伴随着排他性的算法逻辑的功能需求。

今天的个体、社区、企事业单位和行政管理机构,无论是作为传播主体还是受众单元,都面临着信息流量标注的社会注意力考核,人们不得不求助于各种算法。虽然"化身"背后的"真身"的主体身份在某种程度上缺席了,但通过符号代码的方式实现了网络空间的"在场"。"机能性配置必然是欲望的社会性配置,欲望的社会性配置也必然是表述行为的群体性配置。"②从这个意义上来说,基于数据底盘的信息技术及其系统配置成为一种概念明确、信息清晰且高度组织化的意义系统,预设了一种主导的思维方式或社会生活的功能取向,甚至对人们的行动风格和话语策略进行统筹,其本身成为一种构建和规范行为模式的标准参照系,从而使个体不再被认为是具备意志的个体性存在,而是基于个体单元的数据集合,而宏观意义上的社会存在也是一幅大数据剪影。

四、算法驱动的文化演化

今天的各种热搜排名都基于算法和编程,恰恰就是十多年前的长尾理论给我们揭示的复杂网络中的链接分配遵循幂定律。无论是市场营销、公关宣传、伦理争辩还是娱乐八卦,最受欢迎项目的点击率通常是第二受欢迎项目的两倍,依此类推下去,"赢者通吃"的效应分布体现了幂律形状。复杂网络的这种吸引力模式驱使着用户的好奇心,分配着用户的注意力,引发互联网平台的不平等竞争;用户出于自身愿望的选择和迎合,形成虚拟世界的等

---

① 斯拉伯斯,蔡润芳.算法文化:一项雷蒙·威廉斯《关键词》式的语义研究[J].国外社会科学前沿,2020(6):35-45.
② 德勒兹,迦塔利.什么是哲学[M].张祖建,译.长沙:湖南文艺出版社,2007:182.

级体制和权力法规。数字体验的量体裁衣使用户不再成为具有能动性或尊严的个体，其情感和意义被限定在算法产生的文化自变量当中。在理论分析当中甚至可以回到功能主义逻辑，即确认文化形式和社会功能、制度动力的同构性。

当复杂多变的人性在消费主义的名义下被重新定义，人们有理由质询，正常的认知欲望究竟是属于日常生活中自身的创造性表现还是模块化的资本游戏的分子组合？如果我们回到事实层面，如在"2020年全球市值100强上市公司排行榜TOP100"[①]这条新闻中，市值排在前十名的公司分别为沙特阿美、微软、苹果、亚马逊、谷歌母公司、阿里巴巴、脸书、腾讯、伯克希尔和强生，其中至少有七个公司拥有自己独特的算法系统，即一个综合技术监控、参数修改与组织盈利的闭环整合体系。这在生产力逻辑上体现出社会力量的网络效应属于社会关系再生产的因变量。

当经济全球化为社会企业化推波助澜时，各种算法也得以应运而生。

今天被采用的算法，除去经久不衰的顺序算法（sequential algorithms）之外，还有平行（parallel）、互动（interactive）、分布式（distributed）、实时（real-time）、混合（hybrid）和量子（quantum）算法，同时并用个人偏好匹配算法以及机器学习系统（这一领域又可以分为五大学派及其主算法：符号学派与逆向演绎、联结学派与逆向传播、进化学派和遗传算法、贝叶斯学派和概率推理、类推学派和支持向量机）。总之，人们还在创新和等待新的算法，尤其是通过大量数据建立起语言模式的算法技术，被称为"统计语言模型"（Statistical Language Models，SLM）。当信息流动的方式是从每一个人到任何人，分权模式的算法安排所有人参与决策；当信息流动模式是将信息全部汇总到某一中心时，分层模式的算法保证掌握最关键信息的人做出关键决策。可以说，算法逻辑在某种意义上是把理性甚至信仰消解为可计算的信托式的数据代理机制。这个机制不断扩容数据汲取能力、资源调配能力和规则制定能力。经济权力（创

---

① 2020年球市值100强上市公司排行榜TOP100［EB/OL］.（2020-06-28）［2024-04-23］. https://www.sohu.com/a/404587763_679193.

造价值的权力)和认知权力(对知识的权力)前所未有地融合在一起,由此产生一个传播政治经济学的新语境。

针对西方国家的数据所有权与数据掌控权之间的"大数据鸿沟"这一现实,英国左翼批判学者克里斯蒂安·福克斯旗帜鲜明地提出:"大数据资本主义需要我们评估思想体系、知识形式、政治经济、治理技术、基础设施、实践、组织、机构、主体、空间、时间、话语和意识形态的变化。"[①] 当意识到计算的结果是计算基础的再现时,人们有理由考察其中所呈现的社会情绪。对持悲观主义观点的观察者来说,"这个时代的真相是,它处心积虑地维持着一直在进行中的过渡状态。不论从社会还是个人的层面,'赶上'持续变化的技术要求都是不可能的。对大多数人来说,由于新产品出现与整个系统发生任意重组的速度之迅猛,在感知和认知层面上,通信和信息技术会继续割裂它们和我们的联系,直至我们无法再对其产生影响"[②]。综合各种社会资本、技术资本和文化资本的成本效应,因算法的内在复杂性和影响差异性,最终使算法无法脱离平台自身的利益选择和价值导向,与公共管理和大众需求形成一种三角互动机制。

经验功能主义的传播学自问世以来,就一直坚信传播效果的主观设计。基于这一点,认为文化嵌入社会传播过程和社会交往相关,是社会意义的共享,可以塑造理性行为、解释制度运作和维系社会实践。当然,在任何情况下,文化符号的意义只有在与其所涉及的行动策略发生关联时,才可以真正被理解。只有经过人们的社会实践中的意向性操作而积淀的信息,才能凸显信息的策略意识。

当几乎所有的社会行为和社交行为都可以被转化为在线量化或潜在跟踪的数据后,对把持"社会缓存"(social caching)的数字寡头而言,数据收集模型和算法化的决策是否在建构一种未来的社会关系模式?数据权力与行政权力的关系是什么?通过搜集数据来监视社会行为的权力会产生哪些新的博

[①] 福克斯.大数据资本主义时代的马克思[J].罗铮,译.国外理论动态,2020(4):9-18.
[②] 克拉里.24/7 晚期资本主义与睡眠的终结[M].许多,沈河西,译.南京:南京大学出版社,2021:55.

弈机制？比如，是服从管理效率的信息共享，还是人文主义的人性考量？或许更令人莫衷一是的是，在算法图谱中，"你是谁"的对标被转换成"你成为谁"的可能性。在用户面对事物和问题产生立场分歧时，如果说相关性、网络、知识领域的结构配置更靠前，社会生活的组织系统更重要，那么在与世界的交叠中，一般意义上的人类身份会不会被淡化、被模糊甚至被取消？人们因此而产生各种相关的话语纷争和言说方式，算法究竟是提供信息传播的环境函数，还是评估个体控制的量化手段？由此延展开来的讨论，把话题延伸到人的尊严和人权的尊重、可问责性、透明度等话题领域。操作算法的数据平台不但在私法上要承担对用户的私法义务，还要在公法上承担更多的公共责任。

五、结语

基于算法逻辑的信息传播不但激发各种社会性议题，而且催化了各种不同的主观意志和权力投射，最终聚合为一种同时激发动力和限定性的媒介关系。算法折射出来的新闻价值成为对事物产生影响的价值，并借此规定人们如何接触现实的形式和创造现实的切面。

在现实环境中，虚拟世界与信息需求之间有一道天然的算法鸿沟。当人们为了提高信息认知的效率或降低信息沟通的机会成本，会越来越多地利用搜索引擎算法对信息进行探测性分类。在今天的信息流量化时代，算法也可以被认定为具有操作性质的认知节点。"以控制论的观点来看，世界是一个有机体，这一有机体结合得既不太严密，也不太松散，即，它不至于只有在失去所有方面的一致后才发生变化，也不至于任何一件事同其他的事发生得都一样地轻而易举。这个世界上既没有牛顿物理模式那种严格性，也不存在没有细节、不会有任何新的东西发生的最大熵，即热寂状态，这是一个'过程'的世界，它既非终极热寂平衡的世界，也非那种任何事物发生都是由莱布尼茨的那种先定和谐所预先决定了的世界。"① 一方面有信息指数的路标，另一方面有社会意识的常态，这就是为什么本文旨在从数据变异和社会建构两个视角来透视基于算法的量化思维在信息传播领域中的功能和价值。

如果说信息传播学是一门科学，那么其数据本身不仅是文本性的，也具有科学性。科学数据的产生取决于相关科学活动中复杂的推论性的实践，从而开发可以成为事物的可能性。当信息数据化成为信息传播的日常流程时，我们不仅要确认算法是信息流程的度量工具，更要意识到对象的超验性与社会的内在性是无法分离的。正是处理数据的方法，包括分析和理解这些数据的技能和技巧，给我们的认识论带来了挑战，同时激发我们去创造一种能够具有后实证主义形式的、计算性社会科学的认识论方法路径。我们的学术追求既要具备认识论的开放性和方法论的可靠性，又要在研究的价值立场和取向上蕴含人文关怀。合乎情理的价值规范建基于合乎逻辑而充足的事实描述，学术研究的人文性是建立在科学性的基础之上的。没有科学性的根基，就谈不上真正的人文性。在这里强调对算法逻辑的人文反思，也意味着对传播学科的知识传统和研究方法的充分理解、尊重和对准确运用的坚持。

---

① 哈代，维纳，怀特海.科学家的辩白[M].毛虹，仲玉光，余学工，译.南京：江苏人民出版社，1999：143.

媒介的穿越

新闻传播理论创新的媒介学思考*

——回应《青年记者》编辑部的一个问题

时下，本土的新闻传播理论创造能力不足成为一个被重视的问题，限于篇幅，下面仅对《青年记者》编辑部提出的一个问题谈谈自己的认识和理解。

一、问题

问题是："所谓的'西方'新闻传播理论，是'真的西方'还是'我们眼中的西方'？"

设问或者说问题设置是一种研究的态度，这是值得赞许的。从字面上理解，这个问题显示出一种关切和一种焦虑。就中国改革开放之后出现的新闻传播学教科书尤其是关于传播学的教科书而言，其中基本的概念结构无一例外具有西方理论谱系的主干性痕迹。这个学科自20世纪90年代以来一直蓬勃发展，从数量规模（专业院系、师生人数以及教科书种类）上已经形成人文学科的重装兵团，伴随着中国传统媒体从1992年到2012年的20年黄金期，大量媒体的出现和各种固定投资的增长催生出若干新的专业方向。

新闻传播学这个学科本身的内容建设，要和社会转型、制度创新、产业升级过程中溢出的大量信息及其社会化过程产生强烈的互动关系。差不多在二十年前，在惊动全国乃至世界的"非典"事件中，我们发现，这个过程中

---

* 本文原载于《青年记者》2014年第16期，收入本书时略有删改。

不确定信息的流动所带来的社会负面影响,恰恰是社会学、心理学、管理学或其他学科在主导知识话语权。在后来的传媒发展过程中,几乎所有的注意力都逐步转移到以互联网为代表的各种日新月异的新信息平台上。我们看到了越来越多的创意信息、信息终端、营销平台,越来越多个人化而不是机构化的信息,越来越多的娱乐和消费反讽泛化为八卦和恶搞,信息流正在逐步淹没过去的教科书所提供的若干阐释框架。这或许是我们理解为什么这样提问题的一个专业背景,当然也是我们作为从业者所难以回避的一个挑战。

这里的问题还在于设问的诡计或者说提问本身暗含一个意识形态陷阱,难道说"真的西方"就不是"我们眼中的西方",那么这个"真"从何而来?反过来说"我们眼中的西方"不等于"真的西方",那么"真的西方"又是什么?似乎是一个本土版本的东方主义,就是说无意中把自己当作西方生产关于他者知识的对象。为什么这么说?因为东方主义告诉我们,西方的东方主义可以是一种研究东方的知识总体,也可能代表对东方的看法的种族中心主义偏见,法国学者福柯称为"异托邦"。当美国学者萨义德在其代表作《东方学》中揭示东方学在试图理解其他文化的同时,勾勒出了这个将东方的生活、文化、社会从属于西方知识界修辞方式的历史过程。

任何有过跨文化传播经验或国际传播常识的人都会同意这一事实现象,即在今天的东西方或者中外信息传播的数量比例当中,西方是超出的一方。这种信息逆差无疑是国际传播流程中话语权不平等的基础原因,反过来激励我们试图通过信息把握来实现《孙子兵法》"知己知彼,百战不殆"的遗训,或者希望有一个他者扮演我们的普罗米修斯。动机是无可非议的,但我更希望找到一条方法论的思考路径。换句话说,我们不能仅仅从工具主义的角度来看待我们与新闻传播的关系,而是要把这种关系联通在人与人、人与事物之间的关系以及历史性进程当中。

二、辨析

要认识"西方"的新闻传播理论,需要先考察其新闻传播实践活动的历史脉络和历史逻辑。与其说理论是路标，还不如说理论是地图。任何理论只要是源于人的创造，都难以避免一个地域性的问题，由此产生我们评估理论品质的两点判断：

第一，理论的产出应该是其实践活动、经验活动或经验考察的产物。比如，美国学者关于大众传播效果研究的若干案例，其实就是20世纪上半叶的工业革命在美国大众传播领域所产生的问题，后来其不仅转化为教材，还为美国的社会管理、产品管理乃至后来称霸全球的观念营销和产品营销找到一条有效的知识生产路径。不然我们就难以理解，为什么在第二次世界大战结束之后，美国在与苏联争夺全球霸权的过程中，发展传播学能够成为"作为意识形态的现代化"理论当中的重要配置，伴随着始作俑者的施拉姆本人的亲临现场，在改革开放的中国传递传播学的信息。

第二，从实践出发，任何理论的生命力在于本土实践的验证；而理论的输出或者说理论旅行能够成立，一定需要接纳理论环境对理论进行再生产，即话语的修正或再造。从这个意义上说，麦克卢汉思想的核心，即"媒介即讯息"是机械唯物主义而不是辩证唯物主义。作为信息传播技术形态的媒介，无论多么新颖，要创造出信息，均需要它本身和环境的互动，即和人的互动，也就是能够成为所运用的人进行创造性表达的手段和工具，从而展开信息再生产和理论再生产的新界面。

三、意见

那么，从知识的逻辑出发，我们究竟应该如何看待"西方"信息传播理论？这里提出几点参考意见。

第一，人类的新闻实践是历史的产物。人类活动一直伴随着传播活动，从各种视觉和听觉的符号性表达开始；而作为有规模有组织的群体行为，新闻是人类社会逐步进入工商文明阶段以后的社会实践活动。从社会史的角度来考察新闻业的来龙去脉，无疑是把它看作一种组织社会信息流通的手段，要有一定的组织形式和社会规模，这需要有收集加工信息的采编人员、组织

新闻生产的技术手段、固定接收信息的读者群体和从事发行推广的经营能力，并逐步成为一种新型的社会职业领域、社会制度乃至政治制度的一部分，直到被纳入现代民族—国家法治管理的范畴。

世界新闻史告诉我们，新闻传播作为一种社会实践方式出现在中世纪之后，它也是一种历史的产物，即文艺复兴和宗教改革所推动的人文主义和理性主义的表达，工业革命和国际贸易所加速的货物商品的流动，当然还有地理大发现和殖民主义的扩张，事实上是人和物的流动加速之后所必然要求的信息的流动和助推力。要把这种信息生产转化为能够被普及的文化经验，其中最主要的一个技术突破是谷登堡所发明的金属活字印刷。整个西方文明从诵读和手抄本时代进入印刷文明也就是平面媒体的时代，基于印刷文本的各种主义伴随着殖民主义和资本主义的全球扩张，成为被殖民国家或地区各种外来思想的来源。

第二，传播是一种意识形态的内在诉求。西方文明的宗教内核决定了西方文明本身有一种传教士精神，因为宗教本身就是关于被神化的人及其话语的传播过程，有组织、有仪式、有文本、有戒律，成为社会制度结构的一个原始版本。从哥伦布时代开始，西方文明向外扩张，始终伴随着传教士的身影。法国传播学者马特拉在20世纪就指出了这一点，他坚持一种对全球化的左翼批判立场。从国际关系的角度思考，我们还可以把基督教的天命观作为理解美国为什么会产生国际霸权主义的一条理论线索。

与很多第三世界国家一样，中国近代最早的新闻报刊也是传教士活动的产物，几乎与中国近代工商业资本主义的萌芽同步。今天关于各种价值命题的考察和争辩，其实都是围绕着这种或那种价值的传播所引发的效果评估，在某种意义上，是对西方主导的传播意识形态的加盟、呼应或抵制与反抗。

第三，新闻传播的叙事同时包含人和技术。人类文明史基本上是一条叙事线索，这不仅是人的叙事，还应该有物的叙事，即人和物关系的叙事。按照黑格尔主义的观点来说，就是人是否在对自然的关系中最终实现人的本质力量的对象化，借助自然的、物质的力量来体现人的力量和创造性，马克思著名的《1844年经济学哲学手稿》中也有这个思想。从西方文明史的线索来说，始于中世纪之后的科技创新是人解放思想以后的结果。今天的"西方"新闻传播理论也在持续这一历史逻辑，就是把信息传播和人的认知能力与技术支持联系在一起。

法国学者皮埃尔·莱维（Pierre Lévy）在《通用机器：创造，认知和计算机文化》（*La machine univers: Création, et culture informatique*）一书中把计算机与社会的关系联系在一起，最早提出互联网是一种集体智慧的说法。他在法国司汤达大学进行了指导教师（相当于中国的博导）资格答辩。主持答辩的著名学者米耶热（Bernard Miege）并不欣赏他的观点，却在课堂教学中反复强调"网络"这个概念。"网络"实际上也在突出人和新闻传播关系的复合性质和立体观照，后被现实所证明。

四、反思

以上三点并不全面，由此引发我们对问题的进一步思考：任何理论的创新都离不开一条历史性的线索作为出发点，也无法脱离一种意识形态的思考作为内核，更难以回避技术创新对实践能力的挑战。

对新闻史或新闻传播史的重新回顾，首先要还原有史料支持的历史进程脉络。从学术方法论来说，需要增加新的观察角度和考察范围，如社会史、文化史、心态史、阅读史、受众史等，不能仅仅把新闻传播的历史看作一种政治斗争史或路线斗争史，简化主义的思维方式只能使我们的思维能力更加封闭、更加局限。历史的经验之所以值得注意，是因为对这种经验的挖掘和解读，可以成为理论创新的参照。

人的社会意识的来源是什么？为什么在不同的社会当中有不同的社会意识或者说社会意识的差异？如果说大众传播载体是一种组织社会意识的手段，那么如果社会在变化、在转型，如何重新组织大众传播载体去发现、去组织、去讨论各种社会意识的起伏、转化和流变？有关新闻传播的学术史告诉我们，在历史上能够被沉淀下来的有关学术思维都是和当时所思考的传媒的使命、责任及其功能相关的。仅仅有立场是不够的，还需要洞察理论和现实的对应关系，有多少种关系，就有多少种视角。

新闻和传播的命题离不开支撑新闻传播的载体，而这个载体本身的技术性质的改变会导致人们意识的变化。按照马克思主义社会发展史观，人类社会史是一部生产力发展史。科技是第一生产力，而信息传播技术的更新是人的意识观念更新的通道，并进而促进人的创造力和表达能力，如今天创意产业的全球性蔓延、用户制作内容的盛行、社会化媒体对新闻传播格局的结构性重组等。

理论的源头在哪里并不重要。对理论的认知和了解是一回事，对理论的把握和应用又是一回事。前者是一种知识的逻辑，而后者更多是一种关系的逻辑，如力量关系、利害关系等。把这两者的关系在现实语境中统一起来，或许可以找到理论创新的路径。

传播与媒介域：另一种历史阐释[*]

随着互联网的普及，信息越来越丰富多样，日新月异的信息手段和传播终端，几乎成为我们生活甚至身体的一部分。传播作为人类活动的主要内容，其重要性已众所周知。传播学作为观察媒介现象的主流思路，也已大行其道。此时，阅读并理解法国作家、思想家雷吉斯·德布雷（Régis Debray）的媒介学研究思路，可以帮助我们从更深、更广的角度观察历史。

媒介学（Mediology）这个名词第一次出现，是在德布雷1979年的著作《法国的知识权力》中。按照作者后来的阐释，从学科意义上讲，媒介学既不是媒介社会学，也不是符号学。与传播学的经典思路不同，媒介学不聚焦孤立的个体，而是采用一种跨学科方法，论述范围或论据来源包括历史（技术史、书籍史、美学理论和历史）和信息传播理论。由于研究范围跨度大，媒介学无法为媒介提供一个唯一性和排他性的概念指称，反而不得不涉及相关学科分支的交叉、各种传递载体的特征、各类信使的角色、各个介质的功能等。比如，书是一种媒介，从媒介学的观点来看，其要同时包括文字、作者使用的语言表达方式、纸、编辑、印刷工艺和发行等，才能完整呈现书这种媒介。虽然作者也按照自己非学科门类建制的概念标准界定了讨论的边界，但可以想象，读者会同时面对困惑和诱惑。1991年，德布雷又在他的《普通媒介学教程》中对媒介学做了进一步的理论阐释。

一个孤独的思想幽灵在《普通媒介学教程》的开端和结尾浮现。以卡

---

[*] 本文原载于《全球传媒学刊》2015年第1期，收入本书时略有删改。

尔·马克思为参照，社会学家孔德在19世纪的社会学界更加边缘化，但这些并不妨碍雷吉斯·德布雷在《普通媒介学教程》中反复提及他的名字和思想。在雷吉斯·德布雷看来，尽管孔德的实证主义思想没有获得现实意义上的成功，其创立人道宗教的努力也最终流产，但留下了探索人类精神历程的"三状态法则"，即神学、形而上学、实证学，为媒介学提供了一种思考的外在框架。

一、媒介学研究的知识意图

媒介学作为专业学科有没有学术合法性？这是很多学者在面对媒介学问世时的一个疑惑。但是在具有强大人文学术传统的法国，这一疑惑的出现似乎也不是完全没有来由。举例来说，早在1969年，法国历史学家布罗代尔在讨论社会学和历史学的学科复合时就说过："历史学家显然对于社会符号和象征，对于持久的基础社会功能注意得不够。"[①] 德布雷的看法是：和历史学相比，媒介学的第一个区别是研究历史转化而不是历史年表，第二个区别是研究生产集体心理的信息模具。媒介学更关注是哪些抽象理念和技术手段的结合，酝酿、组织了社会群体及其运动，重在研究历史过程的魅力或说服力是如何隐藏在地理场所、机构组织、物品流通和社会心态当中的，媒介学侧重探析思想、思潮、运动背后的象征机制，从而与传统意义上的历史学区分开来。

《普通媒介学教程》问世之时正是互联网席卷全球的前夕，传播学的学术地位冉冉升起。但决心要"往后看"的媒介学的关键词却是传递（transmission）而不是传播（communication）。虽然，传递与传播有共同之处，都表示一种中介化行为和时空过程。按照德布雷的说法，"传播是一个长时段中的时刻和一个广大整体中的碎片，习惯上我们把这个整体称之为

---

① 布罗代尔.论历史[M].刘北成，周立红，译.北京：北京大学出版社，2008：79.

传递"①。换言之，传播是在一个空间中完成的、在同一个"空间—时间—领域"当中的信息运动，是一个很长过程中的节点；而传递强调时间的维度，意味着其是在不同的"空间—时间—领域"当中的信息运动，是基于参与者的能动性和环境要素的结果。不能仅仅将"传递"（transmission）理解为一个被动的历史性过程，因为其中不仅包含基于技术平台的物质性流动，而且强调思维主体和物质客体的平等关系（Le médiologue rejette la hiérarchie sujet pensant, supérieur/objetmatériel, trivial）。同时，在这一过程中，传播主体和客体间的具体界面差异意味着一个独立的信息再生产，正如传统媒体和新媒体所代表的话语体系和话语模式差异在时间流程中所形成的累积效果。

有别于传播学经验功能学派即时性效果研究的心理学特征，媒介学的研究突出人们的精神行为在媒介使用过程中受到的潜移默化的影响，属于历史范畴。媒介学所展示的媒介功能是它的所有形式在一个长时间范围中的活动。以图书馆为例，人们可以阅读，也能召集人来写作和进行传递活动。图书馆是个媒介，虽然当下图书馆的人群聚合效应正在向互联网转移或被互联网稀释，但其力量依然来自围绕和参与的共同体，是前一代人与后一代人或当代人之间的文化传承和交流，对象包括知识和传统、热闹与冷僻、议题和争辩等。那么是否可以说，媒介学研究不满足于见人不见物的单元路径，而是刻意把握传递手段具有的双重性：一方面是技术配置（记录符号的表面，如文字或视听符号的呈现方式，解码程序的各种接收方式，扩散手段的基础设施和实物）的发明和运用；另一方面是有机配置（制度、语言、仪式）的创建和普及。理论文本的实践路径其实是一个实体化过程，而这个过程也是一个知识化、工具化和媒介化的过程。

这种研究取向的确立源于德布雷自己提出的一种历史观："在《政治理性批判》一书中，我曾经试图说明人类历史事实上是合二为一的两个历史，是两段相互交叉的记载，有'人与人的关系史'，还有'人与物的关系史'，要合理地加以区分（如果混淆就会产生最可怕的恐怖主义，在知识上和治安上

---

① DEBRAY R. Introduction à la médiologie [M]. Paris: PUF, 2000:3

都是如此)。前者是一种可逆反的强度,一种不分前后的重复空间;后者是一种积累性的延伸,一种发明与发现的开放空间。艺术、宗教、神话、政治属于第一个领域;科学和技术属于第二个。"[1] 主体与主体的历史构成文化史,主体与客体的历史构成技术史,而媒介学发现两者可以交叉,即两者是工具性关系也是文化关系。这样,德布雷就在20世纪70年代以来蜚声国际史学界的第三代"新史学"之外,另辟蹊径地找到了一个研究方向,即把人类文明史上与信息移动相关的物质变量统合起来,借助技术性、物质性、微观性的研究,为历史提供另外一个多元、偶然的开放视角。

媒介学的目的是考察信息传递中高社会功能(宗教、政治、意识形态、思想态度)和技术结构之间的关系,思考媒介如何运载信息。这差不多要回溯到文字的诞生。字母文字是人类自我意识觉醒的前提,如果没有字母,人就不能成为语言含义的创造者,也就不能成为自己的主人,并衍生出作用于他人和外界的权力,进而引申出象征效力——符号、词语、写作、形象如何产生特殊效果,并在给定的社会成为物质性力量。

媒介学的中心是发现技术和文化的互动结构,考察一个社会结构和(跨社会的)社会关系,如何在一般意义上和影响传递的技术结构进行互动。比如,一个词语化为行动,一个观念成为集体力量,一个信息影响了世界观,这经常是在一个可以测量的时段(如一个月、十年或千年)当中产生和延续的,在今天则可能以碎片流的方式闪现。当下的人们往往被迫去追逐即时性的流动信息,但人类社会总还是有些根深蒂固的意识和无意识需要去重新探究,如基督教如何在一个时间范围内通过生产和阐释经典文献,并使其逐渐具有神圣性,《圣经》何以被转化成一种制度进入物质化组织,拉丁文版的《圣经》何以随着印刷术、宗教改革和资本主义工商业的发展被转换为其他不同文字的版本。借助媒介、技术工具,记录事和人之间相互影响的载体逐渐扮演起集体记忆和社会档案的重要角色,整体意义上的物质性载体和符号手段确保了每个时代的社会存在。

---

[1] DEBRAY R. Cours de médiologie générale [M]. Paris: édition Gallimand, 1991:39.

因此，媒介学意味着以一个更为宽泛的方式来分析一个社会和超社会的文化传递，尤其强调人的组织和技术创新为保证文化传递能力所扮演的角色，从而对媒介历史的、社会的和文化的效果进行阐释和说明。以媒介学这个术语来说，"Logy"表达科学的特点，而"Medio"是中介背景，其中的传递是一个技术、社会和文化性质的，复杂、多重的网络。这涉及三个系统之间的相互关系：由不同外观符号所构成的象征形式，不同地域、民族、性别、阶级人群的集体组织，以技术制式作为区分的各种传播技术系统。这种跨学科、跨社会的、穿越历史式的研究思路所产生的知识功能通过技术和文化间界面关系的历史路径来考察观念的生态环境和思想的物理性能，研究广义上的媒介与意识形态的共生关系，即我们知道或应用的关于记忆、传递和位置移动的技术如何修改和调节我们的思维观念、信仰模式和知识类型，从而为思想史分期提供另外一种参照。

从这个角度出发，《普通媒介学教程》作为一种方法论的验证，其主要内容呈现出一种历史学结构，从公元前后的基督教起源到19—20世纪的欧洲社会主义运动，中间穿插了印刷革命的铺垫。正是书籍和知识的扩散推动了宗教革命，启蒙运动之后的法国大革命建立了共和制、创办了公共教育，并在20世纪初期实行了政教分离、颁布了社团法。

西方文明史上承前启后的宗教改革是《普通媒介学教程》的讨论重点，作者甚至直接把16世纪的文本反叛和20世纪的电子革命并列为文明史的两大回旋。结合文化史、印刷史和阅读史所提供的实证研究，德布雷试图让一种被媒介化的社会文本成为社会变迁的动力来源和阐释机制，其理论发现正在于看到了一种物理状态如何产生非物理效果，或者反过来说，看到了人们在一种观念的引导下所产生的社会实践创新。

举例来说，有别于一般意义上的从技术的社会挪用角度来讨论技术应用的社会性质，《普通媒介学教程》对印刷史的研究证明：印刷工艺流程的质检技术规范使核对信息内容成为现代工商职业伦理的一个起源。排版要求字词校对准确不误，各种旨在修改、篡改和阐释的泛文本参与逐步扩大了人们的认知视野。从此以后，理性主义从职业态度上升为一种抽象观念，要求权威必须有原则，任何权力的合法性来源都不得不开始接受理性的挑战，并在这种挑战中让媒体技术扮演历史的接力棒。"文字最初是教士的特权，可它后来也成了政教分离的承载者，支配的工具，革命的介质。"①

当技术规范转化为职业伦理之后，就逐渐成为社会伦理的组成部分。源于技术规范的职业伦理是社会伦理的基础，由于技术力量可以改变社会生态，技术创新所代表的新生产力打破了二元论的画地为牢。今天，谁还能把互联网单纯归类为经济基础或是上层建筑？技术的历史始终与社会、经济和政治联系在一起。正是由于技术创新的性能所提供的人性的表达能力和表现范围，历史的时间向度才有了意义。这就产生了两个人类学的假设：一个是人性最终能否跟随技术对人的解放提供可能性？另一个是人们对时间的选择究竟是地方的时间还是非地方的时间？斯蒂格勒在《技术与时间》三部曲当中提出的这一思想，显然为媒介学的叙事提供了重要支撑；②而这一切，始于神的故事如何转换为人的故事。

二、从宗教起源到人的组织

1991年《普通媒介学教程》问世，归根到底是要从实践角度重新审视思维和存在的关系。其思路从宗教人类学开始："让我来提醒你们媒介学想要研究的问题：一个观念通过哪些媒介成为一种力量？一个话语如何能造成事件？一个精神如何能获得实体？"③就考察媒介与宗教的关系而言，德布雷显然比同时期具有技术现实主义和政治天使主义特征的麦克卢汉走得更远。他回到了西方古典经学的源头，直接把信息（圣经）、弥赛亚（基督）和中间人（传教士）之间的关系界定成了最原始的媒介学结构，即如何为一种信息找到通过载体使其社会化的组织形式。

教会能够成为一个媒介化的研究样本或标本，是因为教会的历史是人类

---

① DEBRAY R. Cours de médiologie générale [M]. Paris: édition Gallimand, 1991:208.
② 斯蒂格勒.技术与时间：修订合卷本［M］.裴程，译.南京：译林出版社，2023.
③ DEBRAY R. Cours de médiologie générale [M]. Paris: édition Gallimand, 1991:92.

社会历史的一条精神导线。青年时代的马克思曾指出:"宗教是这个世界的总理论,是它的包罗万象的纲要,它的具有通俗形式的逻辑,它的唯灵论的荣誉问题,它的狂热,它的道德约束,它的庄严补充,它借以求得慰藉和辩护的总根据。"① 无论是从话语体系还是组织力量而言,19 世纪的马克思已经看到基督教的惊人传播能力和以"启示"方式显现出的强大意识形态功效。因此,在 1844 年的《德法年鉴》中,他坚决提出:"对宗教的批判是一切批判的前提。"难以预见的是,这种批判不仅没有根绝各种后来出现的短暂的世俗宗教,还是今天持续争论的"文明的冲突"的诱因。

德布雷通过对"三位一体"这个基督教概念谜团的分析表明:围绕着一个被作者称之为化身的对象,人们开始在这种或那种说法和观点间博弈。人们如何认识上帝?"如果他是人,那么他就不是真正的上帝;而如果他是上帝,他就不是真正的人;又或者:如果基督有两种本质,那就是说他是两个人,那么两个人又如何能成为一个?"② 经过无数次的争辩和斗争,基督教最终达成"位格合一"的共识。这个过程是一个政治过程,并就此演绎出一种组织人与人的权力关系,以及维持和延续某种制度的神话结构。"胜利的教会终究让不可知的事物承担其头衔,以便被认可为上帝话语的拥有者,并从中获得它为整个地球制定规则的权利,即为世界掌舵。"③ 这里潜藏着一个宗教人类学和政治社会学的奇妙链接,难怪德布雷将书中的"政治学"加上引号,因为政治首先不一定是可以从物理上把握的对象,而是一种可以制造、酝酿和感染的心理。

为什么媒介学的研究要从对基督教的研究开始?德布雷的问题设置是思考如何让一种抽象思想成为一种物质力量。什么是思想的力量?一个关于唯一的、总体的、普遍的上帝,如何取得如此强大的力量并通过仪式予以呈现?被化身到人身上的一个完全抽象的关于上帝的力量,如何导致古罗马帝

---

① 马克思,恩格斯.马克思恩格斯选集:第 1 卷 [M].中共中央马克思恩格斯列宁斯大林著作编译局,译.北京:人民出版社,1995:1.
② DEBRAY R. Cours de médiologie générale [M]. Paris: édition Gallimand, 1991:96.
③ DEBRAY R. Cours de médiologie générale [M]. Paris: édition Gallimand, 1991:97.

国的社会心理起伏，并在后来成为与世俗权威并列的精神权威？人们如何逐步皈依这种看起来并不体面的信仰？所有这些问题都聚焦在对传递手段的研究中。如果说媒介的作用在于产生一种精神作用的传递，那么"精神是以什么条件起作用的呢？条件就是为精神配备一个传递装置"①。麦克卢汉所说的"媒介即信息"显然在哲学上没有意义，因为媒介总是要和一个载体在一起才能存在、才能有效、才能发挥作用。德布雷的结论是信使决定信息（le messager conditionne le message）。比如，字母文字的发明和手抄本这种新技术提供的分享逐渐被固定下来，是普遍意义上的上帝起源的一个条件。

从宗教媒介化传播的历史经验来看，任何思想内容的传播效率往往不是来自思想的成就，而是简单的形式："基督教在古代世界的宣传事实上确认了情感对理智的胜利、直觉的诱惑对推论的确信的胜利、主观对客观的胜利，也是实践的利益对理论的无私的胜利。"②那么，如何达到这种效果呢？德布雷是这样描述的："一般来讲，从低处可以传播得更好。解码成本低，听众却更广。通过低处进入罗马帝国，这是基督教的优势，或者说是它的成就。具体来说，它在地理上通过周边进入，如同一个移民者和迁徙者的宗教；在社会上通过底层贫民、手工业者、女性、移民——总之是最没有文化的阶层——传播；在文学上通过最不庄重的形式——传记而不是形而上学、书信而不是论文、布道而不是课程——传播。这些都实现了听众的最大化。如果不是在公元2世纪和3世纪吸引了广大受众，基督教可能就无法在公元4世纪有更高的突破和更远的传播。太早被理论化，它就可能会消逝在路上。"③最易于传播的信息是无法得到验证的信息，最容易让受众参与的信息是给受众提供想象空间的信息，也可以说是更加本土化而非理论化的信息。这里似乎呈现了传播制胜的两个特征：第一，如果说传播是旨在追求受众效果，那么首先就要对受众不加区分，从而产生极大化的受众指数；第二，传播的内容能够从信息供需的个性化角度产生呼应，私有化成了信息接入的最佳通道。后者几

---

① DEBRAY R. Cours de médiologie générale [M]. Paris: édition Gallimand, 1991:126.
② DEBRAY R. Cours de médiologie générale [M]. Paris: édition Gallimand, 1991:128.
③ DEBRAY R. Cours de médiologie générale [M]. Paris: édition Gallimand, 1991:129.

乎成为今天娱乐传播的大众化明星制的来源：粉丝更容易因崇拜个体而进入一种狂热状态。

那么基督教是不是一种前工业时代的泛组织社会学呢？德布雷的推论是："人类伟大的信仰产品都是集体组织的手段和工具。这就是为什么最终总是身体启发精神，而不是相反。"① 从表面上来理解，这似乎是在说人们对信息的接受要基于一种感性选择，由感性行为滋生出一种动态逻辑，这种动态逻辑就是权力的运用及扩张。"对基督教启示录的'令人赞叹的宣传'令人赞叹地阐释了这个假设：思考，就是组织；组织，就是等级化。信息扩散活动的双重性在于，一面建立一个重新扩散者的团体，同时在团体中建立权力关系和差距关系（upakouein，希腊语中的服从，指的是从下向上听）。这种关系使得短暂的传播通向长久的制度。"② 传播学经验功能学派提出的"舆论领袖"概念按照信息旅途的先后排列出受众序列，这在基督教中是不言自明的。

基督教的奥秘是化身逻辑在人的世界中通过教会的组织结构、仪式和教规，形成一套有效的中介链条。"天主教的圣徒并不是神，而是圣灵的一个典型的小媒介，一个新的说情者和一个接触点。上帝需要人，而人需要圣徒去接近上帝，教会就是用来满足大众需要的。"③ 一方面是信仰系统在传递中获得化身，另一方面是信仰本身成为被赋予信任的载体。化身是基督教的力量所在，而这是通过一套组织化的结构打造形成的。宗教的权力转化为权力的宗教，由此开启了西方中世纪政教合一的历史。沿着这条轨迹，宗教把人类学能量转移到经济学的功利和政治学的决断："对人的权力感兴趣的人，将会把他的注意力转向混合物，即一种现实秩序在另一种现实秩序中的移动和变化规则，正如从说到做。"④ 这里隐藏着传递的非线性机制所蕴含的风险，因为话语和理论在一种新的语境中被挪用或被解读，始终是一种转化过程，不排除被翻转的可能。正如德布雷在《传递的赌注和手段》一书中的疑惑或感叹：

---

① DEBRAY R. Cours de médiologie générale [M]. Paris: édition Gallimand, 1991:142.
② DEBRAY R. Cours de médiologie générale [M]. Paris: édition Gallimand, 1991:142.
③ DEBRAY R. Cours de médiologie générale [M]. Paris: édition Gallimand, 1991:110.
④ DEBRAY R. Cours de médiologie générale [M]. Paris: édition Gallimand, 1991:112.

"究竟是什么使得对爱的福音成为宗教裁判所？究竟是什么使得马克思主义的博爱和社会团结互助的教条成为集中营？然而这的确是在传递。一个传递不仅仅是一个信息从一点到另一点的快乐传递，还经常在某种意义上是对这个信息的翻转。"① 的确，从历史语义学的观点来考察人们的观念史，总会发现观念本身是个历史时空的变量：从空间来说，它可能是一个更大范围的意义结构、一种语义场、一个概念网络中的组成部分；而从时间向度来考察，它可能仅仅是一种话语策略、一种情境的需求、一种场合的应和、一种身份的扩张，甚至是一种利益的绑架。信息与信息的载体不一致，无疑是媒介学的一种发现式举证。

宗教社会学可以说是政治社会学的前身。从早期基督教集体诵经的交融过程开始，宗教就通过载体（如口语表达）的传播创造出了一种集体身份的来源，使以救赎为宗旨的神学建构逐步转化为一种制度性的政治建构。"教会先于奠定教会的经典。不是教义具有集中效应，而是任何集中都有教义效应。"② 之所以说教会的存在先于经典的颁布，是因为任何教义的发布都要经过教会组织的过滤和筛选。在西方中世纪一千多年的宗教史上，没有组织力量的新阐释最后往往会沦为异端，直到宗教改革运动成为人类自我解放的新社会运动。

从使徒的个人热情和牺牲精神，到教会的组织过程和教义表述，人与人之间社会关系的象征化组织，始终是上述关系的核心：它不仅是神话的来源，还是人们在自身的历史环境中确定自己存在意志的精神动力。"人们信仰，因为人们分享；人们信仰分享，同时信仰人们分享的东西。再聚集是信仰的要素构成。这就是说：没有横向的组织就没有垂直的教派。"③ 由此产生了传播制造权力的三个界面：组织能力、信息内容、分享机制。分享是信息横向传播得以形成的人类学来源；而对分享的组织过程却是纵向的，它是一个同时包含政治学、社会学和经济学的基因。如果说宗教的历史启发了世俗社会对宗

---

① DEBRAY R. Len enjeux et les moyens de la transmission [M]. Arcachon: Edition Pleins Feux, 1998:41.
② DEBRAY R. Cours de médiologie générale [M]. Paris: édition Gallimand, 1991:155.
③ DEBRAY R. Cours de médiologie générale [M]. Paris: édition Gallimand, 1991:144.

教规则的模仿,那么是否可以理解为世俗社会中出现的种种思潮一旦制度化,就有可能演化成一种世俗的教权主义,其方法和精神皆源于宗教?

人类社会对权力的认知和追逐首先从对信息(内容指称)传播(集体组织)的重组开始,进而开创了各种政治制度和社会制度。要进行传播就需要有组织,要有组织就意味着要有意识形态及其代言人。人们习惯于认为意识形态指一套教义或学说,其实它更多是指一种组织功能:"一个社会意识形态的本质存在于这个意识形态能够带来的一致和归属原则里。在它统一和整合的功能中,价值的重要性没有价值共享的重要性高。通过将学说视作一个简单的相互确认规则来处理,即一个旨在统一精神和意志的信号集合,学说好比一种组织手段和聚合技术,得以进入了约定的意识形态跑道。'简化的'思想不见得缺少指导性。"拉斯韦尔的五个"W",恰恰就是从谁有权力向谁传递什么信息开始的。信息组织的过程,就是一个对象性质的关系建构过程,人的组织过程与信息的传播过程是同步的。

三、媒介生态学的历史辩证法

另一位多次出现在《普通媒介学教程》中的学者是法兰西学院院士安德烈·勒鲁瓦·古兰。作为技术人类学家,他能够把技术和文化结合起来进行思考。古兰试图阐明人类文明的技术进阶问题,如果技术演变和人类的生存发展有强烈的相关性,那是否存在一种"技术生物学"呢?这似乎是媒介学原理的一个基石。这里不是要主张技术决定论,而是着眼于一种人类学意义的考察。"早在麦克卢汉之前,文字历史就曾把'媒介即信息'予以物质化,表明物质如何影响记录工具,而这个记录工具又如何支配书写形式。媒介学将这个运动扩大,将文字领域中的物质操控延伸到了精神和象征世界。记录工具改变了记录内容的精神,也改变了一个时期的精神特征和一个时代的精神风貌。几千年的价值和要素阶梯将内在性、精神、意识置于高处,以恩赐的方式将物质标记置于低处。"① 人文主义的优越姿态无法替代物质手段的必需性。

作者的阐释说明，人类在精神层面的再现始终和物质载体的可能性和可行性分不开。换言之，物质文化的技术性能是物质文明的一个刻度，物质的技术便利是测量社会流动性的新指标，也是新的诗学想象的来源。人们习惯于站在已有媒体的实践平台上对新媒体的各类风险提出各种预警和限制，但最终还是让位于人们对新媒体的自由开发和应用。恰恰是媒体这个栅栏本身，在媒体自身演变的逻辑中打开了走向未来的通道，席卷了所有质疑、警惕、不安和怨恨。技术革命被纳入资本的逻辑或遭遇政治的压迫，激起审美的反叛和伦理的革命，最终胜出的是越来越快、越来越碎、越来越自我的时间美学。当一切事物都变成暂时性的时间流程中的一个节点时，其价值不再确定，只能逐渐褪色。经济全球化的现实，往往是资本的效益逻辑高于权力的地缘逻辑。

与传播学界工具主义的概念划分不同，德布雷在《普通媒介学教程》中提出的最新颖而富有想象力的核心概念是"媒介域"（médiasphères），就是信息传播的媒体化配置（包括技术平台、时空组合、游戏规制等）所形成的包含社会制度和政治权力的一个文明史分期。按照媒介学的史学观对技术与文化间关系的界定，人类文明史被划分为三个不同的媒介域：文字（逻各斯域）、印刷（书写域）和视听（图像域）。

作为"媒介域"概念的内核，德布雷有几条纲领性的观点，其简化的表达方式如下。

（1）人类的思想活动不能脱离当时媒介技术的记录、传递和储存。

（2）维持记忆的技术手段是第一位的。

（3）占统治地位的传媒系统是一个时代社会组织的核心。

（4）每个时代的媒介域都可能混杂着不同的技术载体。

（5）每个时代传播方式的主旨就是对其时代进行定义或制造信任。

---

① DEBRAY R. Cours de médiologie générale [M]. Paris: édition Gallimand, 1991:196.

（6）传媒系统的技术特征是理解每个时代象征系统的主要线索。[①]

媒介域的概念旨在说明传递技术及其制度配置如何参与社会秩序的确立和改变过程。"归根结底，媒介学贴近历史的研究角度，同时使思想的具体媒介化重新获得了其内在联系，使媒介功能重新获得了理论的普遍性。"[②] 可以看出，德布雷创建媒介学的抱负不仅在于进行一种文化史或文明史的技术史研究，似乎还在于重建历史哲学。在结构主义和后结构主义之后，这一黑格尔式的理论梦想几乎不再有人尝试。

媒介域这个概念提示我们，每一次发生的媒介技术革命并不一定在物质形式上消除以前的媒介文本，它只不过是让先前的媒介文本所承载的社会地位和角色功能有所改变。信息处理方式不完全等于思维方式，媒介技术也不能决定社会性质，但是可以改变社会的游戏规则，"涉及时间性、压力感、知名度、支配力和等级制等"[③]。更重要的是，媒介技术重新构建了社会力量的组合方式，决定了这个时代主流媒体的外形和配置。如果从历史社会学的角度来看，媒介域的形成具有与社会的历史性结构相匹配的自然性，如世界近现代史上的文学社团和沙龙之于印刷，主张政教分离的知识堡垒之于大学，主张革命或变革的社会阶层之于政党组织，等等。某个媒介域失效的危机，实际上反映出媒介技术环境本身对既定媒介的阻遏作用，或是不再具有权威性，或是被边缘化。

如此说来，媒介域的转换时刻是媒介与社会产生紧张关系或复杂关系的时刻。既然媒介载体与社会环境可能产生冲突，那么应该如何适应？如何反应？德布雷总结出了三条实用原则。

第一条原则是互动原则。"就像生态学研究生物与无生命环境之间的依赖和互动关系一样，媒介学要研究象征现象与物质技术环境之间的互动关系。"[④] 物质环境的技术层级变化使得符号象征的功能发生了变化，这只需比较一下，

---

① DEBRAY R. Cours de médiologie générale [M]. Paris: édition Gallimand, 1991:229–230.
② DEBRAY R. Cours de médiologie générale [M]. Paris: édition Gallimand, 1991:19–20.
③ DEBRAY R. Cours de médiologie générale [M]. Paris: édition Gallimand, 1991:252.
④ DEBRAY R. Cours de médiologie générale [M]. Paris: édition Gallimand, 1991:234.

在印刷媒体时代和互联网时代，一个人物神话可以持续的周期和频率的差异。在媒体本身还比较单一化、具有同质性并且是垂直化管理的时期，一个神话的生命力显然比较长久。媒体本身的技术构成、传播形态和管理规制，在影响和决定着被传播信息的可传播性。

第二条原则是种群原则。各不相同的信息固然有竞争，形成竞争状态的标志则是信息本身的集群现象。"不要研究成分、个体，它们总是抽象的，因为没有任何观念可以独立繁殖、成长、成功。观念都是成群而来，一个孤立的观念是一个僵化的观念，活跃的观念会组团，而这些观念的持有者会结群。"① 从有发行周期的印刷媒介到能覆盖时间的电子媒介，从区域性媒介到全球性媒介，从固定接受环境的媒介到自由移动的媒介，从难以接近的媒介到可以近用的媒介，逐渐形成了信息种类的差异和信息渠道的选择，如目标群体的定位、辐射范围的大小、参与频率的高低等。

第三条原则是一个种类、一个小生境（niche）原则。从字面上看，这往往容易被理解成物以类聚，人以群分。德布雷的洞察在于，一种观念的存活往往要依赖媒介域的环境本身。这里有两层意思，一是新信息的进入会首先利用新的媒体技术，正如20世纪70年代末期，港台流行音乐进入中国内地时，即与当时最时髦的电子产品收录机产生了同构关系；二是已有观念作为活体的竞争力，取决于如何改变自己以适应新的环境和有没有在新技术基础上形成新的观念结构的能力。因为"载体的物理属性决定了载体的社会流通方式，同时还有它的遗失方式、毁灭方式、再生方式，即一个痕迹可以发挥的效力类型"②。由此出发，德布雷提出了一个最为大胆新奇、惊世骇人的观点："一个特定媒介域的消亡，导致了它培育、庇护的社会意识形态的衰退，使这些意识形态从一个有组织的活体力量，衰变为幸存或垂死的形式。"③ 然后，德布雷又用了整整一章的篇幅来回顾、论证法国和欧洲的社会主义意识形态从19世纪中期到20世纪末期的兴衰过程。《普通媒介学教程》问世16

---

① DEBRAY R. Cours de médiologie générale [M]. Paris: édition Gallimand, 1991:235.
② DEBRAY R. Cours de médiologie générale [M]. Paris: édition Gallimand, 1991:237.
③ DEBRAY R. Cours de médiologie générale [M]. Paris: édition Gallimand, 1991:237.

年后，国际左翼学术刊物《新左派评论》还在2007年第7至第8期上重新刊载了这一章节的英文版。

德布雷对法国社会主义运动的历史分析，着眼于媒介生态学与社会运动及其思潮的关系逻辑，认为在产生社会运动及其相关理论学说的同时，存在"一个历史的生态系统，即人、传递工具和机构组成的集合，其中的每个要素都有区别，但并不意味着不依赖其他两个要素。人：活跃分子、领导人、理论家。工具：学校、报纸、书籍。机构：协会、集团、党派。这个生态系统构成了一个特定的群落生境，或者更准确地说，是一个社会群落生境，是生活环境，是思想环境，也是这两者繁殖的环境"[①]。媒介学感兴趣的不是意识形态本身，而是让这些意识形态成为可能的东西，即如何从新的工具种类的使用和实践中诞生新的社会机构，同时从这些机构当中涌现出活跃分子，成为社会运动或思潮的推动力量。

之所以把这个将马克思主义与欧洲工人运动相结合的革命理论作为媒介域当中书写域的华彩篇章，不仅源于德布雷本人在20世纪60年代参与拉美武装革命和70年代后投身法国政治生活的亲身体验及其挫折的经验支持，也基于一种对媒介史的专业考察。因为自宗教改革和启蒙运动以来逐步形成的书写域过程，始终类似于一个对正统教义的经典文本进行普遍主义化的校样、阐释和扩散过程。因为被传递的对象（人物或思想）是一种历史加工的产物，因此它其实是后于传递机制的，就好比印刷机，不会扩散一个先于它存在的社会诉求和政治主张。这就打破了人们习以为常的历史主义幻觉。换句话说，阐释经典的过程是一种建立世俗权威的过程，是一种对理念的历史性再生产创造了这个理念的历史。各种主义的神话都是象征符号，或多或少是一个社会的真正支柱，有势能作用和驱动力，因为人们总是要把自己嵌入一个传播或交换的网络。所以说，主义的创始人其实是主义的产物而不是相反，主义是一种组织实践后的文本总和。这就意味着意识形态的实质就是对理论进行体制化的传播。

---

① DEBRAY R. Cours de médiologie générale [M]. Paris: édition Gallimand, 1991:258.

从发明"社会主义"名词的圣西门主义者皮埃尔·勒鲁开始，社会主义活动家的职业生涯就围绕着上学、办报、建立社团而展开。法国或者说西欧的工人运动的基本程序，就是通过出版物和建立工人夜校，并伴随着以口语性联系为基础的集体主义信仰培育方式，如会议、发言、讨论等展开。在以社会党或共产党为领导的工人运动中，领导人的真正权威是通过理论性、思想性的文字来树立的。革命家首先是一个勤奋的读者，比如巴贝夫的革命理想，就是从产权档案中挖掘而来的。"抽象启发行动，就像回忆开拓创新一样。"[1] 曾经有过的革命神话孕育了革命行动，而革命实践又衍生出更多的革命神话，这一个多世纪的社会主义革命史始终伴随着出版物——小册子、文章、报纸、文学副刊——的增长，以及穿插其间的理论风云和思想斗争。

在德布雷看来，19世纪以来欧洲国家的社会革命是文字符号的宗教。他是这样描述其过程的：从标语、文章和传单开始，要不停地生产小册子等印刷品，扩散革命的火种，总之是一个扫盲和城市教育的神话。法国大革命以来体现共和精神的一个重要制度是开办公共教育，中小学教师和产业工人具有同样的历史使命和政治职能。按照进步主义者的定义，中小学教师就是另外一种工人，通过学校来进行革命启蒙，是把社会运动从工团主义中解放出来以追求民主社会主义的有效途径。革命党人本身也都是搞油印宣传和学校教育的行家里手，一个工人阶级政党的领导人首先是有文化的人。"在社会主义书写域当中，学说的作者就是学说固有的阐释者，这就是社会主义书写域的特别之处和魅力所在。"[2] 革命知识分子的使命和职能，就是把一种革命思想转化为一种社会实践。

作为一个媒介学意义上的书写域的坚定捍卫者，德布雷归纳出了法国共和体制的文化原则："共和观念有三根柱石：免费的学校，人人有书读，便宜的报纸。而社会主义观念将重点放到了第三根柱石上。"[3] 作者对源于19世纪中期的工人阶级报刊不无怀旧，认为它是知识分子和普通民众之间的连接

---

[1] DEBRAY R. Cours de médiologie générale [M]. Paris: édition Gallimand, 1991:264.
[2] DEBRAY R. Cours de médiologie générale [M]. Paris: édition Gallimand, 1991:280.
[3] DEBRAY R. Cours de médiologie générale [M]. Paris: édition Gallimand, 1991:279.

符，是传统马克思主义意义上的理论与实践相结合的产物，是政党政治的主要载体。

一旦印刷媒体因为视听媒体的冲击而不断衰退，知识分子的社会批判和社会主义的政治理想将一同褪色。"从印刷到视听的移动，通过同时瓦解政党的技术载体和对学说的后勤服务（与学说的更换不同，学说是基础）使政党环境过时。如此程度的剧变效应直接影响到舆论生产的重型手段（媒介）。"① 这与整个西方国家经济和政治环境的变迁有关。从经济学来说，新闻一旦成为产业，就开始逐步远离知识分子的思考；就政治学而言，一旦宏大叙事的理想祛魅，政党将不再有政见；在西方国家，当主要政党不再有意识形态上的根本差异，后政党时代和全球公民社会就会同时到来。

在距离从属于接触的传播前提下，信仰在淡化，诉求更直接，意见更自由，消费更娱乐，所有原始的、本能的东西越来越凸显出被崇拜、被模仿的诱惑力，回归野性的思维。对事物演变秩序没耐心以及对中介过程不满等社会现象，加深了发达国家后现代的社会危机，而其根源就在于去神圣化和历史的贬值，使得社会共识无法达成。但是，"每个人都知道，一个没有回忆的个人、群体和社会，很难为自己量身定做一个未来"②。

那么，这种信仰和能量来源（包括超验性）的缺失是不是一种媒介域转换带来的危机呢？信息载体的碎片化分化了社会内聚力，弱化了集体身份，泛化为宏大叙事终结之后的信仰危机。在这个意义上，媒介学研究的正是信息传递的技术创新载体如何产生文化结构的效果，如何引导道德、关系向权力和知识转换。这就在方法论上实现了与文化史的合流，都希望能够基于新的媒体环境，建构新的社会关系和政治理想。因此，这里就存在着历史学家伊格尔斯所说的"变化着的生产手段针对过了时的生产条件的反叛"③的问题。在这一点上，媒介学本身并不提出价值目标的选择，而是评估媒介域的环境要素和技术手段的操作效能。

---

① DEBRAY R. Cours de médiologie générale [M]. Paris: édition Gallimand, 1991:284.
② DEBRAY R. Cours de médiologie générale [M]. Paris: édition Gallimand, 1991:382.
③ 伊格尔斯. 二十世纪的历史学 [M]. 何兆武，译. 沈阳：辽宁教育出版社，2003：157.

四、大众传播的公民媒介学

基于自己的观察经验,德布雷提出了有关公民媒介学的 11 个论题,也是关于大众传媒与政治制度关系的论断。其中涉及这样一些观点:媒体的发达导致媒体替代人们思考;媒体的竞争实际上是基于接收成本和技术性能的竞争;不同的媒介域建构记忆的方式不同;政治统治的方式与传播方式有关;主流媒介和主流思想需要文化技术和政治技术的衔接;传播政治是需要被听见而不是被表达的;不同的媒介塑造不同的意识形态;每个媒介域都有一个相应的意识形态;批判不能仅仅停留在意识形态上,要直指统治机构;媒介革命孕育着政治革命;行政权不能再随意控制媒体。[①]

在某种意义上,德布雷在这里总结归纳的系列论题是对马克思《关于费尔巴哈的提纲》核心论题的回应。他从媒介学出发,认为马克思所说的改变世界,最后要落实到一个媒介域的操作当中,在媒介技术平台上展开对传统术语,如"领导权""统治""意识形态"的反思。同时在非价值判断的前提下,说明政治操作要尽量遵循媒介域的传递规律,从而在技术操作上避免失误和低效。按照德布雷的政治文明史观,国家、知识分子和媒介的历史合法性地位,是分别在 16 世纪、19 世纪和 20 世纪确立的。这样的划分意味着一种统治方式、一种象征功能以及一种传递技术所构成的三角形关系。

传媒的信息生产和行政权力的管制之间,始终存在着一种相互追击的逻辑。德布雷所揭示的,正是人类历史上有关话语控制的两大类型:最早是控制被允许讲话的人,最后是控制可以传播的信息渠道;前者被称为教会式控制,后者被视为行政式控制。换句话说,西方国家在政教分离之前偏向于教会式控制,在政教分离之后则采用行政式控制。斯大林主义和纳粹主义的症结正在于同时实行两种控制,让信息不足和渠道管制同时出现。

政治权力的社会来源是什么?马克思主义认为是"占统治地位的意识形

---

① DEBRAY R. Cours de médiologie générale [M]. Paris: édition Gallimand, 1991:301–303.

态",新马克思主义者葛兰西认为是"领导权",而德布雷的看法则显然基于西方民主制度的现实,认为政治权力的社会来源是"共识"。但令人感到奇怪的是,这个概念游荡在社会学家、心理学家、法学家和历史学家之间,甚至也不是一个伦理学的审视对象,没有一个统一的定义,而是"在一个社会中既不用采取法律形式又不用使用力量手段就能获得法律力量的东西"①。葛兰西关于"领导权"的概念虽然强调文化的政治性和政治的集体性,但没有在当下具有可操作性的媒介域配置。当公众被各种媒体分解或分流为越来越独立、越来越分散的受众时,"领导权首先是通过大众的自我组织来获取他们主动赞成的战略"显然是一句没有媒介域抓手的空话。尤其是在1968年这一于社会发展刻度上标志着现代和后现代分野的历史节点之后,西方社会的大众心理被消费主义所腐蚀,从一个崇拜对象分解为无数个崇拜对象,从一个集体性的对象选择转化为个体性的自由选择。左翼学者痛心于个人主义的盛行在西方所导致的民主的疲软和文明的灾难,朗西埃直接在《民主之恨》一书中定义它为"从胜利的民主到罪恶的民主"②。

任何实施统治的政治权力都是需要话语的,这是在福柯之后甚至之前就已经被明确的一条定律。权力的再生产也是言论的再生产,后者可以在社会实践层面上建构抽象精神与物质力量的自我循环。如果马基雅维利所说的"统治就是制造信念"成立的话,那么政治就是一门关于信念的经济学,旨在使人们相信这个环节有效并形成一致。德布雷在这里勾勒出了一个政治学的基本原理:让人相信,就是让人去做,所有附加在政治学和政治家、政治人物或政治活动家身上的魅力、暗示、影响力、威望、吸引力,都源自这一原理。在他的哲学观中,政治学本身就具有认识论悖谬的焦虑,就是如何在看法(opinion)与知识(savoir)、信念(doxa)与真知(épistèmé)相对立的基础上确立自己的位置。

拿信念来说,它不是一个知识的低级形式,而是一种与政治相关的社会

---

① DEBRAY R. Cours de médiologie générale [M]. Paris: édition Gallimand, 1991:309.
② JACQUES R. La haine de la démocratie [M]. Paris: La Fabrique, 2005.

性层面。马克思主义的传统并不认为意识形态是一个理性结论，在很大程度上，意识形态是一种敏感性的结果，不属于思想范围。用阿尔都塞的话来说："意识形态是个表象体系，但这些表象在大多数情况下和'意识'毫无关系；它们在多数情况下是形象，有时是概念。它们首先作为结构而强加于绝大多数人，因而不通过'意识'。它们作为被感知、被接受和被忍受的文化客体，通过一个人们所不知道的过程而作用于人。"① 这自然产生一种集体力量。所以，集体性政治活动的第一动力不是来自理性的"logos"，而是来自感性的"eros"。关于政治的理性分析不一定能激发政治热情，政治热情往往取决于参与者与他们的目的之间的心理距离。政治实践自然而然具有宗教性。

舆论制造权力，但不一定代表真理。"真理与观点无关，因为真理的普遍性能使任何有理智的人折服。"② 德布雷认为，事物的性质是受争论支配的，这和政治权利的分配有关，如果说人们的信仰是自发运行的，这要归功于媒介环境的潜移默化。"因此，如果我们把媒介理解为制造一种看法或传递一种言论的手段，即激发或改变一种集体信仰的手段的话，我们就能理解一个时代中占统治地位的媒介，就是政治力量对比关系的关键。"③ 按照德布雷对法国或西欧近代史的经验分析，这就形成了两个重要现象：第一个现象是一个时代的政治关系可以通过那个时代的主流媒介来观察，即媒介是晴雨表；第二个现象是技术意义上的新媒体对既定政治关系的突破并最终使之顺应或屈从，即媒介是播种机。

与其说是人的信念最终受制于技术的引导，不如说是技术的便利为释放人的信念提供了渠道。在西方历史上，自17世纪曾担任过英国克伦威尔政府首席出版检察官的英国诗人弥尔顿的那份国会演说词《论出版自由》开始，就有了表达自由的原则。这个被后人比喻为"观点的自由市场"的观念有两个出发点：一个是有清教文化背景的宗教思想，一个是同时强调个人选择自由和精英服务国家的古典共和意识。弥尔顿的思想和法国大革命的关系迄今

---

① 阿尔都塞. 保卫马克思 [M]. 顾良，译. 北京：商务印书馆，1984：202-203.
② DEBRAY R. Cours de médiologie générale [M]. Paris: édition Gallimand, 1991:312.
③ DEBRAY R. Cours de médiologie générale [M]. Paris: édition Gallimand, 1991:313.

还是史学家持续考证的问题，而媒介学的兴趣是考察精神转化为物质过程中媒介的功能性作用："精神只有通过在一个可感知的物质性（话语、文字、图像）中获得实体，即通过沉淀于一个载体之上，才能作用于另一个人。没有这种客观化或没有经过发表，任何思想都不能成为事件，也不能产生俘获力或抵消力的作用。"① 一个信息、一种观念的风险或危害，也只有在进入传播渠道之后，才能成为被司法追究的对象。一种政治权力的形成，则需要占统治地位的意识形态经自上而下的控制成为受众的意识形态。结果，媒体就扮演了既能将思想行为转变为政治操作，也能将政治权力转变为知识路线图的复合角色。

德布雷试图通过媒介技术发展与社会历史运动的互动关系来强调媒介技术的前台作用。如果说"批判的武器不能代替武器的批判"②，那么德布雷恰恰是试图通过对媒介技术与社会环境的历史性分析，探索一种人和事物的主观与客观、静态与动态关系的根本："我们与物的关系由人调节，我们与其他人的关系由物调节。媒介学的功能正是要建立技术领域和神话领域的关系，即在不断变化的东西和能够持续存在的东西之间建立联系。"③ 对这种联系的建构过程和解构过程的分析，成为德布雷《普通媒介学教程》的一个核心主题。"媒介学这个社会思想的物理学，是要把唯物主义坚持到底。"④ 试图在一种理论和理论外化的巨大差异中找到一条技术分析的机理，就不得不应对一种技术主义的挑战：媒介域的技术更新所带来的阶层意义和个人意义上的赋权效应，以及对传统意识形态象征系统的冲击，究竟会带来什么样的社会变量？

大众传播的民主化始终和传播媒体的技术进步有关。"我们看到了传播民主化是如何本能地插入载体的进化。始终有更多人接触总是越来越多的信

---

① DEBRAY R. Cours de médiologie générale [M]. Paris: édition Gallimand, 1991:314.
② 马克思，恩格斯. 马克思恩格斯选集：第 1 卷 [M]. 中共中央马克思恩格斯列宁斯大林著作编译局，译. 北京：人民出版社，1995：9.
③ DEBRAY R. Cours de médiologie générale [M]. Paris: édition Gallimand, 1991:40.
④ DEBRAY R. Cours de médiologie générale [M]. Paris: édition Gallimand, 1991:90.

息，因为信息总是更轻、更具可动性。"① 无论是出于经济规律还是人性需求，大众传播效果始终在受众和受众需求不断增加的过程中持续增长。在这个传统的技术标准或符号制式的更新过程中，新产业和新阶层脱颖而出。"简单说，每个新媒介都会绕过先前的媒介所培育的媒介者阶层。"② 新的媒介培育新的社会阶层，自然产生新的社会意识和社会敏感性，我们可以把这称为与传统意识形态拉开距离的"新意见阶层"。

从生产力发展的历史逻辑来说，人们对世界的改造首先来自一种观念重构，然后才能让这种新概念兑现其物质性。换言之，要从生产方式的角度来理解社会政治现象，而生产方式中最重要的方面，是生产过程中客观的技术方式。其中的悖论在于：一方面，象征系统的存在及其效果不能脱离媒介技术的历史特征；另一方面，任何新的媒介和技术在消除人与信息的距离时，有可能产生新的社会分离。

比如，面对信息传播电子化的时代，不断弹出的信息框和信息链接正在通过一种产生心理快感的消费过程来消解历史和历史的当下性。如果"说什么"意味着"不说什么"，那今天可能是"正在说的什么"在淹没"已经说的什么"。从批判的角度来看，貌似自发的信息流要服从于传播者的效果设计、目标定位，甚至是通过信息传播来支配世界的雄心。这不由使我们想起在当下的新闻中被牵引出来的一个历史细节：20 世纪 90 年代后期，第六任联合国秘书长加利先生来北京外交学院演讲时，一位中国学生问他，如果现在联合国增选安理会常任理事国，您认为应该是哪个国家？加利给出的回答是 CNN。这种回答无疑是一种职业的外交智慧，但政治问题的实质转向媒体的技术性能毕竟指明了一种事实，即在时间点上能够支配世界注意力的媒介，有实力可以单独成为世界的主角。

也许德布雷经历过足够多的欢呼与沮丧、期望与失望的历史事件的交替循环，因此他在方法论上随机借用历史的循环观来补充历史的线性观，不仅

---

① DEBRAY R. Cours de médiologie générale [M]. Paris: édition Gallimand, 1991:218.
② DEBRAY R. Cours de médiologie générale [M]. Paris: édition Gallimand, 1991:219.

对现代主义保持质疑，还忧心忡忡于技术对文化的吞噬。德布雷的建议是："每个人根据其对历史新近创造的评价，去衡量究竟是要把历史看作最好从中醒来的噩梦，还是对个人汲氧来说不可缺少的开放窗口。两者互相对话，而且无疑也应该一起对话。"① 这种对话的逻辑，其实也是德布雷通过《普通媒介学教程》来建构一个学科或一个研究方向的方法论：从宗教社会学引出象征权力的来源；从近现代史上的权力博弈解析舆论机构的效能；从物质载体的技术形式勾勒社会的变迁动力；用技术生物学的观念让媒介机制找到感性的源头；用对于充满激情的社会主义运动史的怀旧，证明印刷文化的历史美德和公民媒介学的纲领性议题无疑是对传统政治学的理性挑战。所有这些对史实的梳理、概念的辨析和叙事的趣味，都旨在为如何理解当代世界的历史脉络和现实走向，提出一种与信息传递技术有关联的学术参考。

我们可以认为，上述思想正体现出德布雷一种新的进步主义观念，即从过去旨在改变世界的总体性、抽象性和理想性，转化为一种多重的、补充的和多学科的跨越和连接。这不失为一种具有理论高度和阐释能力的、当代人文学科的方法论创新。

五、结语

1991年，《普通媒介学教程》问世，当时西方的传播语境正是电视的黄金时期。几十年过去了，智能手机和平板电脑在互联网的发展下形成了全天候的信息生态，人们被包裹在信息手段的配置中。和西方国家传统媒体与社交媒体之间的界限分明不同，此时此刻的我们，似乎领悟到德布雷的媒介学逻辑正在现实中产生巨大的能量。

德布雷的传奇人生开始得很早，在青少年时代就接触到了不少有复合性质的人物，如颠覆性的传统主义者，有自我批评意识的民主主义者和革命的保守派。当然更具有传奇色彩的是他和那个时代风云人物之间的遭遇、与

---

① DEBRAY R. Cours de médiologie générale [M]. Paris: édition Gallimand, 1991:386.

"可尊敬的大人物"间的交往：在学生时代有哲学家阿尔都塞、在南美大陆有革命领袖卡斯特罗、格瓦拉和左翼政治家阿连德，① 在法国本土有社会党第一书记出身的法国原总统密特朗。德布雷经历过革命冒险，曾在 1967 年冬天于玻利维亚的军事监狱中接受过意大利女记者奥里亚娜·法拉奇的采访，也曾在法国总统府办公室担任过负责国际事务和文化外交的顾问。从第三世界主义的激情到社会民主主义的改良，他的每一次介入都是对现实的一种测量，始终寻找着独立的个性。最后，德布雷回归了其富有创造性的学术生涯，成为一个聚合媒介学、文学、宗教思想史、哲学和政治的学者和活动家。

从 20 世纪 60 年代至今，德布雷先后出版过各类著作 70 余本，进行过无数次演讲和访谈，时常置身于论战的漩涡，但他从未放下手中的笔。德布雷自认为是"并不乐观的左翼共和主义者"，不无自嘲地分析自己"在意愿上是左派，在智力上是右派"。他不但敢于坦陈政治介入的风险和责任，而且擅于用文字表达道德判断和进行知识探索。他始终在平衡精神的超越和精神的唯物主义性，是典型的把政治、哲学和艺术融为一体的拉丁文化风格的知识分子，自成一格，甚至成为有品质的公共文化的某种象征："在西欧，知识分子能起的激励作用并没有完全消失，德国和法国有品位的出版物读者，仍然定期去听君特·格拉斯或雷吉斯·德布雷富有激情的政治演说。"② 这是美国当代史学家托尼·朱特的评价。"当某种政治角色起作用之后，剩下一种几乎顽固的人类残余，被对这种神秘、吸引人的特征的不断追求牢牢控制着想象力：这就是切和德布雷。"③ 在萨义德看来，德布雷身上那种面对自我想象和社会想象间张力关系的自信和坚持，似乎是在表达一种永不言败的自我超越。

《普通媒介学教程》在第一版问世十年之后，荣获了法兰西学术院颁发的 2001 年莫朗文学大奖，并因此在 2001 年出版了小开本的第二版。但正如德布

---

① 德布雷最早的中文出版物有两本：一本是复旦大学 1972 年 4 月编印的校内用书《德布雷文选》(大学教学参考读物)，另一本是《阿连德和德布雷的谈话》，上海人民出版社 1973 年版。
② 朱特. 战后欧洲史（下）[M]. 林骧华，唐敏，译. 北京：新星出版社，2010：726.
③ 萨义德. 来自第三世界的痛苦报道[M]. 陈文铁，译. 上海：上海译文出版社，2013：51.

雷本人在新版前言中所申明的，他没有在第二版中对著作做任何修改。意大利历史学家杰奥阿尼·阿瑞基曾经定义 20 世纪为"漫长的 20 世纪"，英国历史学家艾瑞克·霍布斯鲍姆则把 20 世纪定义为"极端的年代，1914—1991"。作为时间的 20 世纪已经结束，但 20 世纪的风云变幻仍然余音未息，定论、争论乃至悬疑仍然此起彼伏。德布雷这本恰好在 1991 年问世的著作，也对 20 世纪乃至更早的年代提供了一种历史解码的思考。冷战刚刚结束，德布雷认为全球化"是一种没有普遍性的统一，是缺乏双重象征联系的本地符码通过图像的世界化"①。多年以后，当他结合自己的观察和思考再次审视全球化的版图时，也质疑着西方国家的个人主义和非西方国家的国家主义。②在不同地域，不同历史意义的时间维度出现了不同的问题。在《普通媒介学教程》中，当人们发现媒介域的共时性切面不同于历时性切面时，"那些戴着外省手表的幸存者抓住了机会，将表重新对准世界的时间"③。

德布雷对媒介域历史命运的阐释，构成了围绕着 20 世纪的另一种历史阐释。在简略的历史再现中，作为主要线索的媒介形态在进化。世界版图被德布雷勾勒为一个书法的东方、一个印刷的欧洲和一个大屏幕上的美国，不同时段占据支配地位的媒介和一种霸权所覆盖的空间范围联系在了一起。这种时间与空间相互结合，特征明确而易于记忆的归类似乎是在向孔德致敬。但对身处信息洪流、信息漩涡、信息爆炸的每一个当下的人来说，"可信的形式和使人相信的规则会随着传递载体和象征库存而变化"④。德布雷当年的这一提示，是否正在被现实印证？

如果回答是肯定的，这一提示就将构成对正在生成、演变的历史的一份媒介学证词。德布雷并不认为媒介学是一门科学，而只是"一种对知识的好奇，一个探索的领域，一类思想的派别，一组被分享的提问"。他甚至对"人

---

① DEBRAY R. Cours de médiologie générale [M]. Paris: édition Gallimand, 1991:390.
② 德布雷：知识分子永远是少数派［EB/OL］.（2012-10-19）［2012-10-25］. http//blog.sina.com.cn/s/blog_4b8bd145012e8ba.html.
③ DEBRAY R. Cours de médiologie générale [M]. Paris: édition Gallimand, 1991:296.
④ REGIS D. Cours de médiologie générale [M]. Paris: édition Gallimand, 1991:390.

文科学"的提法本身表示怀疑。媒介学可能在学科身份、学理基础、专业的合法性和概念的逻辑性等方面遭遇了种种评判，但无论在何种批评语境中，媒介学所提出的问题，在演示中再现的场景和进行的历史阐释，都可以提供反思资源。媒介学不一定提供新的知识，但其肯定是认识的新形式，能为我们理解理论与现实的关系提供新参照。

媒介学：观念与命题*
——关于媒介学的学术对谈

一、传递是不是一种基于界面的信息再生产？

陈卫星：我们知道媒介学这个名词或者说术语是您的发明，最早出现在您 1979 年的《法国的知识权力》（*Le pouvoir intellectuel en France*）一书当中。从 20 世纪 90 年代开始，您的一系列著作就开始探讨和建构媒介学的问题（problématiques）。今天我们至少可以说这是个研究方向，之所以我们可能比西方人更好奇这个研究方向，是因为在利奥塔等人宣布宏大叙事终结之后问世的媒介学有可能具有一种历史哲学的立意或意涵。之所以这样说是因为您在 1981 年曾出版过一本您认为非常重要的书《政治理性批判》（*Critique de la Raison politique ou l'inconscient religieux*），而您在十年后出版的《普通媒介学教程》（*Cours de médiologie générale*）一书中再次重申了此前提出的历史观："在《政治理性批判》一书中，我曾经试图说明人类历史是合二为一的两个历史。事实上是两个相互交叉的记载，但是要合理地加以区分（如果混淆就会产生最可怕的恐怖主义，在知识上和治安上都是如此）。有人与人的关系史，还有人与物的关系史。前者是一种可逆反的强度，一种不分前后的重复空间；后者是一种积累性的延伸，一种发明与发现的开放空间。艺术、宗教、

---

* 本文原载于《南京社会科学》2015 年第 4 期，收入本书时略有删改。

神话、政治属于第一个领域;科学和技术属于第二个。"① 事实上,我们是否认为您另辟蹊径地找到一个研究方向,即把人类文明史上与信息移动相关的物质变量统合起来,借助技术性、物质性、微观性的研究为历史提供另外一个多元、偶然的开放视角。

如果这个说法成立,这就衍生出一个比较重要的概念问题,即如何翻译媒介学的一个关键词 transmission。这在中文语境中有两种翻译,一种是"传承",一种是"传递"。前面这个词含有接受和继承的意思,后面这个词更强调"抵达和接触"。我们倾向于第二种翻译,不能仅仅将 transmission 理解为一个被动的历史性过程,因为其中不仅包含基于技术平台的物质性流动过程,而且强调思维主体和物质客体的平等关系,就是您自己主张打破的"思维主体在上,物质客体在下"的二元论。同时,我们意识到在这个过程中,具体的传播主体和传播客体的界面差异意味着一个独立的信息再生产,如传统媒体如书籍、报刊、广播、电视和现在流行的以智能手机和平板电脑为代表的新媒体,它们在各自所代表的话语体系和话语模式上不仅有差异,而且在时间流程中的累积效果也大相径庭。前者有机构背景,可能呈线性状态并能形成一种可以持续的力量,而后者借助自发性,往往可能呈点状并幻化为一种瞬间的热度。

德布雷:首先我要说明的一点,我所谈论的媒介学,不是大众媒介社会学,而是一种对文化领域和技术领域的互动研究。如果你们考虑到印刷术、汽车、互联网等技术更新的文化效果,换句话说,文化不只是存在于头脑中的东西,也包括拿在手里的东西,如使用的工具。我对这个问题的思路是这样的,就是观念在引导人们行动的过程当中,思想具有强大的指导功能,如人类历史上最早出现的宗教思想和后来出现的各种开启社会大叙事的思想。在这里,我要提到一个重要的区别,即传递和传播间的区别。我现在所做的就是在传播,我发出声音传递到你的耳朵,信息由发出者传递给接收者,传播阶段就完成了。我所传递的东西可能是两年后我回过头来想知道的东西。

---

① 德布雷.普通媒介学教程[M].陈卫星,王杨,译.北京:清华大学出版社,2014:34.

有的动物也很会传播，如海豚和蜜蜂都能精彩地进行信息交流。只有人是能传递的动物，这就是说，人能把自己的遗产传递给后来者，后来者又对此遗产进行加工，再传递给后来者。现在我们有很好的装备来控制空间和时间。这就是，我们清楚地知道如何定位别人，如何缩短距离，但我们还无法缩短时间，因为存在着不可压缩的时限。如在空间上北京和莫斯科的交通时间可以根据飞机的速度压缩，而在人类自我再生产的生孩子这件事上，十月怀胎的时间就不能压缩。

媒介学是思考大众媒介的另类方法。因为人有着自己的历史，而蜜蜂没有自己的历史。为什么人类有自己的历史？因为人类一代一代地传递着物质工具和智力工具。换句话说，今天的蜜蜂是两千年前的蜜蜂的准确复制品，今天的中国人则不同于两千年前的中国人，而是一个累积起来的中国人，有一个累积的历史，是一个创造中国历史的中国人。要传递就要有保存，保存即遗产继承，积累痕迹和档案。要保存就需要图书馆、视频资料库和纪念物，以便能延续传递，实现积累和变迁。矛盾的是，革命者一般意义上是好的保管者，毛泽东年轻时就是图书管理员，革命者是历史的积累者，他们在时代变迁中保持一种记忆的延续。今天，我们这个时代存在着一种危险倾向，人们在失去记忆。传递是一种累积的过程。这就是说，要传递就要继承、吸收和改变。在传递中存在着重新表达和适应，也就是说存在着被转变和被改造的内容，这种传递不是简单地把一个物件传递给另一个人，而是需要再思考、再表述、再转化，如陈老师想传播媒介学，他在传播过程中就会进行重新表述和创新，使语言适合中国的语境。传递不能仅满足于重复，在某种程度上必须进行再创造。

二、技术的创新性能是不是可以中和经济基础和上层建筑的二元论？

陈卫星：您所参考的对印刷史的研究成果证明，印刷工艺流程的质检技术规范使信息内容成为现代工商职业伦理的一个起源。排版要求字词校对准

确无误，同时在排版过程中会有各种旨在修改、篡改和阐释的泛文本的参与，对文本的阐释和创新逐步扩大人们的认知视野。从此以后，理性主义从职业态度上升为一种抽象观念，要求权威必须有原则，任何权力的合法性来源都不得不开始接受理性的挑战，并在这种挑战中让媒体技术扮演历史的接力棒。您在书中是这样说的："文字最初是教士的特权，可它后来也成了政教分离的承载者，支配的工具，革命的介质。"①

如此说来，专业领域的技术规范所建构的职业伦理，逐渐成为西方社会近代化过程当中的社会伦理的一个重要基础。这也许意味着技术创新所代表的新生产力可以打破二元论的画地为牢，因为技术的力量和科技的创新可以改变社会的生态结构，甚至可以重新结构经济基础和上层建筑的关系。比如，我们今天实在难以把互联网单纯归类为经济基础或是上层建筑。技术的历史始终与社会、经济和政治在一起。如果说技术创新的性能提供人的表达能力和表现范围，势必要产生两个人类学的假设，一个是人性是否最后跟随技术对人的解放所提供的可能性？另一个是人们对时间的选择究竟是地方的时间还是非地方的时间？

德布雷： 您提到了经济基础和上层建筑的二元性问题，在这里我要参照一下西方的传统。在西方，我们有这样的二元划分，即灵魂与身体、物质与精神等的二元对立，这是我们的思维方式，伴随着古希腊哲学和柏拉图而来。在柏拉图看来，高高在上的是可理解的世界，这是些重要的东西，下面存在的是物质，即一些基础的、琐碎的东西。我们可以说马克思主义是反唯心主义的，认为历史演化的决定性元素存在于生产的物质性工具之中，存在于劳动工具或生产资料之中，在上面的是上层建筑，即意识形态世界。但马克思似乎没有考虑到意识形态也有自己的物质基础。换句话说，如果把没有文字的口语社会、印刷社会以及音视频社会进行比较，就会发现其中的思维并不相同，即存在着象征世界的断裂。

象征世界的断裂指向了媒介学，阿尔都塞认为"国家意识形态机器"

---

① 德布雷. 普通媒介学教程 [M]. 陈卫星，王杨，译. 北京：清华大学出版社，2014：240.

是指报刊、电视、大学等。我个人觉得，与法国相比，中国的发展更适合媒介学。这是因为中国没有二元主义或二元划分的传统，中国有自己的"和谐"概念，深谙"中庸"之道，有一个人与外部环境交流并保持一致（communion）的孵化环境，我们可以说媒介学是一个文化生态系统，也就是说，是对环境（milieu）的研究，在这种环境中被称作媒介域（médiasphère）的文化得以发展。媒介域是一整套或一系列技术工具（或器械），它们制造了我们生活在其中的空间。如您所说，这个技术文化环境似乎是自然的，因为我们意识不到。这是一个无意识的环境，如鱼意识不到水般，事实上，好的传递是意识不到的传递，跟丢了眼镜就能感觉到不一样。好的路径是您感觉不到的路径，当然必须得铺设这条路径。不过，建造的道路系统是对自然的征服。因此，这就容易产生一种无意识，这种无意识是媒介学的无意识，我们难以把这种环境客观化或具体化，我们只能通过比喻或比较的方法来体会其中的具体差异。例如，我们处在视频环境中，我们会意识到印刷环境，在印刷环境中，我们会意识到书写环境。因此，要想成为媒介学学者不容易，需要有体谅历史的阅历。

我们说没有文字的民族是没有历史的。原因很简单，要书写历史就要书写一系列事件，要书写一系列事件，就必须有注解（annotation）系统，需要载体。没有文字的民族生活在某种永久的当下之中，他们只有记忆，但记忆是不固定的，因此不能组织一系列的按照时间序列来编排的事件。第二个问题是西方社会历史中的问题，无论是在西方还是在东方，传播流动越来越多。但是如果没有印刷术，也就没有新教运动。随着印刷术的出现，人们都可以自由地接触《圣经》，不需要再通过教会机构，人们就可以直接接触神圣的文字。这是印刷术的重要效果，是信仰（foi）的个体化，也就是说，不再需要神父和教皇，您就可以成为基督教信仰的传播者，这是西方社会中的一个重要颠覆。明天，如果您想写一部共产主义的历史，如19世纪出现的共产主义运动，就发现它的诞生和传播与印刷业和印刷文化分不开。在19世纪，社会主义运动的奠基人或活动家是那些印刷工、排字工人、编辑，他们都被称作"书报人"。我们可以说，社会主义运动从书籍演绎而来，由学校推动，由报刊反映出来，印刷媒介是本质性的，是党派的组织者。因此，与社会主义和共产主义相对应的是"书写域"，是一个印刷小册子、报纸、论文的印刷世界。

今天是一个由影像引领的世界，在被称作"视听域"的世界中，一些源于"印刷媒介圈"的思想难以继续产生飞跃性的发展。这是为什么呢？因为只有通过书写文本才能具有批判性的思维，这是一种乌托邦式的希望（anticipation）。被记录的影像可以显示某种观念，是一种未来的影像，一种当下的影像，一种个体的影像，但你很难通过影像来发展一种对抗、否定现存东西的观念，影像只能记录客观存在。如何能够为一种非可能性拍照，如何给一种未来的概念拍摄？如果没有书写工具，我认为就不能进行分析，如黑格尔、马克思等所做的，我想我们不能去分析占支配地位的资产阶级系统。因为我们只有当下的现象记录，这不能说明和剖析这些记录，看不到辩证性的超越，影像没有辩证性，否定性（négativité）退却，缺乏超验性。

我不是简单地从技术层面来进行推理的，我们处在一个生态系统当中，其中有因果循环。在生态系统中，存在着物种、土地和地域间关系的建立以及气候环境，不是说地域机械地生产物种，存在着某种简单的循环因果关系，而是其中还存在着文化创造和技术环境的互动。换句话说，由于历史、社会以及发展环境的不同，一种技术创新并不能生产相同的东西，你们在我们之前发明了印刷术，而并没有用那些木板印刷做出重要的事情，但在我们这里，印刷术带来了重要的变化。你们发明了火药，用火药来制作烟花，我们却用它来制造火炮。因此，技术创新需要某种文化环境来开发它的潜在能力。

关于您提到的技术解放人的问题，这涉及人们选择的时间是地方的还是非地方的问题。我想在此做一个技术和文化间的根本区别。必须经常把二者联系起来，在文化的后面经常有一种技术，在技术的后面往往有一种文化，但是技术具有汇聚特征，技术是标准，是一致性。当我来到中国后，我发现在中国有着与法国相同的技术世界，我们有着相同的手机，我们有着相同的摄像机，因此存在一种使世界均质化的元素，一种统一化的元素，消除差异。我在巴黎开车和在北京开车都一样，这些我们可以称之为技术全球化。对于技术而言，这很简单，因为大家有相同的标准。那么，文化是什么呢？是当我来中国后，因为文化不同，我读不懂中国的文字。文化产生差异，技术产生相似性。有些人认为在技术和经济领域中的相似性可使我们机械地在文化领域内也生产相似性，这其实是一种幻觉。也许我们的自我出发点是相互认知的前提，自我认同是相互认同的基础，当然这也可能是一个不断反复的历史性过程，其中有差异，也有重合。这就是为何提到人们选择的时间是地方性的或是非地方性的问题，技术时间是相同的，但文化时间是不同的。你们有着自己的文化时间，这可能就是您不能真正传播的东西，对您对我都是如此。对我而言，中国人的思维、文字和记忆往往是属于他者的东西，必须要记住是在历史中存在着两种时间性（temporalité），技术的标准化将创造越来越多的文化和宗教差异。

三、媒介学的观念会向我们担保认知世界的认识论吗？

陈卫星：在您的著作中，您认为这种信仰和能量来源（包括超验性）的缺失是一种媒介域（médiasphères）的转换所带来的危机，因为信息载体的碎片化分化了社会内聚力，弱化了集体身份，泛化为丧失个体责任意识和共同体意识的信仰危机。在这个意义上，我们可以说，通过研究信息传递的技术创新的载体如何产生文化结构的效果，媒介学提供了一种引导道德、关系向权力和知识的转换的辩证思考。这里涉及一个新的历史主义态度，即历史的循环观与历史的线性观如何平衡的问题。您在书中提出的建议是："每个人根据其对这种历史新近的创造的评价去衡量，究竟是要把历史看作是最好从中醒来的噩梦还是对个人汲养来说不可缺少的开放窗口。两者互相对话，而且无疑也应该一起对话。"[1]

如果从知识建构和学科发展的角度来说，我们还可以这样归纳您的研究，即从宗教社会学考证象征权力的来源，从近现代史上的权力博弈解析舆论机构

---

[1] 德布雷. 普通媒介学教程[M]. 陈卫星，王杨，译. 北京：清华大学出版社，2014：454.

 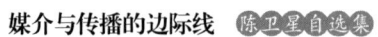

的效能,从物质载体的技术形式勾勒社会的变迁动力,用技术生物学的观念呈现媒介机制的感性源头,充满激情的社会主义运动史的怀旧证明印刷文化的历史美德,公民媒介学的纲领性议题无疑是对传统政治学的理性挑战,而所有这些史实的梳理、概念的辨析和叙事的趣味是否可以界定为一种新进步主义观,即从过去旨在改变世界的总体性、抽象性和理想性转化为一种多重的、补充的和多学科的跨越和连接。这种旨在发现存在于现象之间的一致的关系的发现对我们打破工具主义的学科观念有什么意义和可以预测的发展未来?

德布雷:您的提问包含很多东西,一开始就提出一种危机、信息技术载体的碎片化问题,碎片化稀释了社会的内聚力,弱化了集体身份。是的,我们处在一个新的被称作"数字域"的媒介域中,这个媒介域在"视听域"之后,是一个二维码的、影像的和符号的世界。的确,在这里存在着碎片化的倾向,原因很简单,我们从一个以发出者为中心向大众传递某个信息的大众媒介系统开始过渡到自媒体。所有人都可散布信息,不仅是接收者,还有活动者和作者。在这里存在着对个人主义的惊人推动。也就是说,人们不再说"我们",而是说"我"。人们利用手提电脑或移动电话就可发表自己的意见,它与其他人的意见有着相同的价值。这就是我们所说的传播的"去制度化",传播的制度性越来越少、个体性越来越多。一种技术创新会修正权力关系,不仅是国家与公民间的关系,还有代与代之间的代际关系。

文字的发明使以往的记忆保存形式变得不再重要。现在,代与代之间有着相似的现象。老人们把知识传递给年轻人,但是有的技术创新知识是年轻人传递给老年人,我得向我的儿子讨教如何使用我的手机。年轻人对年老人在传播系统方面有一种新的霸权,但延伸到政治方面,情况就比较复杂。今天,在西方存在一个问题,社会的上层和中下层能够同时获取相同的信息。这就是说,在总理通过法新社获得一条信息的时候,我也获得了这条信息。以往,政府首脑、总理获取的信息是自己保存起来的,不对人们公开,他们私藏某些信息元素,如屠杀、交通事故等,但今天所有人都能自由地接收这些信息。这非常重要,因为上层对信息的支配变得非常困难。因此,我们生活在一个永久的现实性之中,我们称之为"当下主义",这就是我们经常处于的一种当下状态,没有记忆,没有方案,我们紧张地追踪早晨新闻、午间新闻和晚间新闻,我们体验着一种紧迫的、即时的和加速的时间。这使得政府的操作空间越来越小。例如,今天的美国在伊拉克打击宗教激进分子。这是什么原因?奥巴马先生知道,美国的干预是灾难性的,直至现在。所有的美国人都能在电视上看到美国记者被斩首的画面,这改变了公共舆论,奥巴马被这种传递给所有人的影像所造成的情感冲击所逼迫,自100年或50年以来,类似的情况可以证明新闻运作对偶然事件和不幸事件的影响力。

数字化催生了时间性的变迁,如您在提问中所暗示的长时段历史的消失,这符合短时段的利益。例如,政党政治纲领的消失,纲领是一种预期安排,是一种不能被看见的东西,它不是情感性东西,而是理性的东西。在这里存在着一种历史的压缩,也可能存在着一种人类发展的历史的消失,我们生活在一个消费社会中,仅仅消费或投资于当下,无法消费将来,我的购买或销售行为就发生在今天。因此存在着经济支配和信息技术支配的组合,这使当下变得更加强烈,历史在逐渐消失。这里有几个观察点:

第一,变得更具根本性的是媒介域中的注意力经济,即如何吸引和保留注意力。遥控是个灾难,因为人不停地从一个频道转移到另一频道,这分散了注意力。在今天的西方社会,注意力成为稀缺资源,甚至连注意能力也成为稀缺资源。因此,必须用电视连续剧的方式来讲述故事或历史,每10分钟都有意想不到的东西。今天的西方政治家都要会讲故事,也就是说,他们要像电影一样来讲故事,要有悬念。政治圈和媒介域开始一致起来,像电视连续剧一样来引起人们的兴趣。

第二,消失的是历史,不是戏剧化(dramatisation)。史诗意义上、长征意义上、进步意义上的历史等,都需要戏剧化以保持吸引力。

第三,还要说明一点,因为我们在谈论技术和文化的二元对立,互联网矛盾地使诸多地方的语言生存下来。不可否认,安格鲁-撒克逊语言成了经济和技术语言,但是通过数字化,我们也见证了许多地方语言得以繁荣,如人们在网络社区中更多地使用本地语言而非英语,因此出现了地方身份的回归。可能这是一种悖论或矛盾,我们需要一种文化世界向技术世界的叠加,

通过这种主体身份的回归来抵制技术的均质化和一致化,这有时可能会成为暴力的诱因,特别在涉及宗教、民族的身份认同时。

四、批判的武器本身要转化为武器的批判

陈卫星: 您提出的关于公民媒介学（Médiologie civique）的十一个论题（onze thèses）是关于大众传媒与政治—社会制度的关系的论断。我们认为,您试图通过媒介技术发展与社会历史运动的互动关系来强调媒介技术的前台作用。我们甚至推断,恰恰是通过对媒介技术与社会环境的历史性分析,您试图探索一种人和事物的主观与客观、静态与动态的关系的根本:"我们与物的关系由人调节,我们与其他人的关系由物调节。媒介学的功能正是要建立技术领域和神话领域的关系,即在不断变化的东西和能够持续存在的东西之间建立联系。"[①] 显然,对这种联系的建构过程和解构过程的分析成为媒介学的一个贯穿主题。

如果说您试图在一种理论和理论的外化的巨大差异中找到一条技术分析机理,这就不得不依赖一种技术主义的阐释学。比如,由于媒介域发育的差别,在世界上不同的地域或者民族—国家,媒介域的技术更新所带来的阶层意义和个人意义上的赋权效应在数量和质量上应该是不一样的。媒介域的转换对传统意识形态的象征系统的冲击所带来、所产生的社会变量是否可以作为我们学习和应用媒介学所面对的重要命题?换言之,您的媒介学在学术方法上虽然有黑格尔式的"绝对精神"的痕迹,但是否在哲学上还是立足于当前的现实来重新思考当代政治的自主性及其可能?

德布雷: 您提到一种技术主义的阐释学问题。不同历史传统为技术一致性所带来的细微差别导致了许多不同的有趣分析。以非洲为例,一些地区或国家直接跳过书籍文化,直接从口语文化跳到音视频文化。如果没有印刷文化,就很难建设一个民族国家,因为一个民族国家是一部法典,是法律,是

---

① 德布雷. 普通媒介学教程 [M]. 陈卫星, 王杨, 译. 北京: 清华大学出版社, 2014: 35.

扫盲过程，也是讲述自己历史的学校。当一个地区突然跳到一个声音—影像世界，这会存在缺失。依据是否存在书籍记忆，依据数字化以及视频效用，这就是为什么不同的大陆有不同的文化。

不过，就被您称作政治自主性的东西来看，我认为我所处环境中的政治自主性，在西方越来越具有局限性。媒介是主宰中的主宰（matre）。在西方，政治权力失去了自己的力量或权力。我们在此可以谈论君主和奴隶的关系，君主成了自己传播工具的奴隶，媒介彻底地成了这些统治者的统治者。我举一个有关法国的例子，因为法国总统必须出现在电视上，并在电视上发表演说，这呈现的不仅是理性辩论，而且也在传播文化的、情感的东西。发言要简短，不能让观众感到疲劳。在有重要的事情时，他需要出现在电视上，他还必须面对自己的私生活问题，因为记者们都报道了出来，这完全是一个记者成为主人的世界。

在西方，如果考虑到宗教文化的演变对社会和媒体的影响，那么我们会感觉到人们越来越跟随感知的东西或情感的东西，并把这种表现形式通过大众传媒来进行操作。在这个意义上，我们有着我们的机器伦理，这些机器把我们导向某种社会，在我们那里，个人主义支配着消费。对于法国民众来说，这是一种意志或愿望（volonté）的危机。同时，我们看到时间的消解，能不能有一种对工业生产的长期规划？我们有一种作为特殊战略愿望的政策危机，这种危机有利于某种再刺激政策，导致一种情感政策，服务短时效，这不可避免地会削弱政治自主性，使得今天的政治批判必然成为媒介批判。

新媒体的媒介学问题[*]

从最一般的意义来说，媒介[①]是在人与人之间周转信息的信使。一本书成为跨时空的经典，被称为一纸风行的洛阳纸贵，这是印刷媒体时代的盛景；一部影视作品的万人空巷，这是银屏世界融化世俗世界的轰动；一篇网文在无数的手机客户端上闪烁，这是今天川流不息的信息链。人们接受信息的方式其实是一种媒介技术的社会化过程。那么，作为媒体的媒介技术和人类可持续发展的需求之间的关系是什么？

在一般的学术探讨中，源于拉丁文 "medium" 的媒介（media）往往是指具有中介作用的某种实体或状态。直到 20 世纪 60 年代，"媒介" 才成为一个术语，用于描述实现跨时空社会交往的不同技术与机构。[②] 如果说媒体的技术属性在于它是一种实现人与人之间信息交流的技术，培育或配置社会内部的协调性；那么它的社会属性则是围绕媒介技术的兴起而逐步构建和演变的社会文化实践，形成过去与现在、历史和未来的相互关联性。

在开创媒介学的法国学者德布雷看来，媒介是 "在特定技术和社会条件下，象征传递和流通的手段的集合"[③]。由此展开的媒介学研究，要通过对媒

---

[*] 本文原载于《南京社会科学》2016 年第 2 期，收入本书时略有删改。
[①] 英文中的 media 在中文语境中常常被译为媒介（强调其交流性质或功能特征）或媒体（强调其技术属性或身份特征）。
[②] 延森.媒介融合：网络传播、大众传播和人际传播的三重维度[M].刘君，译.上海：复旦大学出版社，2012：59-60.
[③] 德布雷.普通媒介学教程[M].陈卫星，王杨，译.北京：清华大学出版社，2014：4.

介作为文化实践的传播形态来考察其社会功能和历史作用,"要知道它是怎样传递、散播、流通、蔓延、繁殖的?在什么载体上?这在传递者和接收者身上改变和重新形成了什么?通过什么介质?什么路线、网络、连接、汇合、出口等?"[①]有别于美国传播学研究的效果逻辑着眼于实现目标的功用主义取舍,德布雷的媒介学更关心人们对媒介的应用是如何形成一种社会氛围、运行机制、思想渗透以及其中的较量、冲突和反复的历史主义逻辑的。

不同的媒介提供不同的信息界面,不仅是接受方式,也包括接近成本。信息界面的单调与丰富、单一和多元,对人的思想状态产生不同的影响。"唯物主义的信息观认为,所谓信息工具,并不是反映当前事件的镜子,不是公众聚会的广场,也不是麦克卢汉认定的电子产物;所谓信息工具,就是社会生产过程关系、消费、交换和再生产的通用润滑剂。换句话说,传播不仅是传播,还是通过调整与生产、流通和消费的一般条件相联系的社会关系,传播提供了一个既定的社会舞台,不断地创造出新的条件。"[②]从信息生成的技术平台到信息传递的组织方式,从信息生产的经济效益到传播方式的象征价值,以媒介为支撑点的信息传播逐渐把人们的生产和生活、娱乐和知识融为一体。

从重新塑造社会生态和产业结构开始,当今时代的新媒体正在对社会生产和社会生活进行全面介入。新媒体不仅是一种信息生产方式,还是围绕着它所依托的介质和载体所产生的组织性、结构性的活动,它在重新结构社会性的生产关系。从德布雷的媒介学原理出发,媒介不仅是技术体系和文化体系,还是一种历史结构。由此提示我们关注新媒体与社会生产力升级换代的关系、与受众接触界面的接近关系、与媒介技术植入权力序列的关系以及媒介技术制度化过程的关系等。本文试图从生产逻辑、时空属性和游戏规则三个层面出发,探讨新媒体和社会建构的媒介学关系。

[①] 德布雷.普通媒介学教程[M].陈卫星,王杨,译.北京:清华大学出版社,2014:31.
[②] 陈卫星.传播的观念[M].北京:人民出版社,2004:376.

一、新媒体的生产逻辑

在人类文明史上，媒介技术是人际交流互动的资源。马克思在《1861—1863年经济学手稿》一书当中的《机器、自然力和科学的应用》一文中指出："火药、指南针、印刷术——这是预告资产阶级社会到来的三大发明。火药把骑士阶层炸得粉碎，指南针打开了世界市场并建立了殖民地，而印刷术则变成新教的工具，总的来说变成科学复兴的手段，变成对精神发展创造必要前提的最强大的杠杆。"① 长期以来，人们习惯于把媒介技术的功能视为扩大社会再生产的软件范畴。当新媒体的技术平台本身已经成为社会生态的重要构成时，物质现实和精神结构的同构性共同形塑新的社会外观，不仅是生产力的新动力，也是新观念的信息源。如果说媒介是一种与当时的物质环境、物理载体本身有共生性的复合性质的对象，那么，人的主体性价值和立场，是通过媒介技术的把控及其操作流程来完成的，在本质上和大的社会生产力演进的趋势相一致。

社会生产力的再发展、再发育始终伴随着技术演变的关系。正如美国学者杰里米·里夫金所指出的："历史上所有基础设施的共同点在哪里？基础设施包括通信媒介、动力源和逻辑机制三个部分，每个部分都相互影响，共同确保基础设施以一个整体运行。在这个意义上，基础设施可以看作一个假肢，或一种扩大社会机制的手段。"② 换言之，作为社会经济基础的组成部分，媒介在技术形态上的变化影响着与其相关的上层建筑的变化。

如果说新媒体是价值共享的信息平台，那么从 BBS 论坛到博客，从微博到微信，新媒体在中国的发展逻辑似乎是一个在社会转型当中的信息重组逻辑：当一种旧的传播技术不再持有社会潜力时，一种新的传播技术就会来接力。表面上是一种客体性质的技术革命，实际上也同时是主体性质的观念革

---

① 马克思，恩格斯.马克思恩格斯全集：第47卷［M］.中共中央马克思恩格斯列宁斯大林著作编译局，译.北京：人民出版社，1979：427.
② 里夫金.零成本社会［M］.赛迪研究院专家组，译.北京：中信出版社，2014：14.

命：“真正的变化是信息发源地。互联网时代的信息来自人民，人民生产信息并在网上交流。这是一场真正的革命。我们永远不会嫌弃信息过多（就像我们不会嫌弃图书馆里的书太多，海量信息给我们带来更多选择，帮助我们找到真正想要的那一本）。社会具备了无限的集体行动能力，去生产它们的信息，去散播信息，去重组信息，去将信息用于特定的目标，转变社会实践，拓展人类心智的空间。"[1] 这种信息流动和信息扩散恰恰是个性化的自我认同的节点，并将其转换为日常生活实践的资源。

从20世纪80年代开始，中国在经济领域的改革开放带来持续几十年的经济发展。在这当中，我们可以认为从1992年到2012年，中国的传统媒体如报刊、广播和电视经历了经营规模扩大和固定资产膨胀的黄金时期。但从最近三年开始，媒介生态的技术嬗变使这个美丽时光逐步黯淡，可以说是同时出现经营模式和信息模式的危机。由此，笔者产生两点观察：

第一，关于新媒体的产业功能。如果说大众媒介是一种产业，那么产业的成本曲线正在发生变化，尤其是利润来源在发生变化。比如，传统媒体的衰败源于商业模式，更具体地说是源于广告模式的溃败。当社会重构越来越倾向于中间性阶层的横向性组合时，垂直结构的传统媒体的纵向推广机制缺乏与社会进行横向互动的有效关系，从而导致受众对象的不精确，受众接触传统媒体的界面关系无法测量，尤其是传统媒体的工业化生产模式难以在成本约束的前提下试验和开发新的市场关系。总之，商业模式的有效性要基于新闻、资讯和服务的有机融合，产品概念的设计、铺垫和运营是媒体经济性存在的前提。虽然不断求助于搭建融资平台，但传统媒体的功能结构仍难以搭建新的产业链平台。

第二，关于新媒体所结构的传媒生态。新媒体产生的社会应用数据基本遵循技术更新的节奏："微博客账号12亿，新浪微博、腾讯微博每天发帖2.3亿条；微信账户6亿，其中境外账户1亿，微信日均发送160亿条。微信没有取代微博，但其势头至少压倒了微博，它传播的是非常恐怖的海量信息，

---

[1] 卡斯特，殷斯.对话卡斯特[M].徐培喜，译.北京：社会科学文献出版社，2015：222.

而QQ日均发送量60亿条，都超过了微博。手机客户端日均启动20亿次。"①大数据的持续膨胀说明传播的载体正在进行历史性的迁移。

媒体技术的生态结构向我们提示了下列几点：

第一，移动媒体的普遍性。当今中国的普通人群，尤其是青少年，接触的主要媒体平台是互联网，数字化转场成为现实。如果说人们在以前接触信息的方式是由主流或传统媒体来设置议程的，那么今天的议程设置则是从手机上开始的，每天从手机上穿越不同的微信群、微信圈，发现不同的主题，感知不同的爱好，体会信息穿越，品味信息交叉。与其说是社交媒体，不如说是个性媒体，一个自我媒介化的行为艺术装置。从这个意义上说，"在权力结构更为集中、个人政治代理传统薄弱的环境里，参与文化发展潮流将会带来更大的社会、文化、经济和政治影响"②。这就是借用新媒体所提供的虚拟空间的流动性来建构虚拟共同体，使得社会学意义的参与感和依赖感有新的信息支点。

第二，社会关系的节点性。以各种社会性质的社会关系为节点形成一种普遍多元的传播机制。正如卡斯特在21世纪初探讨互联网的特点时指出的"它的运作方式是去中心化的，但这并不是说它就不存在节点。事实恰恰相反，网络建立在节点以及它们之间互相关联的基础之上。问题的关键在于，这些节点可以根据新的任务与目标进行重构，可以随着它们获取或失去知识和信息的多少来增加或减少自身的重要性。"③节点的不断重组变换与技术形式的创新同步。

第三，传播者的传统定义被改变。信息的传播效率在于信息的内容修辞和形式架构并重，不能产生互动关系的传播者逐步弱化或淡化其自身原来的传播者定义。换句话说，"现在比以前任何时候，人类都能找到寻求广泛分散

---

① 祝华新.网络社群：政治引领与政治吸纳［EB/OL］.（2014-10-07）［2024-04-21］.https://weibo.com/p/1001603763159566546122.
② 詹金斯.融合文化：新媒体和旧媒体的冲突地带［M］.杜永明，译.北京：商务印书馆，2012：14.
③ 卡斯特，殷斯.对话卡斯特［M］.徐培喜，译.北京：社会科学文献出版社，2015：32.

的信息和创造力以及聚合它们成为卓有成效的整体的方法。"① 这差不多会呈现一种双向逻辑，一方面是呼吁大数据的收编整合，另一方面是虚拟社区的无限分蘖式繁殖。

第四，新媒体传播的技术制式成为大众媒介素养的前提。这一点甚至在早些年就被美国学者观察到："我在这里只能指出中国以及亚洲数字文化发展的两个主要方面。一是中国以及亚洲其他国家的网吧的角色。在美国大多数城市很难找到网吧。我们的互联网接入是高度私有和个性化的。大多数美国人是在私人空间里接触网络世界。家里没有接入互联网的人会到学校和公众图书馆上网，这从教育角度把他们与网络联系起来。在中国，数字参与通常是公众化的：人们聚集在一起完成一系列计算任务以及彼此展开对话。这意味着我们不能只是在网络所传输的信息的基础上理解中国的数字文化，而是必须把围绕计算机的面对面互动因素考虑在内。二是中国以及其他亚洲国家在利用移动技术方面已经远远超过美国；在定位技术、文本信息以及语言应用方面的主要创新都源自亚洲，然后才流向西方，就像当初 Web2.0 在西方率先兴起然后流向世界其他地方一样。"② 一方面是被广泛使用的微信的个性化、交互性、互动性特点，力图实现主体与客体的深度互动，展开个性与同一性互动的新语境；另一方面是社会转型和网络治理并行所要面对的各种问题和挑战。

在市场经济的语境下，信息的单一与丰富也反映在社会关系上。人们会出于自身的价值评判或喜好态度喜欢或反感一种东西，包括那些附着在思维方式和行为逻辑上的外在力量。设想一下媒介权力的操作路径，在类型单一且垂直化的媒体格局中，人们很容易按照这种信息扩散方式形成一种听命逻辑，即被指向的信息规范。信息传递的组织方式蕴含着一种人和人关系的秩序概念，在从前现代到现代再到后现代的历史进程中，不同历史时期的媒介内容建构体现出不同的时代特征。比如，20 世纪上半段逐步形成的现代主义

---

① 桑斯坦.信息乌托邦[M].毕竞悦，译.北京：法律出版社，2008：243.
② 詹金斯.融合文化：新媒体和旧媒体的冲突地带[M].杜永明，译.北京：商务印书馆，2012：13-14.

观念强调人与人、人与环境的冲突，媒体往往偏向于生产有对抗性意涵的信息，被人们称为新闻专业主义，从而产生一种对因循守旧的规范信息进行冲击的传媒领域的职业意识形态。

在信息传播成为产业革命的核心资源的时代，每个人的信息诉求和关注是新的社会生产力的培养基。当下，通过微信号的自媒体方式形成新的观点舆论市场，或借助新媒体让互惠式的信息流动重组广告市场；对信息的操作从一对多到多对多，回到自主性权力的自我实现，即象征意义上自由人的自由联合。这个节点组合及其变换之所以成为动力方式，就在于其试图摆脱传统关系的影响。比如，"每一个新的媒体都蕴含着一个新的中间环节，比如说互联网诞生了网管，而网管正慢慢变成一个社会阶级，在一种隐蔽的状态下开始创造东西，比如网管有编辑出版、连接和查禁的权力"①。

任何一个从个体出发的信息节点的连接能力和扩散能力，本身是一个可以创造和改变的对象，僵化的权力机制一旦在象征意义上被打破，就有可能形成自由竞争的状态。当然，技术机制一旦被固定下来，往往又会产生板结和压迫，催生新的技术形式伴随着主体意识来释放主体的创造性。

在人通过媒介手段去推广观念、凝聚人群并改变现状的历史进程中，媒介技术与社会秩序的互动通过媒介的组织功能来重新创制一个新的社会主体。基于新的生产力技术平台来进行生产组织和编织生活内容的新社会阶层往往是思维最活跃的新社会主体，对制度建构的正当化和程序化有最敏感的诉求，酝酿着改变或重构社会关系的新游戏规则。由于社会主体和受众主体的同构性质，后者的变化往往反映着前者的变化，这构成历史主义的媒介史观。这就提示我们从媒介学的时空概念来理解新媒体的历史机遇。

二、媒介学的时空属性

按照德布雷的阐释，媒介学的"目的是研究信息传播、流通及'寻找信

---

① 德布雷.媒介学引论［M］.刘文玲，译.北京：中国传媒大学出版社，2014：125.

息获得者'的过程。它不相信推广。它只是希望帮助人们了解我们如何相信，又通过怎样的机构限制产生影响"[①]。这里主要有两点，一是获取信息的技术环境，二是把控信息的制度环境。

从长时段的历史时期来看，任何一种媒介技术系统实际上都在维系着人们的集体记忆和社会关系，其构成方式是把媒介技术的符号形式和扩散方式作为人们进行信息传播的整体手段，并在一段相对长的时期内具有稳定性。这个可以在历史考察中被固定下来的信息传播格局的单独存在方式被德布雷定义为媒介域（médiasphère）。[②] 换言之，媒介域是把一定历史时期的信息记录工具作为历史划分的工具，包括技术平台（印刷车间、演播室、服务器、云存储等）、时空组合（是时空分离、固定还是移动）、游戏规则（获取或表达信息的方式或权限）。这样，媒介域就把社会历史分期按照制度和权力的方式重新标记。

按照德布雷基于西方文明史对媒介史的分期，在中世纪之前的希腊、罗马的英雄时代和圣经时代，属于媒介域的逻各斯域，以单一性信息崇拜为主，并产生了逻各斯中心主义。从中世纪末期的古腾堡推广金属印刷业开始，适逢当时兴起的宗教改革社会运动以及文艺复兴思潮，进入书写域或印刷文明时期，一直延续到19世纪蓬勃发展的各种社会力量办报、办刊、办夜校的舆论组织。20世纪中期之后，人类社会进入影视传播阶段，这个时段被称为图像域。这就说明什么样的时代提供什么样的技术、传播什么样的观念或信仰，并形成相应的社会心理秩序。心理秩序由媒介的线索提供暗示和参照。

媒介学的概念之所以有解释力，与我们的行为模式相关。因为媒介技术本身产生一种控制性的信仰，这表面上似乎是技术悲观主义，实际上也可以从技术乐观主义角度去理解。事实上，在不同的国家和地区，新媒体的表现功效不一样：在有的地方，传统媒体的信息覆盖依然强劲；有的地方可能热衷于以媒体的更新换代来满足人们信息需求的焦虑感和产业利润的快感；在

---

① 德布雷. 媒介学引论［M］. 刘文玲，译. 北京：中国传媒大学出版社，2014：185.
② 德布雷. 普通媒介学教程［M］. 陈卫星，王杨，译. 北京：清华大学出版社，2014：9.

其他地方，新媒体也可能只是数字鸿沟的另一种标记。

技术制导的社会信仰，其技术载体在不断产生变化和创新，如各种媒介技术格式的前后更替，这使得哈贝马斯的公共领域不断被技术载体圈层化、载体化。公共理性的建构路径是否可能在技术保障的名义下被分离、拆散乃至断裂，向后退化为团体性、封闭性，甚至是互相攻击性，然后按照耗散理论的法则逐渐消失。丹麦学者延森认为传播行为的网络化对哈贝马斯的公共领域模型中垂直向度的三条边界提出了挑战。第一，社会领域（商业）和私人空间（私人和家庭生活）的交往界面产生出新的物质生产形式和非物质生产形式。比如，出现各种非市场、非政府的社会行销模式以及生产者和消费者合为一体的"生产消费者"（prosumer）概念。第二，政治公共领域和文化公共领域呈现出相互融合的趋势。比如，因为再现传播的驱动而在瞬间引爆议程设置效果的政治性文化事件。第三，自1648年的《威斯特伐利亚和约》以来，作为近代化政治成果的民族—国家体系与各种多边、跨国、区域化和全球化机制的协调与合作等。[①] 生产领域的自主性、文化实践的自发性和全球传播的跨界性似乎成为新媒体功能的核心内容。

在卡斯特看来，以互联网为基础的新媒体之所以能够形成多维度的穿透力和跨语境的解释力，就在于"这个核心是网络和身份的双重逻辑：一方面是新信息技术推动下的工具性的网络；另一方面是身份的力量，其将人们的头脑固定到历史、地理和文化当中。介于两者之间的是制度危机及其痛苦的重建过程"[②]。真正的挑战在于信息的摩尔定律，即用18个月把已有的信息总量翻一番。

有别于人们一般容易对传播产生的欣喜或恐惧，德布雷坚持认为"传播是长期过程中的瞬间（moment）和广泛集合体中的片段（fragment）。而这个广泛的集合体，我们将称之为传承（transmission）"[③]。这就把人们在当下所面

[①] 延森. 媒介融合：网络传播、大众传播和人际传播的三重维度[M]. 刘君, 译. 上海：复旦大学出版社, 2012：118-120.
[②] 卡斯特, 殷斯. 对话卡斯特[M]. 徐培喜, 译. 北京：社会科学文献出版社, 2015：239.
[③] 德布雷. 媒介学引论[M]. 刘文玲, 译. 北京：中国传媒大学出版社, 2014：5.

临的媒体困惑融入一种具有历史主义结构的长时段逻辑来予以化解。

媒介学的理论发现在于，任何形态的信息移动都伴随着一种实体形式，一种跟交通运输有关的载体将人和物载运。翻译成"传承"的确会省略物质界面的部分，同时会产生一种错觉即认为被"传承"的东西会被原样接受。一旦出现一种思想或一种主张，后来者如何发扬光大，往往是一个基于内外环境的合力而不断较量和斗争的过程。从媒介学的原理来看，这也是媒介和环境共谋制造新信息的过程，即中文语境中所说的"橘生淮南则为橘，生于淮北则为枳"。"传承"的说法意味着事物在演变过程中的一脉相承，这种省略参与主体和事物环境差异的看法无疑会忽略这两者之间的互动语境的复杂性。

对传承的情有独钟源于德布雷的媒介学历史观，他认为："有人与人的关系史，还有人与物的关系史。前者是一种可逆反的强度，一种不分前后的重复空间；后者是一种积累性的延伸，一种发明与发现的开放空间。艺术、宗教、神话、政治属于第一个领域；科学和技术属于第二个。"[1] 就是说人和人的历史关系结构不会发生变化，即人和人关系的情感性、伦理性从形态上没有发生历史性的变化。这个历史观保留了理解媒介的空间：载体变了，人和人的关系形态不会有太大的变化。这种内容只能积累，不可能淘汰，淘汰的只能是被升级换代的技术工具。

正是媒介技术工具化的过程构成了不同时代人们的社会记忆、集体记忆和个体记忆的基础，代际传播中的代沟现象往往以媒体感受的差异作为前提，断代首先是媒体记忆的断代。代际之间的信息界面不一样，思想状态也不一样。西方中心主义的核心竞争力往往聚焦于科技中心主义：通过线性状态的科技创新制造活力，增加附加值，扩大收益范围，包括经济利润和象征利润。从19世纪的浪漫主义文化观念到20世纪中期的罗马俱乐部，人们对技术干预生态和环境所产生的不兼容一直忧心忡忡，但目前还没有看到技术进步被终止的现象，尤其是能源革命、材料革命和基因科学的科技创新一直在发展。

---

[1] 德布雷.普通媒介学教程［M］.陈卫星，王杨，译.北京：清华大学出版社，2014：34.

媒介学的一种观念是通过组织化和实体化的程序、人际传播和媒介化的渠道来进行传递的过程。这在人类传播史上产生两类叙事：一类叙事是人们往往通过物质符号来提示事物的变化，如古代史上的烽火台和现代史上的消息树向周围环境的社会大众进行守望监测式的预警；一类叙事是人的想法在滋生社会运动或思想学派时，要从信息的构成、装饰、流程开始，形成一个整体结构。以基督教为例，一个耶稣的故事如何持续两千年？教堂建在人多的地方；拥有一套组织机构，包括神父、牧师、主教在内的神职人员；有教义和教规；修道院的教理研修和文献考证；地理区域的教区分布，统一在罗马教廷之下，形成最早的权力结构；等等。

在启蒙运动主张打碎教廷统治之后，政教分离逐步成为历史趋势。在继承法国大革命成果的拿破仑时期，出现了"意识形态"这个专有名词，它指的是人们如何通过观念接受来获得实体性的社会组织力量。在人类思想史上，具有持续性强大影响力的观念是宗教，之后是各种非世俗和世俗的主义思潮，以及不同时期阶段性的统治规范的思想，即以人物命名的各种理论及其系统。这样我们就发现，非物质形态的想法的社会传播或跨社会传播形成了媒介制度。

一个时代的文化心理、社会思潮、政治观念、行为模式与这个时代的信息传播结构有关系，这是相互塑造的互动过程的结果。按照德布雷的媒介学观点，"思想的程序是具有组织程序的客观物质性"[①]。一个社会性的思想运动也是要依靠那个时代的媒介及其媒介应用的社会机制来展开。丹麦学者延森是这样说明的："在不同的政治、经济和文化领域中，制度依据公认的以及强制性的原则——公民权利和人权——规范个体和集体之间的交往。媒介制度——以及交流（与传播）的权利——就隶属于这一特殊范畴。在理想情况下，媒介制度允许任何人对任何社会制度或权利及其地位和合法性展开讨论。当前的媒介制度是持续不断斗争的历史结果，而这些斗争即围绕着对于交流

---

① 德布雷.普通媒介学教程[M].陈卫星，王杨，译.北京：清华大学出版社，2014：121.

的权利的界定和行使而展开。"①

在我们已知的历史中，传播不是事物发展的决定性因素，但肯定是事物运行的加速器和放大器。我们理解的传播既是一个瞬间的过程，也是历史进程中的若干个片段。传播可能更注重心理学的效应，即信息流动的不可回溯。媒介学总是提示我们把传播的当下瞬间纳入历史思考，挖掘其不同的信息源。因为我们总是要将历史人物作为模板，如宗教世界的圣徒谱系和世俗文化的英雄系列；被找到和挖掘的历史故事，往往是具有神圣意味的模仿对象；通过集体记忆形成有共同价值倾向的共同体，从社会学入手来建构一种观念或制度的正当性。

媒介学着眼于信息流程中历史与现代的对话和交流，对传播者而言，这是让组织更加有效、有功能性作用的方式。比如，媒介的另外一个结构性功能是把人物和事件组织起来，这就是"机关报"（organ）性质媒体的来源。人群的社会性集合是一个组织排序，历史上存在的任何一个组织结构都有等级化的制度，任何对组织结构内部秩序进行挑战的宗派及其思想都属于非组织行为。所以，通过媒介的信息组织来传播一种观念，其实就是一种对人或社会参与者的组织过程，组织化的排序要产生这些动词标定的内容：结盟、渗透、排挤、没收、自行筛选、吞噬等。当然，在严酷的一面之外，还有理想主义的一面。通过媒介化的记忆方式来让现在和历史对话，通过重构历史来制造信任感，产生了生者和死者对话的政治人类学。

三、公民媒介学的游戏规则

在德布雷看来，信息传播与社会关系的互动源于媒介的技术性能："因为所有的传播载体都会引起或者隐藏一定的社会关系。又因为社会关系本身也会在不知不觉中被一定的机械载体引发出来。"② 媒介技术与制度变迁有相关

---

① 延森. 媒介融合：网络传播、大众传播和人际传播的三重维度[M]. 刘君，译. 上海：复旦大学出版社，2012：114.
② 德布雷. 媒介学引论[M]. 刘文玲，译. 北京：中国传媒大学出版社，2014：125.

性，是因为媒介本身就是一个舆论机制，一种操作手段，甚至是意识形态的孵化器。对信息主体产生的作用是其他一切社会变迁的前提，尤其是当信息技术的更新本身就代表着社会新生产力的流动性时，媒介技术的社会动员作用就开始设定一个制度转换的媒介化逻辑。由此产生的公民媒介学思考彰显出一种具有思想深度和历史预见的传媒社会学思想，有助于我们进一步理解和把握传播媒介的运行机制，并从媒介的显性功能出发来透视新媒体的社会功能。有鉴于此，在这里对德布雷在冷战刚刚结束的1991年提出的公民媒介学的十一个命题进行如下解读：

第一条："媒体会思考。媒体革新和介入越发展，媒体就越代替我们思考，占主导地位的媒体思维也就越能够成为其时代的主导思想。"① 媒体会思考，媒体流动的无序性找到了一个功能性位置。信息传播速度越来越快，是因为人们思考的过程越来越短，微信、微博才会大行其道。新媒体的信息快捷产生连接、互动乃至共识的性能优势。媒体的发达导致媒体替代人们思考，这颠覆了作为传播学原理的议程设置的概念，尤其是传统媒体的议程设置的实质是机构设置、机构定位。今天的议程设置有更多的自发性或跟风性，如今天的机器人编排已不再是新闻，按照关注指数、人气高低来编发信息序列，呈现信息从一哄而起到一哄而散的快闪；媒介的信息提示，来自被关注度，跟帖转发作为标示；一切都在流动中完成，每个人根据自己的感觉来参与或旁观。当机器人新闻成为现实，核算和抓取的结果是人机对话的结果，并传递给后来的受众；可能不再有明确的政治经济含义，而是偶发的新闻事件和当事人。

第二条："性能最好的媒介，即成本／效率比最好的媒介相对于先前的媒体占主导地位。也就是能够波及得更广、更快，需要信息发送成本最低和信息接受最不费力（最舒适的同义词）的那个媒介。在这种意义上，电视比广播更有优势，广播比报纸更有优势，报纸比小册子更有优势，小册子比书更

---

① 德布雷.普通媒介学教程［M］.陈卫星，王杨，译.北京：清华大学出版社，2014：348.

有优势，书比手抄本更有优势，等等。"① 媒体的竞争是基于接受性能和成本的竞争，接受成本低，技术效用好，这就形成媒体运营的两条轴线，一条是成本，一条是性能；前者是各种投入的核算问题，后者是媒体的可接近性以及方便程度。新媒体的性能优势在于供给和需求之间点对点的接触效应创造了一种近似于零度的界面，重新定义了信息渠道。所以，新媒体与传统媒体的关系不是互补关系而是替代关系。

第三条："就像在一个既定的经济构成中，其内部在一种生产方式（往往是最后来的那个）的主导下重叠着好几个生产方式，每个媒介域都根据其最有效率的记忆重新整理其不同的网络。"② 不同的媒介域有建构记忆方式的差别。因为不同的媒介连接不同的目标受众，传统媒体的受众习惯在固定时空面对一个固定的媒体。为维持受众的再生产，传统媒体不断改版，通过调整审美疲劳来维持和扩大受众，尝试用新的表现方式扩大竞争能力，不断翻新、组装原有内容。新媒体的受众能在信息流的快速闪动中迅速感知和寻找信息，如美国新闻界的数字新闻报道模式中的卡片化新闻报道（cardification）将一个新闻报道细分为若干有意义的信息单元，读者可以通过阅读不同的信息单元来全面了解一个新闻事件。③ 卡片化新闻的传播魅力在于这种数据库式样的新闻处理完整、丰富，能够帮助受众建立信息源的可靠性和有效性。如果要通过媒体来建构记忆，微信就是继博客和微博之后成为当下建立个人化记忆的重要载体，其借助云数据的存储和保管来建立记忆。

第四条："对国家权力而言，传播机构的技术决定更多地决定了领导权（hégémonie）实施的条件、内容本身以及斗争的组织。因此，我们不能将政治统治方式同象征的灌输方式分离。"④ 政治统治方式与传播方式有关。作为在20世纪享有盛名的新马克思主义者，葛兰西提出了文化领导权的概念。"在

---

① 德布雷. 普通媒介学教程［M］.陈卫星，王杨，译. 北京：清华大学出版社，2014：348.
② 德布雷. 普通媒介学教程［M］.陈卫星，王杨，译. 北京：清华大学出版社，2014：348-349.
③ 张建中. 从信息流到信息库：卡片化新闻报道［J］.现代传播（中国传媒大学学报），2015，37（3）：47-51.
④ 德布雷. 普通媒介学教程［M］.陈卫星，王杨，译. 北京：清华大学出版社，2014：349.

《狱中札记》一书中指出上层建筑同时有两个层面，即市民社会和政治社会。而且，前者是一种间接的、有利于国家政权的社会协调与控制手段，对于防止国家的专断行为，保护公民的权利与自由发挥着不容忽视的作用。因此，无产阶级政党及其有机知识分子的结盟所形成的政治力量，其重要使命就在于通过对市民社会的培育和引导首先获取革命的文化领导权。"① 简而言之，无产阶级革命的奋斗目标不仅是政治革命，还有文化革命，通过有机知识分子的加入形成新的文化联盟。当然，葛兰西在监狱中的革命冥想并没有考虑传输革命内容的技术方式。任何一种新政治权力对文化领导权的把控都要借助于一种媒介技术在文化领域的再运营，这就是今天在全球范围展开竞争的文化创意产业。

第五条："在技术发展的每个阶段，占统治地位的媒介和占支配地位的思想之间的相关性都可以理解为是一个社会的文化技术与政治技术之间的现行衔接。"② 文化技术和政治技术如何配套？实质上就是主流思想和主流信息传播技术产生勾连。这差不多是文艺复兴以来资产阶级人文革命的一条历史经验："在政治说服体系里，'制造权力认知的权力'直接依赖于'通过展示宣传讲解权力的工具的效能'。"③ 没有新的传播方式，就不能抓住最活跃的受众。新的信息传播方式不仅要保留权力的仪式感，更需要一种柔性界面的打造、话语空间的弹性以及讨论氛围的公平和公开。

第六条："因此，一个'社会转变'理论就不能以自身内容有效为名，同其传递的物质条件及形式分离。在这方面，一个没有方式方法（quomodo）的怎么办（quid）应该被视为完全无效。对于理想社会，所有人都有自己的看法，很多人有能力将看法表达出来，有些人把他们有条理的言论印刷出来。但是如果这些观点不能从一些人的脑袋里跑到另一些人的脑袋里的话，就永远都不会有对世界的构想，即'集体实践与集体再现之间的某种关联'。对于一个知识分子或者一个政治人物来说，奉献这种或那样的社会传播，搞清楚

---

① 陈卫星.公民媒介学的逻辑[N].中国社会科学报,2015-05-06（B01）.
② 德布雷.普通媒介学教程[M].陈卫星,王杨,译.北京：清华大学出版社,2014：349.
③ 夏蒂埃.法国大革命的文化起源[M].洪庆明,译.上海：译林出版社,2015：123.

如何以及有什么样的前提条件才能够使自己被他人听到这样一个问题不是在他们工作的下游，而是在上游。他们所做的事是否有意义，他们本人的使命存在与否全都有赖于此。"① 在一个社会发生流动变化的时期，自然会产生一种众声喧哗的社会和声，这些不同的声音如何编织到社会语境的共识里？在社会建构的过程中，自发性、集体性、多样性的表达空间和场所是如何形成的？有没有合适的表达位置？是需要被听见和被辩护，而不仅仅是被表达和被定义的。集体实践和社会再现的关联性，无疑是公众知情权和社会活跃度的重要指标。

第七条："一个时期占统治地位的意识形态同这个时代占统治地位的媒介的属性之间的相关性并非机械的，没有这种相关性，我们将无法解释拥有同样的散播手段的统治政体之间的差别（不过，随着'媒介化'较差的统治系统向'媒介化'较强的系统靠拢，这种差别正逐渐消失）。这种相关性只是意味着，并不是任何世界观都能够以相同的概率通过任何一条渠道，也不能以同样的手段统治两个媒介学时代。每个'意识形态'都有其自身的媒介学性能指标，与赋予其生命的媒介域相关联。"② 简而言之，不同的媒介塑造不同的意识形态。媒体的占位和意识形态的定位似乎成为一种天然区隔，如传统媒体的大众传播和新媒体的大众自我传播；供给的信息和搜索的信息；等等。信息的位置决定信息的关注度和信任感。信息流程一对多的垂直指向与多对多的交流循环的传播差异，就在于后者在更广泛的语境中验证了霍尔的编码—解码理论，同时对后者来说，与其说是影响别人不如说在确认自己，并成为一种亚文化状态的"新意见阶层"。

第八条："书写域（书—铁路—报纸）特有的一个社会意识形态迟早会被与图像域（电视—广播—飞机）相伴的意识形态淘汰。前者因无法经得起一种自由竞争状态，为保护其生存，不得不寻求一种行政的或军事的强制性保护（如在东欧或中国的'马克思列宁主义'），或者寻找一个博物馆或大学式

---

① 德布雷.普通媒介学教程［M］.陈卫星，王杨，译.北京：清华大学出版社，2014：349.
② 德布雷.普通媒介学教程［M］.陈卫星，王杨，译.北京：清华大学出版社，2014：349-350.

的无痛避风港（如在法国的共和意识形态）。"① 不同的历史时期被纳入不同的媒介域，而不同的媒介技术具有不同的社会性能，包括概念、故事和形式的差异。由此出发，每个媒介域都有自己的意识形态主轴。鼓吹宏大叙事可以是大众传播的强项，而信息化的市场经济必然给新媒体提供个性化竞争的空间。传统媒体在建立政教秩序、连接广大受众和平衡社会舆论方面的社会效益使它成为社会制度的一个有机组成部分；新媒体对受众的信息渠道、注意力和时间的重新组合，使得新媒体在经济转型和社会治理方面逐步成长为一个新的赋能实体。

第九条："今天，人类历史上第一次出现观念和表现的流通域直接控制观念和表现的生产。因而，对占统治地位的观念和表现的批判不能再只是一个意识形态批判，而是对支配观念和表现的机构的批判。"② 既然都是信息观念的流动引导人们的态度和制度安排，那么可通过管理机构重新设计并界定话语的边界。真正面临的矛盾是制度设计和制度安排，即便人们习惯用意识形态的习惯进行表达，也是表达对身份结构和制度走向的主观意图。

第十条："一次媒介革命就是一次政治革命。反之则不成立。概括起来讲，政治已经不再站在控制台上。"③ 如果说媒介域与社会制度直接相关，那是因为主流性质的媒介技术必然参与制订社会的游戏规则，包括时间压力和影响力等。曾经在20世纪80年代建立媒体帝国的意大利企业家西尔维奥·贝卢斯科尼（Silvio Berlusconi），在1993年12月组建意大利力量党（Forza Italia）参加政治竞选，其电视广告的核心词就是"有效的神话"。仅仅三个月，他就赢得竞选，出任总理。这是西方民主的一个负面案例，成为"传媒的民粹主义"案例。④

第十一条："一个社会群体、一个执政党、一个领导人不能长期地'胡说八道'，或打算通过随便什么渠道'传递'任意信息。不管是否拥有行政控

---

① 德布雷. 普通媒介学教程 [M]. 陈卫星，王杨，译. 北京：清华大学出版社，2014：350.
② 德布雷. 普通媒介学教程 [M]. 陈卫星，王杨，译. 北京：清华大学出版社，2014：350.
③ 德布雷. 普通媒介学教程 [M]. 陈卫星，王杨，译. 北京：清华大学出版社，2014：350.
④ 艾柯. 倒退的年代：跟着大师艾柯看世界 [M]. 翁德明，译. 广西：漓江出版社，2012.

制权，国家都不再是媒体的主人，相反媒体成为国家的主人，国家要想生存，就需要它同有思考能力、有使人相信的能力的主人交涉。"[1] 事实上，新媒体的移动性和微型化使得信息的自由流动无法控制。任何有效的治理措施和管理操控的可持续性是要参与和制造信息的循环，这种过程就是媒体社会化的博弈过程。新媒体的自媒体特征有助于产生对任何形式的暴力或支配的反对乃至于反抗，以此重建社会关系的集体行动。所以，行政管理和社会治理越来越借助媒体社会化的博弈。这种博弈不一定产生当下效果，但能通过信息的积累产生效果、迎接变化。

信息的生产性和流动性，即生成信息的指数曲线不一定都要产生政治效果，但肯定是对人的生产方式、生活方式乃至学习方式的改变。比如，今天的人文社会学科的教育危机之一，就是教室、教师和课堂上的自媒体军团的对峙。这就提出了一个媒介革命的子问题，即在课堂教学中如何重新形成教与学之间的信息交换的氛围。

这 11 条媒介学命题所预言的游戏规则值得我们进一步思考。因为，这些在四分之一世纪前提出的命题，系统地表达了一个值得我们不断反思的传播学逻辑：任何信息的可传递性在于这个信息本身是否可以被再生产，并且从这个信息所衍生的意识和观念中培育出一种新的社会关系。夏蒂埃在研究启蒙运动时期的小开本的偏好在取代阔边栏的偏好时，发现印刷文本的阅读方式的变化实际是在践行康德的"个人公开运用理性"的观念，从而加速社会的去神圣化进程："问题的关键并不在于'哲学书籍'的颠覆性内容当中，它们可能并不具备人们通常认为的那种巨大的说服性影响；相反，新的阅读模式——哪怕所阅文本内容完全遵从宗教和政治体制，发展出一种批判的态度，将人们从构成旧表象根基的依赖和顺从中解放出来。"[2]

---

[1] 德布雷.普通媒介学教程[M].陈卫星，王杨，译.北京：清华大学出版社，2014：350.
[2] 夏蒂埃.法国大革命的文化起源[M].洪庆明，译.上海：译林出版社，2015：85.

四、结语

在将近一个世纪的传播学学术谱系中，信息与传播的关系亦是一个互动的结构。在第一个工业化时代，人们主要从政治学、社会学、心理学和管理学的角度来关注受众效果，传播学的上层建筑属性或意识形态偏向占据主导地位；20世纪中期以后，人类社会进入到后工业时代（有人称之为第二工业化时代），信息的生产力属性日益显著，自动化、微型化和个性化的全球化移动信息技术应用成为生产力绩效评估的主要参数，从而产生调节传播制度的生态位的问题性（problematic）。

由于本身的历史主义和技术主义并列的思维架构，媒介学的思考逻辑有助于人们从文化基因和制度创新相结合的角度来重新把握媒介变迁所产生的即时功能如何和长期价值相统一的关系。媒介学的魅力其实是把媒介创新的技术生态纳入社会变迁的精神结构，即在对信息源和信息序列进行重新辨析的过程中，有助于人们从形式上去把握信息驱动的能量结构。

信息传播的技术演变往往与人类文明演变的复合性规律相关，不同形态的信息符号的共存和妥协将是一种现实，能指的无限并不能代替所指的有限。有趣的是，不同的媒介空间代表着不同尺度的现实主义。因为从技术本性的角度来说，传统媒体和新媒体所承载的世界确实有差异。这种确信的差异和定位的差异投射出传播主体的主观性和趣味性的差异，为宏大叙事终结后的微型叙事开辟了无限的空间。不可否认的是，信息传播技术的更新及其社会普及有利于解构旧的象征系统。新媒体之所以能够成为风行天下的象征系统，不仅在于其作为社会运行的"软件系统"所具有的几何级数增长的生产效能，还在于它的深入人心为人类的自由发展提供了新的信息保障和信任支持。

媒介域的方法论意义[*]

今天准备和诸位同仁交流的是雷吉斯·德布雷（Régis Debray）提出的媒介域（Médiasphères）这个概念。这是三年前翻译出版的《普通媒介学教程》中出现的概念，跟"传播学"一样，这也是一个被引进的概念。如果我们认可这个概念是一个思想性质的概念，那么我们就不得不考察概念的个性缘起。之所以这样想问题，是因为我们在接受外来学术概念的时候，始终存在着由于语境差异而产生的方法论重置的问题。比如，至少在最近几十年，我们有不少关于公共领域（public sphere）的讨论。提出这个概念的德国哲学家尤尔根·哈贝马斯（Jürgen Habermas）并不是专门研究媒介的，但他提出的概念却被广泛应用到关于传播学的学术讨论中。因为这个概念的能指本身涉及大众传播的场所或载体的线性流变，从文学沙龙、咖啡馆、报馆到广播电视均有所涉及，法国的传播政治经济学流派创始人伯尔纳·米耶热（Bernard Miège）还特别进行这种路径的专题论述，并把这个概念延伸到社会法团的在线方式。从有关经济学家关于德国资本主义的莱茵模式即强调工团主义这一特征出发，我们可以推断哈贝马斯在政治态度上多半是一个民主社会主义者，或者是一个欧盟共和主义者和欧盟联邦主义者。公共领域的操作前提肯定要有一个黑格尔提出的私有产权的市民社会的存在，再加上德国联邦宪制的宪政制度，从而形成一个可以讨论公共议题的话语空间。

如何把握公共领域这个概念在本土现实语境的操作性？大概在十年前，

---

[*] 本文原载于《国际新闻界》2018年第2期，收入本书时略有删改。

当时的社会热点是媒体曝光的各种公共事件。有博士生同学研究 NGO 组织发起的公共议题和大众媒介的互动，发现推波助澜往往都是在互联网上所激起的广泛而热烈的讨论。那时还没有微博、微信，只是以 BBS 论坛为主。当时，我们认为这个通过互联网形成的公共空间大概可以被看作虚拟市民社会，就是说通过虚拟空间来完成形式构造的公共领域，后来也在南方经济发达的城市当中看到这个公共领域从线上还原到线下的具体举措。我们在这里回顾这个案例的目的是想说明，接受的任何一个非本土学术概念，在其应用的实践过程中，必然要经过适应性的改换，有时甚至是一种起伏状态，有时又会在路径依赖中产生非意图效果。如果用媒介学的话来说，就是媒介和环境共同产生信息，因为包含信息技术、受众形态和扩散方式的媒介域这个宏观系统不仅是一个容器，也是一个酵母。

一、媒介域意味着形式和内容的历时性同步

在德布雷的原创性论述中，媒介域指涉一个较长的历史范围：从口语时代到视听时代。这可能有助于启发我们用来进行对比性质的媒介研究，甚至直接切入当下的语境。有很多传统媒体，在十年前是利税大户，今天却入不敷出，从经济学的角度来看这是一个产业转型的问题，而从媒介域的角度来看，就是一个媒介和社会产生张力关系的问题。媒介学主张从信息技术结构来考量如何产生传播的社会关系。在德布雷看来，在所有人类社会的群体性符号（宗教、意识形态、文学、艺术等）活动中，人群的组织形式和获取信息、储存信息和流通信息的方式存在相关性，而且是自行演化的。换句话说，一种世界的再现形式可以修饰或改变人们的存在方式，就像我们无法想象在智能手机出现之前儿童有同样的媒介接近行为。

按照一个学界同龄人、1956 年出生的丹麦学者克劳斯·布鲁恩·延森（Klaus Bruhn Jensen）在《媒介融合：网络传播、大众传播和人际传播的三重维度》中的分析，"媒介"这个概念真正被用于公共层面上讨论学术现象、进而进入大众文化层面是 20 世纪 60 年代的事情。法国社会学大师埃德

加·莫兰（Edgar Morin）那本脍炙人口的、研究大众文化的圣经《时代精神》(*L'esprit du Temps*) 是在 1962 年出版的。两年之后，马歇尔·麦克卢汉（Marshall McLuhan）蜚声世界的《理解媒介：论人的延伸》也出版了，媒介技术终于成为社会自我更新或心理化妆的一个技术机制。麦克卢汉的学说在今天被界定为媒介环境学派，重在强调技术环境的更新如何改变或改善人们的信息传播方式。从学术特征来看，它基本上还是一个现象学的思路，是从对 Message 的直觉来领悟的，注重信息界面的技术配置所铺垫的社会效果；而德布雷则强调从 Mediateur 出发。我们为便于理解或避免直接将其等同于哲学，把 Mediateur 一般翻译为"媒介者"，因为事实上要指称的对象也是具体的职业群体，如中世纪修道院的抄写员、近代的新闻从业者等。

德布雷的媒介学思想不属于学院派的冥想或推理，而是一个力图与时代对话的左翼知识分子在个人经验和历史演变的互动结构中的思考结晶。参与符号生产和事件生产的相互交织的中介实体和动力程序的关系逻辑是什么？这从他提出"媒介学"的著作中就可以看出端倪。他于 1979 年出版的《法国知识分子权力》一书中最早提出关于媒介学的思考，即具有代言人性质的话语扩散如何构成历史演变的动力机制。1980 年出版的《抄写员》一书论证了从事信息传递的职业化路径从中世纪到近代的角色转化。1981 年的《政治理性批判》一书直接把宗教无意识的生成方式作为政治意识形态的基础模式。1991 年问世的《普通媒介学教程》论证媒介学范式的历史路径和思维方式。1992 年的《图像的生与死》和 1993 年的《国家诱惑者》分别从艺术史上视觉主体的观看模式和当代意义上的国家权力的视觉操控论证媒介学的阐释可行性。

德布雷从总结实践经验的角度来思考作为意识形态的一种理想或一种观念不能仅限于在语义学领域的认识，而要把重点放在实践（Praxis）层面上。这样我们就有可能不再在知识层面上讨论意识形态究竟是不是一种幻觉、一种错误意识或对真实世界的抽象颠倒的反射。在他看来，意识形态是一种组织手段或集体的化身。以前被认为具有意识形态色彩的活动今天被纳入象征活动或文化活动的范畴，是作用于社会的实体行为，既不轻松也不模糊，不仅有重量感，而且是有机的。

问题就在于，一个事物如果是有机的，那么就必然伴随着一种环境状态的作用而产生变化。这样说来，人类社会有史以来的信息交流的一般性存在状态就不可能是一种纯粹状态。信息流动本身就和体制化、技术化的制度安排联系在一起，由此形成一种历时性的意识形态生产和扩散的技术条件，媒介域对媒介技术发展阶段的历史性区分就从另一个方面界定历史视野中的媒介制度和社会现实的对位关系，我们就不限于仅仅思考人文和社会的互动，也把技术变量作为 agency 来考虑。技术配置和主观意图相结合、行为和再现相统一的技术文化同时触摸社会心理的边界，最终从信息的流量呈现方式来测算或确定一个社会共同体的记忆边界和思维边界，或者是意识边界。

随着人类生产力发展向信息化过渡，当新媒体由于自身的经济属性而成为新生产力代表时，毋庸置疑地会冲击上层建筑。所以，由于媒介的移动性界面和挪用性潜力的全面扩张，新媒介对社会关系力量的对比结构的影响就显得越来越重要。同时，媒介域本身并不纯粹，因为它不能完全脱离之前的模式，而主要取决于力量关系的角色博弈。这是我们理解媒介域方法论意义的基本出发点。

二、市场建构的社会理性催生传播学

为什么法国学者会从长时段的历史经验来评估信息传播的社会效果？究竟是源于他们的启蒙理性的自信还是历史主义的共识？也许两者都有。比如，著名的国际左翼传播学者、法国传播学家阿芒·马特拉（Armand Mattelart），一直主张用共和理性的公共服务来抵制全球化的商业霸权。他在 1994 年出版了一本专门研究国际信息传播史的著作《全球传播的起源》（*L'invention de la communication*）。这可以看出他在问题意识方面受到法国史学界年鉴学派的影响，把传播学的缘起和全球史的视角进行交叉组合，形成一个有动力结构的历史叙事。比如，他提出传播发明的四条线索，即流动社会、普遍的乌托邦、地缘政治和人的量化指标的控制。第一个问题其实就是关系到如何通过信息传播的工程性介入，逐步确定在《威斯特伐利亚和约》之后，以工商资产阶级为主导力量的民族—国家如何确定社会秩序的信息安排问题。市场经济条件下的人流、物流和信息流的增速，使得传播成为民族—国家的常规议题，同时带动其他学科的跨学科创新。然后是各种新兴学科的问世和加盟，如生理学、心理学、生物学、经济学和社会学等。在各种学科的加持并形成知识转换之后，民族—国家的经济增长为社会福利、领土整治的制度安排提供必要条件。从这个角度来看待传播学的出现，可以认定传播学能够在 20 世纪应运而生，是因为它是 19 世纪全面奠定的自由经济社会的各种经济基础所催化的一个新的社会发展平台。

传播学者对传播史的考察与历史学家的观点是一致的。按照美国史学家丹尼尔·T. 罗杰斯（Daniel T. Rodgers）在《大西洋的跨越：进步时代的社会政治》（*Atlantic Crossings: Social Politics in Progressive Age*）一书中的总结，从 19 世纪的最后十年开始，也就是史学家一般称进步主义时代的历史时期，美国在大西洋另一边展开了文明竞争，完全以审美的框架来看待大西洋两岸新旧世界的关系，把文化、风俗和时间作为竞争要素。虽然说社会学源于欧洲，先后有英国的斯宾塞、法国的孔德和德国的齐美尔等代表人物，但实际上美国社会各界更主动地意识到社会意识作为一个常量概念如何产生变量；在推动整个社会体制的建构当中，考虑社会性质、身份焦虑、人才意识、人性诉求、竞争心理的变量关系，尤其是注意到工商文明和社会理性的交叉和交锋，使得如"社会经济""社会政治""社会问题"和"社会疑难"等社会学问题的界定在不断试图调试市场资本主义的社会结构本质，这是为什么在美国能够产生传播学的经验功能学派的历史社会学的原因。那么是否由此可以推论，美国传播学的经验功能学派的缘起与市场经济背景下的社会秩序的建构是一种平行关系，这需要我们把传播学的兴起和推广放在长时段的历史范畴中来考察。

三、媒介域概念的方法论启示

德布雷的媒介域概念有历史主义的架构,分为三个纵向层次:第一个是逻各斯域(logosphère),即在写作或扩散的时候往往受口语文化影响;第二个是印刷域(graphosphère),即印刷技术把理性灌注在整个象征环境中;第三个是视听域(videosphère),即视听载体的非强制直播行为的社会化或普遍化。这就是说媒介域的表象是信息技术演变的各种文化效果或社会效果。

总体而言,媒介域是把媒介技术的符号形式和关系结构作为整体来看,从而确定一个信息传播格局的存在方式或存在状态。这个概念涵盖信息和人的传递运输环境,包括知识加工和扩散方式,但也不绝对排除以往的媒介手段和媒介方式。媒介技术的演化不完全是淘汰而应该是积累式的过程。媒介域的更新可以改变一种社会秩序或社会关系,因为其涉及对信仰机制、信仰方式甚至信仰对象的改变。信息传播技术一旦加盟社会生产力的创新,必然形成新的社会生态。以前的主体、客体的二元对立或精神、物质的二元性都被统一在媒介域的具体维度中,形成一个经济基础和上层建筑的复合体。所以德布雷认为一个符号学现实好比一个物理学变异,一个符号本身并不具有意义,只有对接受者而言才能形成意义。

如果我们把媒介看成一个文化基因,媒介中的内容生成、表现形态、传递方式所构成的社会运行轨迹,能够转化成一种社会秩序。对每一代人来说,这种社会秩序帮助他们形成基因模块,又不断地对他们进行重新介入。因为人们所接触的信息方式、技术形态是一个变量;已经具有基因模块的人,要不断进行重组,即"信息重组",也是"资源重组",或者是重新格式化。这种重组要考虑用一些新的信息来进行知识更新,如《银翼杀手2049》的科幻叙事就不再仅仅是自然语言对现实的转换,而是基因复制的智能人带来的新挑战。这让我们不得不思考并直面新的生命政治、行动哲学和历史技术。

这里提出的问题是,信息不再是自在的,而信息发送和信息接收是一个通过信息交换的修饰、修订和修改的过程。在这个媒介域的操作状态中,我们发现人本身成为媒介，这才是我们现在面临的一个最大的挑战。任何一次技术革命实际上都是一种主体性质的观念革命，而且在这个过程当中一定会产生新的社会呼唤，因为它涉及我们怎样重新定义象征世界、重新组合社会群体、重新确定信息边界以及重新铸造权力秩序。那么这会不会成为我们正在经历或即将面对的一种现象或一种现实？

由此出发，媒介域的方法论意义可以被理解为寻找一种把历史主义价值和技术主义价值相结合的方法论体系，并由此产生以下三点启示，以便于帮助我们理解信息传播的新格局。

第一，新的信息文本和已有的制度管控形成一种竞争型互动关系。因为新兴媒体的移动性、变异性和接近性等技术性能可以无限释放人的信息欲望。这不仅源于信息消费能力的爆炸式增长，更有信息自恋情结的海量释放。后者决定被传播信息的可传播性，因此这种人性化的信息能力不断冲击信息管理的规章制度。什么信息可以被传播，什么信息可以被接受，并不完全是由个人意愿决定的，而是一种社会环境的制度选择。这里面可能涉及的议题是新兴媒体技术格局下的信息频道和社会人群的组合关系，粗略说来有两种可能性：从机械唯物主义的角度来说，社会分工本身产生社会分化，必然导致人群分化，由此形成信息趣味的圈层性；从心理现实主义的角度来说，人们的信息趣味并不必然等同于社会身份的定位，而只是一种主观态度的表达。

第二，信息算法的指数风险。不同的社会群体由于年龄、性别或教育等的不同而具有不同的媒介使用爱好。基于媒介近用的习惯差异，受众的分化状态或分化形式往往从属于媒体产业的经营路标。从传统媒体的经营策略来说，要寻求目标群体的定位、确定信息覆盖的成本、测算信息参与的概率，这种算法往往局限于传统媒体技术的传播路径或传播半径。新兴媒体的产业经营通过虚拟空间来完成，品牌建构的先声夺人和黏性时间的诱惑机制更加突出信息的消费性质，这种信息算法正在通过对人文社会性质的新闻领域的侵蚀来引导一种后新闻、后真相意义的认知博弈。

第三，技术挪用主导意义阐释。新信息的接入会首先利用新的媒体技术，新观念的活力取决于和新媒介技术的黏合性。也就是说，新信息更接近新技

术，二者黏合在一起，就形成新的话语方式或舆论形态，这里面不仅有阶层化、性别化、区域化、行业化的信息链接，也有信息接力的扩散效应所冲撞的管理禁忌。我们对未来的信息化社会的冲击波的未知之处在于，人类社会如何在信息过程的个性化和信息内容的标准化当中进行取舍，由此会导致一种什么样的社会关系和社会环境。

从数学到计算机的媒介考古学*

一般说来，计算是"应用形式规则，对（未加解释的）符号进行形式操作"。① 这一认知过程包括推理、问题求解和思维等内容。当信息传播的流动成为一种生态安全乃至公共安全的砝码时，信息传播结构中的科学数值是人文价值的基数。"计算机已成为无处不在、充满力量的存在，它们特定的数字逻辑正在全球范围内重组文化。"② 正是基于这样的认知，我们今天有必要借助数学的观念发生及其实践效能的历史书写，重新考察传播媒介的发生认识论结构。

为什么要着眼于从数学到计算机的形式操作与人类社会的传播观念的因果关联？美国著名统计学家 C.R. 劳（Calyampudi Radhakrishna Rao）说："在终极的分析中，一切知识都是历史；在抽象的意义下，一切科学都是数学；在理性的基础上，所有的判断都是统计学。"③ 面对这样一个跨学科的思想史问题，我们的探讨限定在历史现象的连续性和间断性当中勾勒知识的轨迹，连接事物的现实性与事件的接续性，更具体地说是从知识演化的历史路标中寻觅媒介技术和传播环境的互动。"遵循福柯的知识考古学，不是在公共话语中发现媒介的隐喻性用途，而是重建由媒介'装置'（dispositifs）创造出来的

---

* 本文原载于《陕西师范大学学报（哲学社会科学版）》2021 年第 4 期，收入本书时略有删改。
① 博登.人工智能哲学[M].刘西瑞，王汉琦，译.上海：上海译文出版社，2001：5.
② 胡塔莫，帕里卡.媒介考古学：方法、路径与意涵[M].唐海江，译.上海：复旦大学出版社，2018：269.
③ 劳.统计与真理：怎样运用偶然性[M].李竹渝，等译.北京：科学出版社，2004：扉页.

生成模型。"①

我们之所以把福柯的知识考古学作为要倚重的方法论原则，是因为"思想史的任务是要贯通那些现存的学科，研究和重新阐释它们。那么与其说它构成一个边缘的领域，不如说它构成一种分析的方式，一种透视法"②。在福柯看来，人类是一定历史阶段的知识系统的创造物，一方面有科学概念发明的事件化陈述，另一方面有技术应用创新的推广和应用范围，所以有必要从总体上去把握知识论、科学观和形式化的结构实践的总体关系。

福柯的知识考古学观念有助于我们不再是简单地复述计算工具的发明史或计算机概念的变迁史，而是基于已知的历史真实去重新梳理事件与事物的话语连接和概念转换。"没有一个陈述不是以这样或那样的方式使其他的陈述重新现实化的（叙事中惯常成分；论证中的已被承认的命题，对话中的习惯用语）。"③尽管福柯在20世纪60年代提出的"考古学"（archéologie）概念在20世纪70年代逐渐演变为"谱系学"（généalogie），在20世纪80年代之后又演变为"问题化"（problématique），但始终保持问题考释的"非连续性"概念，并且把知识的结构与人类的心智和精神的形成联系起来，在话语创新转化为话语本身之后，展现理论生产自身的敞视性。

海德格尔说："人却被视为能思想的动物。人有理由被看作这样一种东西。因为人是理性的生物，而理性，即 ratio，是在思想中展开自身的。"④当我们面对现实去重新考证信息传播的知识谱系时，目的是寻找并分析"能够阐明知识、话语、客体领域等事物构成的一种历史形式"⑤。在本文的探讨中，我们试图着眼于话语的实证性及其支撑条件，以便理解思想史上对数的认知为何形成人类思维模式的非连续性和历史时间的空间分布；这种阐释位置的

---

① 胡塔莫，帕里卡.媒介考古学：方法、路径与意涵[M].唐海江，译.上海：复旦大学出版社，2018：243.
② 胡塔莫，帕里卡.媒介考古学：方法、路径与意涵[M].唐海江，译.上海：复旦大学出版社，2018：150.
③ 福柯.知识考古学[M].谢强，马月，译.北京：生活·读书·新知三联书店，2003：107.
④ 海德格尔.演讲与论文集[M].孙周兴，译.北京：商务印书馆，2020：139.
⑤ 福柯.福柯集[M].上海：上海远东出版社，2003：434–435.

流动性如何创造话语形式的差异化，把对数的形式判定提炼为机器运算的理论策略；同时期出现的"熵"概念不仅度量信息，而且从信息比特（bit）的角度奠定了今天的量子信息理论的基础。通过梳理衔接认识、制度和实践的知识再分配的历史节点，力图呈现出对人类已有的关于生存、实践和思考的方式的一种反思，进一步把握在阐释知识、话语和对象之间的关系中被推进的人类社会实践的历史进程。

一、数学观念及其实践的认识论意义

在中国历史上，结绳计数和契刻计数的方法使用了几千年，到商朝已经形成较为完备的文字系统和文字计数系统。算法在中国古代文献中被称为"术"，最早出现在公元前1世纪的《周髀算经》和随后的《九章算术》中。文言文中的"案牍"即指在行政管理中所涉及的信息和资料的分类和统计。在西方，一般认为公元前3世纪古希腊数学家欧几里得第一个提出算法：求取两个整数之间的最大公约数。

从今天的人们所具备的常识来看，人类社会的信息传播一开始就不得不需要一种编码方式。考古学提供的材料证明，人类社会最早的信息编码系统应该是标志实物的陶筹，"楔形文字的直系前身是陶筹系统。这些小的、由黏土制成的物体形状各异——圆锥体、球体、盘状物、圆柱体等——它们是史前近东地区的算筹，可追溯至公元前8000年左右的新石器时代"[①]。从这个意义上说，人们产生数的概念要先于文字的概念。

在两千多年前的古希腊时期，最早的哲学流派米利都学派试图把物质世界的基本元素归纳为"水""无限"或者"气"。由于物质世界的千变万化，人们更希望用一种抽象的理念来把握客观世界。发端于意大利南部海岸和西西里岛的毕达哥拉斯学派，开拓性地提出以数为中心及以其关系为基础的思考。直到今天，人们还是认为，在古希腊哲学中有三种思想至今仍然决定着

---

① 贝瑟拉.文字起源[M].王乐洋，译.北京：商务印书馆，2015：12.

现代科技发展的道路：一是原子论，二是毕达哥拉斯主义，三是目的论。①

如何从认识论的角度来看待数的问题？这就需要解释数的概念是如何发展演变的，以及这种知识增长所依靠的推理程序。毕达哥拉斯学派从定性观察出发，发现各种不同的现象都潜藏着相同的数学成因。所以，"数学是他们解释自然的第一要素，所有物体都是由物质的基本微粒或'存在单元'根据不同的几何形状组成的。单元的总量实际上代表了实在的物体，数学是宇宙的实体或形式。因此毕达哥拉斯学派认为'万物皆数也'"②。这一看法强调数是事物的内在特征。柏拉图最早意识到数的认识论的意义："而所谓真实是事物之间存在的真正的快和真正的慢，还有事物包含着的数和形，事物就好像运载数和形的车子。"③

柏拉图在他学院入口的上方写下了一句名言："不懂数学者请勿入内！"对数的认知在他那里已被上升到本体论的高度。"柏拉图用两种心理状态（pathemata）或我们所称为的两种认知模式对知识世界做出了划分。他把其中一种（noesis）等同于辩证法的使用，他把另外一种（dianoia）则用数学、'几何学以及它的兄弟学科'来加以说明。"④柏拉图认为数超越了事物本身，数及数的定律具有普遍性和终极真理的性质，它是由数学实在、实在的本性通过抽象构成实在的实体（数、集合等）所确定的。从柏拉图的实在论出发，数学实体是独立于自然（或物质）的存在。

后来，亚里士多德提出第一哲学，即形而上学。⑤这一思考有两个大问题：存在的问题和神学的问题。形而上学的问题被称为本体论。一般认为最早提出这个问题的是前苏格拉底的爱利亚学派的巴门尼德，因为他最早提出思维和存在的统一。然而，当代思想史学者告诉我们："'知识'的观念与'数学'

---

① 派利夏恩.计算与认知［M］.任晓明，王左立，译.北京：中国人民大学出版社，2007：3.
② 克莱因.数学：确定性的丧失［M］.李宏魁，译.长沙：湖南科学技术出版社，1997：4.
③ 柏拉图.柏拉图全集：第2卷［M］.王晓朝，译.北京：人民出版社，2003：530.
④ 克诺特.剑桥柏拉图研究指南［M］.王大庆，译.北京：北京师范大学出版社，2018：214.
⑤ 摩根史特恩，齐默尔.哲学史思路：穿越两千年的欧洲思想史［M］.唐陈，译.北京：中国人民大学出版社，2006：13.

的概念密切相关。因此，'数学'是所有希腊哲学和科学的样板。"①这一观点也在中国学术界得到强烈呼应，学者张祥龙甚至明确宣称："我的看法却是：形而上学之所以能在西方（古希腊）出现并成为传统哲学中的显学，首先要归功于西方数学的激发与维持。概念形而上学的'真身'是在数学。所以，谈论形而上学，尤其是它的起源，决不可只从巴门尼德开始，而应该上溯到毕达哥拉斯这位主张'数是万物本原'的数理哲学家。"②很明显，毕达哥拉斯的这一观点强调数是一切存在物的基础，并规定了存在物的性质和状态。

然而，毕达哥拉斯的妻子西雅娜（Thearno）却认为"万物皆数"的传言制造了一个逻辑困境：如何想象不存在的事物还要产生其他事物？正如亚里士多德曾经在《形而上学》中批评毕达哥拉斯学派所说的，"让自然物体出于数目，从没有轻和重的东西中造出轻和重来"③，因为亚里士多德认为，数学实体是人类发明的一种产物，是以某种方式存在于自然（或物质）世界的一部分。西雅娜认为毕达哥拉斯的意思是万物与数字和谐一致——因为数字参与了秩序建构，可计数的事物才相继产生序列。④事物之所以成为事物，是因为它可以被计数。无论事物是具象还是抽象的，只要它可以在描述中加以区别，即可成为一个事物。因此，毕达哥拉斯提出的事物和秩序的紧密联系在于肯定事物可以被排序、被计算、被安排，这形成了人类文明史上的抽象思维的原创性范式："毕达哥拉斯派所发现的声音间的数字规律仍然是现代音乐理论的一部分。希腊人得出的数学模式组成了欧洲史上第一个严密的抽象思维体系，其结果对于一切能思考的人类来说是可以传授的和可以再生的。古希腊人最早得出了某种形式的演绎知识，包含了一定程度的确定性，这个确定性

---

① 克莱因.雅各布·克莱因思想史文集[M].张卜天，译.长沙：湖南科学技术出版社，2015：43.
② 张祥龙.数学与形而上学的起源[J].云南大学学报（社会科学版），2002（2）：31-35，79.
③ 亚里士多德.形而上学[M].苗力田，译.北京：中国人民大学出版社，2003：302.
④ 穆尔，布鲁德.思想的力量：哲学导论[M].李宏昀，倪佳，译.上海：上海社会科学院出版社，2009：22.

 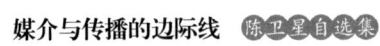

不受人们的信仰、期望和感情的影响。"①

因此,哲学家罗素认为,在毕达哥拉斯之后,哲学家的思想观念要么受数学启发,要么受经验影响,柏拉图、阿奎那、斯宾诺莎和康德属于"不妨叫作数学派的那一派"。这些哲学家提出数学的原则是事物的原则,强调"事物的本质是数"②。甚至我们可以设想,当人们的生活经验积累了足够的怀疑和不确定之后,数学有可能被看成是确定性最后的堡垒。与罗素同时代的著名数学家、哲学家怀特海也认为毕达哥拉斯是掌握逻辑推理原则的第一人:"他看出了数字在帮助人们叙述出自然秩序中所涉及的条件时的重要意义。"③

此后,希腊哲人赫拉克里特提出著名的逻各斯(logos)概念,同时统摄个体认识能力和公共认知需求。这一重大概念在代表语言、演说、交谈、故事和原则等主体认识能力之外,也代表了理性、思考、计算、关系、因果推理和类推等公共认知需求。当今媒介考古学家基特勒对此进行归纳:"希腊语中的逻各斯一词具有潜在的双重含义:它意味着我们所提出的所有理由即等于我们所谈到的自然中的所有范围,只有当拉丁语根本不能呈现这种希腊语的模糊性时,第一层含义的逻各斯才成为修辞(oration),而在第二层含义里则是计算(ratio)。"④

数是一种符号,数与数之间形成的计算关系何以形成一种具有思想性质的概念?在人类思想史上,17世纪的英国唯物主义哲学家霍布斯明确把"计算"的概念上升到政治哲学的高度。他认为,哲学是通过真正的推理而获得的关于事物的原因和结果的知识。"推理就是一种计算,也就是将公认为标示或表明思想的普通名词所构成的序列相加减;我所谓的标示是我们自己进行计算时的说法,而所谓表明则是向别人说明或证明我们的计算时的说法。"⑤ 英

---

① 普里戈金,斯唐热.从混沌到有序[M].曾庆宏,沈小峰,译.上海:上海译文出版社,2005:41.
② 罗素.西方哲学史:下卷[M].马元德,译.北京:商务印书馆,2001:389.
③ 哈代,维纳,怀特海.科学家的辩白[M].毛虹,仲玉光,余学工,译.南京:江苏人民出版社,1999.
④ 基特勒.走向媒介本体论[J].胡菊兰,译.江西社会科学,2010(4):249-254.
⑤ 霍布斯.利维坦[M].黎思复,黎廷弼,译.北京:商务印书馆,1986:28.

国哲学家托马斯·霍布斯的计算立足于对市民的权利身份和代表资格的政治建构,试图提出透明的计算式市民(citoyen calculateur nu)[①]的概念,连同知识这种被创造的权力一起,作为现代权力政治的根基,通过计算的力量和社会力量不停地建构利维坦。

在17世纪的科学观念创新大潮中,伽利略—笛卡尔革命强调了语言之外的数学逻辑,即把数学符号系统作为自动语言的指令进行形式逻辑运算。既然可以通过精确量化的数学法则来测定物理世界,那么有理由幻想一种自动化的逻辑机器完成一种具有普遍性质的符号形式操作。17世纪的著名法学家格劳秀斯和哲学家斯宾诺沙开始尝试用数学模式参与创建关于国家和社会的新科学,由此产生社会科学模仿和应用数学的四种形式:数学推理般清晰和确定的表达形式,知识结构的形式(如定义、公理、定理的证明),运用数学技巧和方法来生产一种道德伦理演算或社会数学,已经通过被自然科学证明成功的方式来运用社会数据。[②]

在德国古典哲学创始人康德看来,数学的公理和定理属于先验综合判断:一方面为对象提供先验知识,确定主体感知的时间和空间的形式建构;另一方面,数学知识的增长是通过与其概念相应的对象的综合(构造),从公理衍生出定理。18世纪法国最后一位哲学家孔多塞大声疾呼:"科学的最终目标是要使一切真理都服从于计算的精确性……如果说这种方法其本身只不过是对数量科学的一种特殊工具的话,那么它就还包含有一种普遍工具的原理是对一切的观念组合都适用的。"[③]孔多塞提出的"数学社会"的概念显然寄托着启蒙运动思想家的社会理想。

[①] RUNO L. Nous n'avons jamais été modernes [M]. Paris: La Découverte, 1991:42.
[②] 科恩.自然科学与社会科学的互动[M].张卜天,译.北京:商务印书馆,2016:139.
[③] 孔多塞.人类精神进步史表纲要[M].何兆武,何冰,译.北京:生活·读书·新知三联书店,1998:152.

二、计算机是符号运算的物质载体

因为数学是源于物质对象的一种抽象符号，所以人们可以通过数学的方式来把握事实或确立概念，即通过运用数学工具对事物进行记录和测量，这奠定了自然科学的坚实基础。海德格尔指出："除了这两种通常所谓的近代科学的标志——它们是事实科学和通过实验进行的研究——之外，人们一般还会提到第三个特点。他们强调说，新的科学是进行计算和测量的研究。这是正确的，只是这同样适合于古代科学，它们同样借助尺度和数字进行工作。"[①] 从毕达哥拉斯的几何学发明开始，测量就成为自然科学研究的常规手段，直到这种量化方式渗透到人文知识领域，对人类社会的生产实践活动中的关系和变量进行测量和计算，从而催生出社会科学，逐渐演变成今天的知识地形图：知识是呈现规律的信息，而信息则是有背景的数据，数据是信息的载体。

雅各布·克莱因认为："我们的所有生活和思想都是由数学物理学塑造的。事实上，数学物理学，我们心灵的这个庞大构造，即使不是我们现代世界最重要的事物，也是最重要的事物之一。"[②] 他坚信现代思想源于17世纪发展出来的"普遍数学"（mathesis universalis）的观念，这不仅是呈现真理的方式，还是发现真理的技艺。已知的第一台机械计算机由德国科学家威廉·契克卡德（Wilhelm Schickard）于1623年建造，但法国学者布莱士·帕斯卡尔在1642年发明的能计算加减法的计算机更著名。"他想利用一种类似于钟表的装置来做加减，安排进位，将乘法变为一系列的加法……他想出了决定性的办法：在齿轮上安装弹簧以便于它们在进位时从一个位数转到

---

① 海德格尔. 物的追问：康德关于先验原理的学说 [M]. 赵卫国, 译. 上海：上海译文出版社, 2010：61.

② 克莱因. 雅各布·克莱因思想史文集 [M]. 张卜天, 译. 长沙：湖南科学技术出版社, 2015：43-44.

另一个位数。"① 在历史上，这是第一次使符号操作自动化，研发出一种能编排运算规则程序的机器。从认知科学发展史的角度来说，"心智计算理论"（Computational Theory of Mind，CTM）的萌芽是从 17 世纪开始的。

如果存在"普遍数学"，数学是否可以通过逻辑推导出来？17 世纪的德国大思想家莱布尼茨后来发明的计算机可以进行四则运算，他还主张把真理区分为理性真理（或称必然真理）和事实真理（或称偶然真理）。他认为："一个真理是必然的，若它的否定蕴含着矛盾；如果一个真理不是必然的，就称它是偶然的。"② 好比所有的直角都相等，外部世界存在的事实源于感性知觉，由数学体系的发展而揭示外界的力、物质、空间、时间和运动的性质，数学真理是必然真理，所以可以从逻辑中推演，且在他所提出的可能的世界体系中都是正确的。

莱布尼茨醉心于人类思想的符号系统，试图把数学活动处理为纯粹的概念符号操作，甚至产生如此这般的畅想："假设有一台机器，它的构造使它能够思考、感觉以及感知；假设这台机器被放大但是仍然保持相同的比例，因此你可以进入其中，就像进入一间工厂。假设你可以在里面参观，你会发现什么呢？除了那些互相推动和移动的零部件以外，什么都没有，你永远都不会发现任何能够解释感知的东西。"③ 这就直接提出一个问题，即如何把能够创造和处理符号的认知能力外在化或对象化。

如何把对机器各部件之间的系统性关联的思维转化为一种可以计算的方式？莱布尼茨提出了建立理性演算的设想，即建立一种通用的符号语言以及在此符号语言上进行推理演算。这种用数学方法来研究关于推理、证明等问题的方式为数理逻辑的产生和发展奠定了基础，而且是现代机器思维设计思想的萌芽。

一个世纪以后，终于出现了莱布尼茨所期待的以自动化的逻辑机器为内

---

① 阿塔利.帕斯卡尔：改变世界的天才[M].鲁方根，赵伟，译.上海：上海人民出版社，2014：55.
② 克莱因.数学：确定性的丧失[M].李宏魁，译.长沙：湖南科学技术出版社，1997：217.
③ 库兹韦尔.人工智能的未来[M].盛杨燕，译.杭州：浙江人民出版社，2016：35.

容的"新系统"。1821年，英国发明家查尔斯·巴贝奇（Charles Babbage）发表了论文《机械应用于数学表计算的思考》，随即开始设计并建造容量为20位数的计算机。通过把三角学（trigonometry）和弹道学（ballistics）中的相关公式化约为循环的差分方程，这台差分机（difference engine）实际上能进行某些8位数的数学运算，用于计算工程和数学项目的科学用表。这时，制造计算机采用的技术已经从机械过渡到机电。巴贝奇试图制造一部完全由程序控制的分析机（analytical engine），想象这是"一台硕大的、泛着微光的机械，由黄铜和白蜡制成，包含数以千计的曲柄、转轮、嵌齿和齿轮，无一不加工得极端精密"①。巴贝奇为此想出30种不同的设计方案，画出2100张组装图和50,000张零件图，不过这一工程囿于当时机械技术的限制而未果。巴贝奇也是幸运的。他依托英国皇家科学和工程学项目的预算，在数十年的科学追求中，成为研发计算机的先驱。

借用当时最先进的蒸汽驱动技术，巴贝奇的努力虽然功败垂成，但他意识到计算机应该以精确的、数学形式的逻辑为基础。巴贝奇没有实现的执念是他对数的期待，因为他"认为数是一种可以通过生产得到的商品 这个想法并不自然，毕竟数是抽象的，它只存在于观念当中，也是无穷的，没有什么机器能够增加客观存在的数。而巴贝奇的机器所生产的 是那些对人而言重要的数，也就是带有某种意义的数。比如2.096,910,013就带有一种意义：它是125的常用对数"②。

领悟这一价值想象的人是他的学术知音、英国诗人拜伦的女儿奥古斯塔·阿达·金，勒夫蕾丝伯爵夫人（Augusta Ada King, Countess of Lovelace）。她不仅和他一起发明分析机，而且就此提出更具普遍性、前瞻性的未来设想。她认为这台机器不仅执行计算，还执行运算（operation）。按照阿达的说法，运算指"任何改变了两种或多种事物之间相互关系的过程"，"运算科学的独立性很少有人感受到，且总体上也很少有人谈论，一个主要原

---

① 格雷克. 信息简史 [M]. 高博，译. 北京：人民邮电出版社，2013：79.
② 格雷克. 信息简史 [M]. 高博，译. 北京：人民邮电出版社，2013：79.

因是数学记法中的许多符号有着不断变换的意义"。① 运算在实体操作和抽象过程中形成联系，处理数的机器变成处理信息的机器。这差不多是最早的编程概念。

阿达认为计算的抽象价值在于它的真理性，而且是通过它的独立来产生它自足的一个价值，因为其中的数字转换能够产生新的意义。她已经意识到，计算过程中的递归运算系列能够形成自身的循环，由此产生今天被称为"子程序"的概念。阿达从数据编程中想象出人类还可能产生新的逻辑关系，并提出数学的符号化问题，即用数学来显示人的思维和推理过程。在基特勒看来，把人类意识和计算机器相结合，是近代媒介革命的开端："机器不再像过去那样只是控制人的肌肉，还接管了人的中枢神经系统的官能。这种差别——不是蒸汽机车和铁路能比拟的——带来了物质和信息之间、真实界和象征界之间的明确分工。"② 也就是用技术数据处理来模拟大脑数据处理，借助媒介的物质性界面来建构媒介传播的程序。

三、希尔伯特方案与哥德尔定理

在西方哲学的传统中，往往会强调把逻辑作为表示知识方式的重要依靠。但从中世纪末到 19 世纪，西方哲学的逻辑研究处于停滞状态。直到 19 世纪中期，由几何到数论的数学公理化运动出现，通过弗雷格的《算术基础》、怀特海与罗素的《数学原理》的问世，整个数学被还原为逻辑。1898 年，怀特海在《普通代数论》中给出一个明确论断："数学的理想应是建立起便于同思维或外部经验的每一领域相联系的推论的计算，通过这种计算能对思维或事件的序列明确地断言或精确地表述。"③ 这就是说，所有的数学概念，即算术、代数和分析的概念都可以用逻辑术语予以定义。同时，所有的数学定理都可

---

① 格雷克. 信息简史 [M]. 高博, 译. 北京: 人民邮电出版社, 2013: 110.
② 基特勒. 留声机 电影 打字机 [M]. 邢春丽, 译. 上海: 复旦大学出版社, 2017: 16.
③ 埃姆斯. 罗素与其同代人的对话 [M]. 于海, 黄伟力, 译. 昆明: 云南人民出版社, 1997: 125.

以通过形式逻辑原则给出的定义来进行演绎和予以证明。这种理论就是逻辑主义,意味着把几何、数学与逻辑等不同领域的知识范畴整合在一起。

结合经验证实理论的逻辑实证主义成为20世纪早期的维也纳学派的理论导向,由此发展出新的科学哲学观念,即科学知识的增长机制与客观确定性的问题,认为科学的概念是对于"直接的所与"或"体验的联系"的确认。① "只有数学和经验科学的命题才有意义,而其他一切命题都是没有意义的。"② 语句只有当它能够被感觉经验所证实时才有意义。这不仅认为命题的意义取决于有没有用经验去证实它的方法,而且提出从"可证实原则"转向"可检验性原则"再到"可验证性原则"的研究思路,坚信所有的知识都可以用最终对应于与传感器输入的观察语句相联系的逻辑推理来表达。逻辑实证主义的集大成者鲁道夫·卡尔纳普在1928年出版了代表作《世界的逻辑构造》,在"描绘保证自然科学知识的客观性背后的逻辑形式"③ 的同时,第一个直接提出把意识当作计算过程的理论。

按照海德格尔的说法,数学的重要性在于它提供了一个学习的样本、路径和参照系。换言之,数学本身就是一种形式,包含4个要素:字符、构成合式公式的语法规则、公理和推理规则。一切被感知的事物如果要进入人的大脑成为被感知的存在,都要借助这样或那样的形式化过程,由此产生算法思维:"将某一过程形式化,也就是建立一种算法,将这一过程描述出来。任一事物,只要能够形式化,就可以由计算机来完成,其逆反推论也成立:任何不能形式化的事物,计算机都无法实现,所以我们又可以说,(狭义)形式化的界限就是计算机的界限。"④ 由此可以推理出计算是知识演化的基础,而这一演化的实际步骤自然要面对如何把握形式系统的直观概念,呼唤作为工具的机械式计算机的出现。

---

① 洪谦. 维也纳学派哲学 [M]. 北京:商务印书馆,1989:169.
② 卡尔纳普. 哲学和逻辑句法 [M]. 傅季重,译. 上海:上海人民出版社,1962:18.
③ 弗里德曼. 分道而行:卡尔纳普、卡西尔和海德格尔 [M]. 张卜天,译. 北京:北京大学出版社,2010:138.
④ 博登. 人工智能哲学 [M]. 刘西瑞,王汉琦,译. 上海:上海译文出版社,2001:9.

在 20 世纪初期，数学哲学形成三大流派：逻辑主义、形式主义和直觉主义[①]。不同的流派在对世界的真伪判断上形成不同的思路，"我们是否简单地遵循着某些算法？这种算法由于自然选择的强有力的过程无疑地比其他效率更低的可能算法更加优越。或许还有其他探索真理的非算法的途径——直觉、秉性或洞察"[②]。领导德国哥廷根学派的数学家大卫·希尔伯特（David Hilbert）当属形式主义学派（赞成像数字这样的符号而不赞成像数这样的抽象物[③]）的领军人物，他探索数学基础与数理逻辑的具体问题，通过采纳公理化方法来考察数学基础研究，致力于把一般的数字推理形式化为逻辑演绎，研究其在元数学意义上的一致性、完全性、独立性以及其他一些"完善性质"。

希尔伯特和阿克曼（Ackerman）在 1928 年合著了《理论逻辑基础》，同年在国际数学家大会上提出了著名的"可判定性问题"，旨在寻找一个严格的、分步的算法，形成一种演绎推理的形式语言，即把数学对象与形式系统的符号串相匹配，从公理出发的全部演算仅仅是符号的推理，不考虑其语义、内容，希冀发现一个没有内在矛盾的并且其定理完全符合全部算术的事实的形式系统：一方面，数学里所有的真命题都可以根据规则被证明，即完备性；另一方面，形式化的规则不可能推导出矛盾，即同时是真又是假的命题，这就是相容性（compatibility，又译为一致性、自洽性）。为此，应该有一种算法，以有限的、程序性的步骤来确定每一个形式化的命题是真还是假。这一设想被称为"希尔伯特方案"（Hilbert's Program）。

希尔伯特的宏大愿望是要解决对数学可靠性的种种质疑，这里至少涉及三个问题：数学真理是否总能证明其完备性，数学是否前后一致而没有内部矛盾，数学能否通过机械化的运算来判定某个数学陈述的对错。简而言之，"对于给出的任一个数学命题，都可以通过判定这个命题在系统中能否被证明

[①] BUNNIN N, E P TSUI-JAMES, 燕宏远, 等. 当代英美哲学概论：上册 [M]. 北京：社会科学文献出版社，2001:452.

[②] 彭罗斯. 皇帝新脑 [M]. 许明贤, 吴忠超, 译. 长沙：湖南科学技术出版社，2007：133.

[③] 欧文. 爱思唯尔科学哲学手册·数学哲学 [M]. 康仕慧, 译. 北京：北京师范大学出版社，2015：32.

而判别其真假"①。希尔伯特的意图旨在呼应莱布尼茨的伟大梦想：通过一系列机械的规则来表示所有有效的推理过程。

1931年，天才数学家、逻辑学家、哲学家库尔特·哥德尔发表题为《论数学原理中的形式不可判定命题及有关系统》的论文，其中包含两个惊世骇俗的结论：一是，一个包括初等数论的形式系统，如果具有一致性并且无矛盾，那么就是不完全的。二是，任何包含一阶算术的形式系统，该形式系统的无矛盾性在该形式系统内无法通过有穷的步骤得到证明。换句话说，如果这样的系统是一致的，那么其一致性在本系统中不可证（在系统外部看来是真的命题，在系统内部无法得到证明）。

哥德尔的研究发现存在着形式算术系统的不完全性定理，事实上回答了希尔伯特所关切的数学的完备性和数学的一致性这两个问题。如果推导出任何解释系统都不能完满解释它自身，那么也意味着任何复杂的形式化系统都难以进行自我证明。从认识论的角度来看，著名的数学家道格拉斯·霍夫斯塔德（Douglas Hofstadter）认为，哥德尔定理揭示出人类思想活动中的"自我指涉"（autoreference）的问题。因为人类是以思维研究思维，无法避免自我指涉，更加需要开放思维。或者说，"人们想要证明一个理论的一致性，只能通过用更强的手段，而不是用体现在这个理论本身中的手段"②。

"哥德尔的天才之处，就在于他认识到数字是体现任何种类的模式的普遍中介，并且正因为如此，表面上看来只是有关数字的命题，事实上能够被看成是有关其他领域的命题的编码。"③就实质而言，哥德尔定理证明，从一个公理系统演化出来的正确陈述并不都是可以证明的。更通俗地说，一个真的命题，它的肯定与否定形式都不可能在此形式系统内得证，即存在不可判定的命题，命题既不能被证实也不能被证伪。也就是说，一个思维演绎的形式系

---

① 弗洛里迪.计算与信息哲学导论：上册［M］.刘钢，译.北京：商务印书馆，2010：62.
② 鲍德温.剑桥哲学史：1870—1945［M］.周晓亮，译.北京：中国社会科学出版社，2011：170.
③ 内格尔，纽曼.哥德尔证明［M］.陈东威，连永君，译.北京：中国人民大学出版社，2008：10.

统至少会产生一个该系统不能证实（也不能证伪）的正确陈述，这就使得该系统是不完全的。因为我们永远不可能知道所有事情，也不可能证明我们发现的所有事情。简而言之，可证的一定是真的，但真的不一定可证。客观数学真理与可证性相比是一个高度超穷的概念。

哥德尔的观念，即作为逻辑学一部分的集合论不是一门纯形式的科学，而是对某个客观实在的描述，并在跨越逻辑学范畴的前提下触及真理、知识以及确定性的本质的命题。所以其被称为定理，即被证明是成立的某种东西，而不是公理，即我们假设它成立的某种东西。分析哲学大师蒯因把这一定理视为现代逻辑的典范："它是一个严格的、用一种从数论的其他语句中逻辑地推出一些语句的方式表达的、关于什么能够做和什么不能够做的数学定理。"[①] 通过揭示数学（其至算术）算法上的不可穷尽性，这一定理把问题意识指向逻辑与直观、形式与内容、机器与心智、真与可证、实在与可知之间的辩证法。"在1826年到1914年间，逻辑发生了不可逆转的变化，使得哥德尔、丘奇和图灵的成果在20世纪30年代达到了元逻辑学的极限。这些成果动摇了数学，而为随后的计算机革命奠定了基础。"[②] 就此而言，哥德尔定理的意义在于一种科学发展史上的奠基性贡献，人们甚至把这个定理与那个年代的理论创新相提并论，如弗洛伊德的心理学、爱因斯坦的相对论、玻尔的互补性原理、海森堡的测不准原理、凯恩斯的经济学和DNA的双螺旋等。

四、从"图灵机"概念到人工智能

确定在给定的形式数学系统中哪些数学命题是可证明的，哪些是不可证明的。针对希尔伯特的设想，后来被誉为"计算机科学之父"和"人工智能之父"的英国数学家、逻辑学家、计算机学家、密码分析学家和理论生物学

---

① 蒯因.论现代逻辑的应用[J].孙伟平,译.湖南科技大学学报（社会科学版）,2005（5）:42-44.
② 鲍德温.剑桥哲学史:1870—1945[M].周晓亮,译.北京:中国社会科学出版社,2011:133.

家阿兰·图灵（Alan Turing）提出了完成机械步骤的理论构想。

1934年，图灵从剑桥大学毕业后，为表彰他在概率论方面的研究，他被选为剑桥大学国王学院的研究员。1936年，在他后来的博士生导师、美国数学逻辑学家阿朗佐·丘奇（Alonzo Church）的推荐下，他发表了以一个华丽的德语单词收尾的论文《论可计算数及其在判定性问题上的应用》（"On Commutable Numbers with an Application to the Entscheidungsproblem"）。该论文提出了一个著名论点：所有很自然地被认为可计算的函数都是可计算函数。① 函数式表达的是意义，代表的是关系。事物或对象是个关系"事件"，是一个可变关系的性质的"集合"。这篇论文的证明方法借助于虚构的"逻辑计算"（logical computing machine），探索"机械程序"（即"算法""计算程序"或"有穷组合程序"）的概念。这种算法模型是一种抽象的、理想的计算机理论，孕育出被后世学者引经据典的通用图灵机（Universal Turing Machine，UTM）概念，即一个图灵机的执行过程也可编码为数据，通过指令一步一步执行，被编码的图灵机就是存储的程序，即今天的软件。

当时的计算仅限于人工性质的脑力操作，用图灵自己的话说，"计算通常是通过在纸上书写特定的符号来完成的"以及"计算员在任何时刻的行为是由他正在观察的符号和他的'心理状态'来决定的"。② 图灵把计算定义为一个被机械系统模拟的过程，每一个阶段所采取的行动仅仅取决于受到注意的那些符号以及当前的思维状态，由此形成一种算法："根据我的定义，如果一个数的小数表达式可以被机器写出来，那么它就是可以计算的。"③ 图灵机由一个任意长度的分区化的纸带组成。将纸带分成一个个方格；纸带上的每一个方格写一个二进制符号（0和1），机器每次只能感知一个符号；不同格局（configuration）对应不同的"思维状态"。通过基本操作（移动、打印、擦

---

① 张家龙.数理逻辑发展史：从莱布尼茨到歌德尔［M］.北京：社会科学文献出版社，1993：418.

② 撒加德.爱思唯尔科学哲学手册·心理学与认知科学哲学［M］.王姝彦，译.北京：北京师范大学出版社，2015：556-557.

③ 格雷克.信息简史［M］.高博，译.北京：人民邮电出版社，2013：204.

除、变更状态以及停机），图灵机可以构建出更复杂的过程。机器可以做人类在计算时所能做的一切工作，其中不需要任何知识或直觉。

借助于图灵定理，可以假设一台通用图灵机能将任何形式系统自动化：首先对于给定的问题予以形式表达，指定相应的符号，建立合适符号串的规则（句法），确定对这些符号串的解释；然后在处理过程中获得新的符号串，计算就是符号串的连续变换，或者说计算是基于规则的物理状态的变换。图灵对计算机发展的主要贡献是设计了一个输入—输出系统，并设计了它的编程系统。

图灵机已经基本归纳出算法的基本特征：输入、输出、明确性、有限性和有效性。也就是说，这种机器能够认识自然并形成某种概念，对被"观察"的信息进行判断并形成知识。图灵机的特点就是模拟大脑达到通用计算的能力：给大脑一个算式，它会自动计算。"在模拟计算机中，每一个数，都用一个适当的物理量来表示……要使计算机能够进行计算，也就是说，能按照一个预先规定的计划对这些数进行运算，就必须使计算机的器官（或元件），能够对这些表示数值进行数学上的基本运算。"[1] 任何可计算的机器都可以通过程序进行计算。这种"可计算的心智概念"打破了笛卡尔哲学观念的身心二元论，从而把心智机器化，思想的界限就是可计算的界限。

在第二次世界大战期间，图灵先是设计出一个叫作 Bombe 的电子计算器，帮助破译德国纳粹军方的"谜团"（Enigma）密码机发出的信息。1943年，图灵参与研制以继电器为基础的世界上第一台可操作的计算机。这台具有上千个电子管的密码破译机被称为"巨人"（Colossus）。"特别要指出的是，图灵机模型内含有两种观念：关于不能计算的东西的观念，以及关于通用机——即能够做任何机器能做到的任何事情的计算机——的观念。"[2] 至少从1941年开始，图灵就开始思考一个在当时被称为机器智能的问题，探索机器学习的可能性。

---

[1] 诺意曼.计算机与人脑［M］.甘子玉，译.北京：商务印书馆，1965：3.
[2] 博登.人工智能哲学［M］.刘西瑞，王汉琦，译.上海：上海译文出版社，2001：152.

图灵于 1936 年发表的论文的创新之处在于探索机器能否判定（任何可定义的数学问题是否有解、判定问题），图灵机的设计初衷是为了回应一个数学问题，即"是否存在能在原则上一个接一个地解决所有数学问题的某种一般的机械步骤"①。这种想象中的机器之所以能对计算机的发展产生重大影响，是因为图灵机把机械（或计算）过程的直观概念与形式系统的直观概念相统一，从而揭示了哥德尔的不完全性定理的普遍性。哥德尔后来是这样总结的："严格一点说，一个形式系统不是别的，正是一种在某些步骤上容许事先确定选择范围的多值图灵机。操作图灵机的人，可以根据自己的选择，在某些阶段上设定一种尺度。这恰恰就是人们在形式系统里证明定理时所做的事。"② 所以图灵的理论更像"是一个思想实验，而不是一项工程提案"③。从数学和学术角度来看，图灵首次看到了数学、逻辑、心灵和机器之间的关系，在事实上构想了一种具有"通用"性质的多功能计算机。"图灵只是陈述对有穷字符串进行操作的机器能被证明等价于对个别符号进行操作的机器，及等价于平常的图灵机；哥德尔诉诸对一般递归性和可计算性是等价的这个事实的'图灵的证明'。"④ 图灵机有关机械程序的分析，为哥德尔的不完备性定理的哲学解释奠定了基础。

1937—1941 年，美国爱荷华州立大学的阿塔纳索夫（Atanasoff）教授和他的研究生贝瑞（Berry）开发出世界上第一台电子计算机"阿塔纳索夫－贝瑞计算机"（Atanasoff-Berry Computer，ABC）。之后，第一部通用程序控制计算机 Z-3 是德国人 K. 楚泽（Konrad Zuse）在 1941 年采用继电器制成的，3 年后，哈佛大学物理学家 H. 艾肯采用同一方法制成了一台程序控制自动数

---

① 彭罗斯.皇帝新脑［M］.许明贤，吴忠超，译.长沙：湖南科学技术出版社，2007：44.
② 王浩.逻辑之旅：从哥德尔到哲学［M］.邢滔滔，郝兆宽，汪蔚，译.杭州：浙江大学出版社，2009：260.
③ 丹尼特.意识的解释［M］.苏德超，李涤非，陈虎平，译.北京：北京理工大学出版社，2008：240.
④ 欧文.爱思唯尔科学哲学手册·数学哲学［M］.康仕慧，译.北京：北京师范大学出版社，2015：778-779.

字计算机 MarkI。① "与现代计算机相比,它们只是计算器,因为它们不能够存储指令,也不能够在没有人为干预的情况下,根据中间结果来修改计算进程。"② 与此同时,美国科学家约翰·冯·诺依曼(John von Neumann)等人开始牵头研制 1945 年 11 月正式问世的全球第二台电子计算机和第一台通用计算机伊尼亚克(Electronic Numerical Integrator and Computer,ENIAC)。这台重达几十吨的机器有 18,000 个电子管,耗电量达 100 多千瓦,可以在 1 秒钟内完成 5000 个加减运算。

图灵的观念创新在于确认了信息技术与思维方式的密切关系。他在 1950 年发表了题为《计算机器与智能》("Computing Machinery and Intelligence")③ 的论文,提出用人类的表现来衡量假设的智能机器的表现的图灵测试(turing test)。这个被称为"模仿游戏"(The Imitation Game)的概念意在探索机器能否有思维(机器智能问题)。在这一基础上,人们后来把计算机的智能确定为自然语言处理、知识表达(储存已知的信息)、自动推理(用库存信息来回答问题或提取结论)和机器学习(适应环境并能检测和推断新的模式),同时要求具备能感知物体的计算机视觉、操纵和移动物体的机器人技术。④ "图灵认为神经系统与机器之间不存在物质上的一致性,其一致性存在于神经系统与机器之上运行的共同的抽象操作,这种抽象操作就是计算,它根本不依赖于具体的物理媒介。"⑤ 换言之,是信息技术引发了一种试验或游戏,即把人的大脑复合神经从它的身体基础上分离出来,并且把它移植到另一个载体上,从而使内在化的意识具有可操作性。

图灵大胆地预言:"到本世纪末,词语用法和普遍的知识观念会发生天翻

---

① 库兹韦尔.人工智能的未来[M].盛杨燕,译.杭州:浙江人民出版社,2016:342.
② 奈.剑桥科学史·近代物理科学与数学科学[M].刘兵,江晓原,杨舰,译.郑州:大象出版社,2014:521.
③ 侯世达,丹尼特.我是谁,或什么:一部心与自我的辩证奇想集[M].舒文,马健,译.上海:上海三联书店,2020:57-73.
④ 拉塞尔,诺文.人工智能:一种现代方法[M].2 版.姜哲,金奕江,张敏,等译.北京:人民邮电出版社,2004:4.
⑤ 符征,李建会.认知计算主义的六个里程碑[J].科学技术哲学研究,2015,32(3):22-26.

地覆的变化，到时我们可以论及机器会思考而不会招致非议。"①正如美国哲学家丹尼尔·丹尼特所说的："阿兰·图灵做出了基础性的开创，让我们得以将康德曾经提出的问题：怎么可能存在思维，转换成一个工程性的问题：怎么才能创造思维。"②换言之，这是要求解由物质构成的系统如何具备心智特征。这就在计算机技术科学的范畴内开辟了一个此后被称为人工智能的发展方向。如果说人的智能包括规则、概率、知识、数据和行为等规范性知识，那么人的智能系统本身是在有时限的演化过程中逐步遵循形式化的要求和逻辑化的指令，而人工智能的开端就是条理化的规定和程序化的设定。

在西方文化传统中，从笛卡尔的《形而上学的沉思》以来，人们形成一种"意识/肉体二元论"，即可以把人体器官看作物理和化学过程的机械结果，但认为人的思维不同于机器。直到1936年，图灵和波兰数学家艾米尔·波斯特（Emil Post）先后发表论文，把人的机械记忆和按规则推理的功能相结合，提出生物系统的计算模型，从而开启了自动机理论与生物学相结合的先河。这说明，人们对事物的感知与人们的遗传基因以及神经系统对现存事物的记忆机制分不开。把人的精神活动定位在社会的联想主义结构中就是社会智能（social intelligence）的统摄效应。精神是一种信息流动的产物，它是在感觉—认知中主观化和在感觉运动趋合中客观化的有意识行为。

如何把图灵的观点应用于生物信息处理？1943年，神经学家沃伦·麦卡洛克（Warren McCulloch）和逻辑学家沃尔特·皮茨（Walter Pitts）联合发表了题为《神经活动中内在思想的逻辑演算》（"A Logical Calculus of the Ideas Immanent Nervous Activity"）的论文，其中连结了三条学术进路：基础生理学知识和脑神经元的功能，从罗素和怀特海开始进行的对命题逻辑的形式化分析以及图灵的计算理论。这篇论文打通了神经科学、计算机科学、心理学和哲学的关联性，提出具有"开"和"关"特性的人工神经元模型（M—P模型），证明任何可计算的函数都可以通过某种由神经元连接成的网络进行

---

① 费恩.哲学：对最古老问题的最新解答[M].许世鹏，译.北京：新星出版社，2007：40.
② 佩措尔德.图灵的秘密：他的生平、思想及论文解读[M].杨卫东，朱皓，等译.北京：人民邮电出版社，2012：328-329.

计算，从而解决了神经元计算的问题。[①] 从此以后，神经元被视为一个简单的数字处理器，神经元之间的关联可以用数理逻辑运算的方式相互激活；人们默认思维是大脑物理活动的一种自然表现，大脑在整体上是一种计算机形式。两年后，这篇论文成为诺依曼提出的"关于 EDVAC 的报告草案"中唯一引用的文献。这份 101 页的报告草案提出制造电子离散变量自动计算机（Electronic Discrete Variable Automatic Computer，EDVAC）的构想，描述了存储程序概念，系统归纳出制造电子计算机和程序设计的新思想，意味着人类即将进入电子计算机时代。

诺依曼最早把计算机分为模拟和数字两种形态，从而把计算机和人的神经网络联系起来："这里要讨论的一个相当重要的问题，是这样的：任何为人类所使用，特别是为控制复杂过程使用而建造起来的人造自动化系统，一般都具有纯粹逻辑的部分和算术部分，也就是说，一个算术过程完全不起作用的部分和一个算术过程起着重要作用的部分"[②]。这里涉及的算术过程，即 1854 年英国数学家乔治·布尔在《思维规律》中发明的逻辑代数，这一发明把代数同时视为量和运算的符号（如白色是 X，绵羊是 Y，XY 就是白绵羊），形成一种用于集合运算和逻辑运算的公式。直到 20 世纪初，布尔代数才受到人们的重视。后来因发明传播的数学理论而蜚声世界的美国工程师克劳德·香龙，1938 年在他的硕士论文中用布尔代数来实现开关电路，这使得后来的数学和逻辑演算（加、减、乘、除、乘方、开方等）都可以通过二进制的两个元素（1 和 0）来产生逻辑判断。

诺依曼的创新是通过改变内存确立了计算机内部最主要的结构原理——储存程序原理，确定由具有逻辑和算法的运算器、具有执行指令的控制器、能够储存程序的存储器、输入设备和输出设备五大部分组成的计算机硬件结构，为电子计算机的算法提供了物质平台。从这一历史时刻开始，人们越来越确信"对指令、地址和数据的发送、传输和存储不仅存在于计算机体系结

[①] 拉塞尔，诺文. 人工智能：一种现代方法 [M]. 2 版. 姜哲，金奕江，张敏，等译. 北京：人民邮电出版社，2004:14.
[②] 诺意曼. 计算机与人脑 [M]. 甘子玉，译. 北京：商务印书馆，1965：54.

构之中，而且存在于技术媒介的整个发展历史中"[1]。不能把信息传播的机制简化为物质结构的断面，但信息传播的性能始终伴随着物质结构的组合而改变。从媒介考古学的观点来看，媒介不只是人文的或技术的，而是作为传播的物理渠道和技术的人工产物，是基于符号代码和信息数据的操作机制。"词与物，就像逻辑和硬件一样，产生在机器（计算机）内部。因此，媒介考古学的凝视内在于机器之中。人类自此创造了具有逻辑的机器，创造了其文化体制的非连续性。"[2] 如果借用科学史专家托马斯·塞缪尔·库恩（Thomas Sammuel Kuhn）的说法，非连续性的断裂意味着"范式"的转换。

五、算法程序与信息度量

从哥德尔定理的问世到图灵机概念的诞生可以看出，推动现代科技发展的逻辑研究是逐渐把数学证明的性质、可能性和局限性与机器计算的概念生成结合在一起。正如蒯因所指出的，"数学证明的绝对纯粹的理论和机器计算的完全技术化的理论，因而在本质上是同一个理论，其中任何一个的基本洞见，从此以后都是另一个的洞见"[3]。只不过图灵机的设计并非为实用目的，而是检视理论上能通过计算解决问题的疆界，而诺依曼的计算机模型通过随机存取的存储使计算机通用化成为可能。莱布尼茨曾经想象过的将我们的知识数字化的普遍倾向，终于落实在计算机的键盘中。这样，人们对世界的客观认知转变为一种知识特性，借助于工具的、机械的客体手段代言"非视角"的客观性。此后，计算机本质上成为一种通过形式化手段来实现非形式化意向性的工具，或者说是通过数理反映物理、心理规律。

把算法逻辑纳入当代信息传播学的理论范式，同样依据数学计算的结

---

[1] 基特勒.走向媒介本体论[J].胡菊兰，译.江西社会科学，2010（4）：249-254.
[2] 胡塔莫，帕里卡.媒介考古学：方法、路径与意涵[M].唐海江，译.上海：复旦大学出版社，2018：242.
[3] 蒯因.论现代逻辑的应用[J].孙伟平，译.湖南科技大学学报（社会科学版），2005（5）：42-44.

果。香农与韦弗（Warren Weaver）在1948年发表了名为《传播的数学理论》（"The Mathematical Theory of Communication"）的论文，提出传播机制和算法逻辑的结合。作为图灵的同时代人，香农不仅是信息论的创始人，还将数学融入传播，解决了如何运用数学思维通过信道传输更多数据的问题以及如何通过代码确保信息的正确使用。香农并没有讨论信息的语义学层面，"他所关注的是信息的形式的或者句法的概念，在这里，关键的问题是从可能性的全体中选择出的状态概念。信息的最基本的种类是比特，比特代表了两种可能性之间的一种选择"①。这个信息概念明确了信息量化的技术标准。

为了从解决问题的角度提出"衡量惊异性、无序性、随机性、噪音、失衡性以及复杂性的一个指标"②，香农还最早援引德国物理学家克劳修斯在1865年提出的"熵"的概念，这为信息论的问世打下了理论基础。换言之，香农的信息熵就是编码信息所需的二进制数字的数量，"它对于信息的有用性、相关性、意义、解释或数据的关旨性（aboutness）不关心，它所关心的是在未经解释的数据（信号或讯息）中有关细节和频率的水平"③。这就是说，比特意味着信息载体的特定层次上的差异，但并不关联信息的内容、意义和价值的差异。

如果说"信息就是我们在信息传输之前已知的事物与信息传播之后才知道的事物的转变"，那么，我们理解香农的构思是从一系列可能的变量中选择特定信息，并为此进行信息的测量、生产和扩散。如果是一个事件产生了信息，那么信息的多少就是事件发生的可能性函数：可能性越大，信息越少；可能性越小，信息越多。高熵意味着高信息量，伴随着系统的无序化和明显的随机性；低熵意味着低信息量，伴随着系统的有序化和微弱的随机性。一条信息的熵值确认选择的自由度以及传播者的创新空间。信息体系越复杂，信息单元越丰富，传播者的信息选择的自由度就越高，消除熵或不确定的能

---

① 查默斯.有意识的心灵［M］.朱建平，译.北京：中国人民大学出版社，2013：337.
② 吉尔德.知识与权力：信息如何影响决策及财富创造［M］.蒋宗强，译.北京：中信出版社，2015：39.
③ 弗洛里迪.信息哲学的若干问题［J］.刘钢，译.世界哲学，2004（5）：101-107，113.

力就越强。"这一路径的主要特征是,它是基于设计和建构传播系统的角度出发,借此,信息如何创建并得以传输的问题比信息本身的意涵更加重要。由此拓展开来,在香农看来,传播系统的物理设计建构了其间传输的信息的意涵和内容。"① 在维纳看来,信息选择的自由度离不开信息环境的社会技术的约束机制:"英语中有百分之五十的冗余,因此我们写作、说话中约有一半的字词是我们自由选择的,而约有一半(我们一般意识不到这一点)实际上是由语言的统计结构决定的。"② 用媒介学来说就是信息的载体形式和介质形态所形成的传递模式规定了信息的意涵和内容。

无论是计算还是运算或演算,"希腊人的算术作为存在和本体论的概念,在建立一个新的时代的过程中一直起着同样重要的作用——在这个时代里,从书写或运算一直到成像或发声,任何东西都能够使用通用的二进制媒介进行编码、传输和存储"③。从人文思维的角度来看,信息技术是扩张社会力量的手段和工具。在某种意义上说,信息技术体系对事物和事物的组织方式而言是一种配置,并逐步形成事物从生成到建构的演变轨迹和社会进程的物质外观。

六、结语

站在人类文明史的角度,我们可以简要归纳出人们对外部环境的科学认识的阶段性特征,首先是实验归纳的经验研究,其次是通过样本外推验证假设的理论研究,最后是逐步进入计算机科学阶段,从有限数据模拟宏观复杂系统到依靠软件处理数据的算法时代。如果说数学提供的知识是数据,计算机带来的智能则是程序。算法是描述解决一个问题的程序的一系列规则和指

---

① 盖恩,比尔.新媒介:关键概念[M].刘君,周竟男,译.上海:复旦大学出版社,2015:35.
② 米歇尔,汉森.媒介研究批评术语集[M].肖腊梅,胡晓华,译.南京:南京大学出版社,2019:29.
③ 基特勒.走向媒介本体论[J].胡菊兰,译.江西社会科学,2010(4):249-254.

令，常用于计算、数据处理和自动推理等，一个程序代表一个或一个以上的计算机可以理解的算法。这就是说，具有信息意义的程序不仅是计算机运行的一个环节，其实质是引导计算机进行可以量化的操作。

无论是从经济、社会、科技、文化的角度还是从国际竞争的角度来说，计算机无疑在今天是一种重要的战略资源。从20世纪开始，"计算机将其自身呈现为一种在文化中得到定义的技术，并且成为新千年的一种象征，它所扮演的角色的影响远远超出中世纪的磨坊、17世纪的机械钟表以及工业革命时期的织布机和蒸汽机。在主导科学和社会生活及其未来的所有因素中，信息与计算科学、信息与通信技术是当下最具战略意义的因素"①。这就是从数学到计算机的发展史所折射出来的知识价值和实践效能。对这一线索的知识考古学审视表明，其不仅有思想传承的间断性所标注的历史间隙，也不乏个体性的、试图寻觅意大利近代思想文化巨人维柯说的"具有想象力的普遍本质"的天才想象，把经验和概念作为知识的培养基。正如法国学者罗歇.夏蒂耶所说："在任何一个特定时代，各种各样的支点（语言、观念、情感）的相互交错决定着某些对特定的知识状态进行分类的思考和感觉的方式，（比如，可能与不可能之间的种种界限，或者自然和超自然的分界线）。"②

按照基特勒的说法，自亚里士多德以来的西方哲学观中，本体论只涉及事物的内容和形式，忽略它们在时间上和空间上的互动关系；甚至希腊人不区分有声语言的语音和书写文字的字母之间的区别，一直缺失技术性的媒介概念，直到海德格尔发现计算机的出现终于把哲学转化为"思"，发现数学在媒介史上的主导地位，"使得我们更有必要（根据'存在史'）提出如下问题：为什么由亚里士多德发明的哲学逻辑最终被图灵、香农以及其他一些人引向哲学逻辑的机械化"③，由此提出的问题性的演变方向，即思想的自我超越或自我相对化究竟是要借助于问题的本体论化，还是要贯通物质介入的参照系，

---

① 弗洛里迪.计算与信息哲学导论：上册［M］.刘钢，译.北京：商务印书馆，2010：23.
② 拉卡普拉，卡普兰.现代欧洲思想史：新评价和新视角［M］.王加丰，王文婧，包中，等译.北京：人民出版社，2014：7.
③ 基特勒.走向媒介本体论［J］.胡菊兰，译.江西社会科学，2010（4）：249-254.

从而在把经验转换成问题的同时，把握思想过程及产物和社会历史脉络的平行结构。这意味着科技革命对人文意识的冲击，恰恰是前者把任何现象、事件、问题转化成"环境"的函数，从而显现出在之前被隐藏或不具备的复杂性、集合性、多样性、多变性、未来性、相对性和不确定性，或者在习以为常或视而不见的不经意中突然意识到物质结构对主观意识的挑战，甚至更新社会实在和社会建构的定义。在这个意义上，信息传播的媒介化进程成为社会环境、自然环境和人工环境的复合参照系。

  本文在考察知识结构和人类心智的历时性关系时，力图在思维秩序的还原过程中界定其中的中介性要素，这不仅基于梳理知识创新和工具演进的关联性历史节点的方法论诉求，也试图从追溯数学与人类思想起源的关系开始，深入反思计算机如何演化为社会生产力发展的媒介化工具。从媒介考古学反思传播思想史的多重书写来说，这无疑是一个有意义且更有挑战的议题。

编辑出版活动的媒介学透视*

从专业定义出发，编辑是"对资料和已有的作品进行选择、整理和加工的社会文化活动"，出版是"对作品进行选择、编辑、复制，向公众传播的专业活动"。① 综合起来，编辑出版是基于特定的信息介质或信息载体，对以文字和符号为基础的相关信息进行公开化编辑，予以出版、组织发行和促进推广，由此形成不断延伸的信息平台和产业领域，也培育了一个不断探讨信息的内容制作和载体形式的发展演变的学科。面对电子文明的数字时代，传统意义上的学科命题和专业视域正在发生变化，不仅涉及信息生态的变化，也折射出传播情境的变迁，这促使我们借助媒介学提供的后视镜式的回溯来重新审视这一变化。

本文试图从符号学、传播学、历史学和人类学的交叉视角出发，为媒介化的信息生成方式及其传播机制提供一种媒介学的阐释。在文字信息的编辑活动中，视觉与文本之间的关系形成思维经验的线性模式。如果说经验是意识的媒介，当"现在"的意识重新赋予"过去"以意义时，不仅让人们更易于认知历史经验如何铸就当时的期望，也有助于我们透视过去和未来之间存有的一种共生的关联，从而形成一个动态的、创造性的认识论跳板，帮助我们在信息流变的当今语境下更深入地认知和评析以编辑出版活动为中介的信息传播正在经历的转型和挑战。从分析视角出发，本文所探讨的问题出发点

---

* 本文原载于《现代出版》2022年第4期，收入本书时略有删改。
① 编辑出版学名词审定委员会.编辑与出版学名词[M].北京：科学出版社，2022：2, 5.

是：首先，着眼于从媒介学原理透视信息传播活动的意义逻辑，探讨作为编辑出版活动基础的文字符号能够建构什么样的社会关系。其次，分析编辑出版的行为主体和行业资源的关系结构，从媒介形式、技术环境和社会结构的媒介学图式中，理解媒介学的创新价值是形成聚合技术平台和社会配置的二元结构。最后，剖析媒介作为一种社会性的文化扩散和文化传递的实体结构，在强化知识标准化的同时，伴随着丰富信息的人格化样式，而编辑出版活动的专业化活力在于开辟社会化的潜力和空间。

一、符号传播的媒介学定位

在人类文明史上，用视觉符号表现口头表达的声音是文字产生的来源，"全部人类经验无一例外地都是一种以符号为媒介和支撑的诠释性结构"[①]。作为一种文明史的实物性载体，符号经历了从自然挪用到人工制作的演变过程。

人类最初的文化活动借助于自然环境本身的符号载体功能。2017年，考古学家在印度尼西亚发现刻有苏拉威西疣猪（Sulawesi warty pig）的壁画。这幅壁画距今约45,000年，被认为是史前人类留下的最早的文化符号。[②]早在6000多年前甚至更早的历史时期，人类在西亚两河流域的苏美尔地区，用黏土烧制刻有各种象形符号的楔形字板，这几乎就是文明史上最早的信息文档。1657年，意大利旅行家发现了楔形文字，这也是人类第一次发现楔形文字。2012年，考古学界在土耳其挖掘到24,000份楔形字板，它们近乎雕塑品，是人类社会最早的账单、税单和发票，等同于经济活动的票据。[③]从一开始，产生符号功能的信息媒介就是从社会经济发展需求出发来建构实践关系的。

用文字符号来把握世界，是推动人们以文字符号来记录并保存社会运行

[①] 迪利.符号学基础［M］.6版.张祖建，译.北京：中国人民大学出版社，2012：6.
[②] 印尼苏拉威西岛这幅4万5500年前的疣猪壁画是世界上最古老的动物形艺术品［EB/OL］.（2021-01-28）［2022-07-15］.http://www.uua.cn/show-7-11428-1.html.
[③] 默克斯基.焚毁书籍：电子书革命和阅读的未来［M］.韩玉，张远，林菲璜，译.北京：电子工业出版社，2016：16.

的信息轨迹。一方面，通过文字对事物的陈述，呈现事实或描述现实；另一方面，通过语言文字的指向性，对社会行为产生归纳和指引的作用，打造人类社会主观能动的操作平台。一旦文字通过印刷形成社会的主要传播媒介，"通过文字创造出想象的现实，就能让大批互不相识的人有效合作"①。从阅读开始形成的受众圈，可以把趣味性的文学主题拓展到社会乃至更大的范围，衍生出各式各样的手稿、印刷品、书籍、报纸、期刊以及不定期出版物、非正式出版物等。借助不同的物质载体、编码方式及流通模式，传播效应往往是从社会组合的同心圆结构开始，发酵社会的舆论心态，表达社会的心理指标。

媒介在记述事件的同时参与创造事件。17世纪开始，西欧出现了以文学作者圈及其最核心的社会关系网构成的"文人共和国"，随后扩散为以文学沙龙和咖啡馆为起点的"公共领域"，是信息符号的增长和扩散在构造社会想象的弥散空间，一种物质性文本的增长催化了非物质性的想象，在被俘获的空间中生产标志社会心理层次的欲望、身份和价值观。"实际上，那时候的社会似乎根本没有在自由而平等的参与者之间进行的坦诚而公开的讨论，即尤尔根·哈贝马斯所谓的公共舆论。如果我们去研究语境或背景因素，如新兴出版业的指数级增长、阅读活动和印刷文本传播带来的影响，那么理解公共领域的兴起就会变得更容易。"②事实上，在印刷文本的流量被扩大的背景框架中，新的语言、话题、隐喻和想法的循环推进，逐渐导致话语的裂变和意识的创新，通过纸质媒体的信息周转创造新的社会关系，改变权力的运行方式或增加权力的支配模式。

自15世纪以来，以出版业为核心的编辑出版活动使得阅读的可能性和阅读的实践成为社会发展的重要变量。20世纪中期，蜚声人文学界的法国年鉴学派第一代大师吕西安·费夫贺聚焦于印刷书，其在《印刷书的诞生》一书中很关切地提出书籍的问世和发展所蕴含的历史使命问题："究竟它满足了

---

① 赫拉利.人类简史：从动物到上帝[M].林俊宏，译.北京：中信出版社，2014：34.
② 费罗内.启蒙观念史[M].马涛，曾允，译.北京：商务印书馆，2018：216.

哪些需求？承担了怎样的角色？实现了或未能实现的目标有哪些？"① 其之所以要提出这样的问题，显然不只是着眼于编辑出版的技术发明，更好奇编辑出版活动的产业运作所牵引的意识流动，与此相应的观念演变又产生出什么样的传播效率。从生产力革命启发生产关系革命的历史唯物主义视角来说，机械印刷在中世纪末期的文艺复兴初期获得发展机遇，结果是印刷文明所产生的权力分化效应，不仅把上帝和自然予以分离，也在人与自然、人与人之间进行信息剥离。公共机构和宗教传统的分离以及个体自由的社会化，逐渐孕育社会意识的转折和革命，培育新的社会阶层，呼唤新的社会关系，从部落—集群走向民族—国家。正如传播学多伦多学派的麦克卢汉所说："部落这一血亲家族形式由于印刷术的出现而爆裂，取而代之的是经过相似训练的个体组合而成的群体。民族主义到来时展示出群体命运和地位的一种强烈而新鲜的形象；民族主义的到来有赖于印刷术问世之前未曾有过的信息运动速度。"② 换言之，文明变迁或社会演变的可能性离不开新媒介的介质功能转换和效率提升，如接触性、移动性和可塑性等。

物质流动的社会史和信息流动的文明史的合流，才是文化史学者眼中的文化秩序的源头："话语之秩序不可能脱离其时代的书籍形式。"③ 社会创新的时代议题始终离不开媒介的暗示或引导，当创新的互鉴意味着文化市场的边缘存在多样性的时候，文化市场的中心是最小公分母的同质文化，如当下微信圈的互相模仿或信息茧房的层级效应。今天基于手机屏幕的碎片化阅读往往被质疑，因为不利于开放性的知识增长。从本身携带传播意图的既定立场、观察条件乃至趣味取向出发，被推送的各种信息几乎都会有一套模式化或个性化的分析逻辑和评判方式，甚至还有语调的出其不意和信息惊悚度的创意，从而达到收获流量的传播效果。

媒介学家总是把物质化形式的可能性作为问题的出发点："思想只有通过

---

① 马尔坦.印刷书的诞生［M］.李鸿志，译.桂林：广西师范大学出版社，2006：3.
② 麦克卢汉.理解媒介：论人的延伸［M］.何道宽，译.北京：商务印书馆，2001：225.
③ 夏蒂埃.书籍的秩序［M］.吴泓渺，张璐，译.北京：商务印书馆，2013：26，88，2.

物质化才能存在，只有通过流露才能持久。"① 从 6 000 年前的楔形字板到 2000 年前的竹简，从 11 世纪的活字印刷到 20 世纪的互联网，从 20 世纪末的搜索引擎到今天日新月异的算法序列，文明史的演化趋势不仅是信息媒介的物质性平台的功能转换，也从信息的物质性呈现走向信息的虚拟性展演。媒介史的这种演化指向媒介学的逻辑重心，即信息的内容品质越来越倚重于信息的形式结构，如果用德布雷的话来说，"就是让符号向痕迹靠拢，话语向过程靠拢，阐释向仪器靠拢，文本向资料靠拢，文字向书写靠拢，传播本身向传播途径（道路、运河、铁路）靠拢，口语向发声器官靠拢，记忆向存储器靠拢"②。简而言之，媒介的竞争效率与媒介所培育的感觉能力和知性能力有关，这就把媒介竞争引向媒介平台的功能和性能的竞争。

每一种新媒介的文化环境同时形成旧媒介的短路状态，新旧媒介的并列或重叠总会导致新一轮的不对称竞争。从表面上看，任何一个信息文本的文案处理过程，都可以被纳入媒介感知和媒介操作的实务；但实际上，不同时代、时期或历史节点的媒介工作者，需要从不同的经验流程和技术规范出发来进行信息媒介化的具体操作。从媒介关系出发，媒介学指明一种主观的视角如何基于一种客观化的界面、客体的再现功能规定主观性的意义范围。根据这一原理，我们可以理解印刷出版业当中书籍制作的不拘一格，不仅是依据功能指向、信息类型或读者类别，也可能在题材和风格上不断创新，让文本类型更具有多功能开发价值，让代码的符号性本身更具有接近性，如通过记录声音而形成的纸质书或直接还原客观世界视听信息的电子书，以及开本、纸型的差异或电子阅读器和电子墨水屏的性能，等等。媒体的传播活动多少会存留人际传播的习性。比如，早在中世纪末期，机械性质的排版印刷在改变口述文化的同时，对其进行了记载和保留。今天，全天候扩散的短视频和手机世界的数据库风靡一时，这不仅是对人际传播的还原，也是信息技术创新的附加值组合。英国学者约翰·汤普森将其特点归纳为轻松访问的可接近

---

① 德布雷. 普通媒介学教程 [M]. 陈卫星，王杨，译. 北京：清华大学出版社，2014：70，77.
② 德布雷. 媒介学宣言 [M]. 黄春柳，译. 南京：南京大学出版社，2016：48，15-16，18.

性、更新能力的低成本、信息合成的规模效应、关键词的检索机制、可携带性的方便、可选择性的灵活、超链接的互文性景观和多媒体的相互穿插。①

如果说，所有的文化现象都可以被理解为一个不断循环和更新的媒介系统、一种对客观世界的积累性或重复性的态度反应、一种心照不宣的默契再叠加一个价值评判的刻度，那么，我们对世界的感知和认识，事实上是通过媒介系统的信息代码的再现功能来完成的。在20世纪中期，信息论的问世逐步推演出媒介发展的另一条路径："用香农—韦弗的术语来说，媒介的人性化趋势进化可以被描述为一场媒介从最小化的编码和最大化的解码向最大化的编码和最小化的解码靠近的运动。"②这就意味着，媒介的进化趋势是传播者编码的技术程序越来越复杂，受众解码的接受步骤越来越简便，看来"媒体的竞争是基于接受性能和成本的竞争"③。仅仅就性能而言，在时空界面上，越来越方便接近的视听传播与文字传播相比有天然的竞争优势，视觉关系的接近性甚至可以简化信息组织的操作。但是，信息价值的社会等级是通过社会关系的序列来确认的，好比最重要的事件认证是通过权威机构的正式文件的公开信息来确定的。特定历史时期/时刻的信息制度，规定了信息生产和知识传播的性质，这包括信息编码、传播流程、接受方式和阐释文本的技术格式和组织过程的纵向结构。

媒介形态的发展演变，往往牵动着社会结构形式、经济增长比例和文化演变方式中的功能转换。媒介学的视角是通过形而下的揭示和阐释来达到去观念化、去神圣化的效果，同时试图为新的媒介载体的可持续性推广提炼一种抽象品质并归纳其心理动机，在信息传播过程中特别强调要注意辨析其中的技术系统和意义结构的耦合机制："印刷、视听、计算机文字，这些传递系统中的任何一个都被其使用者根据他们的价值和利益予以过滤、修补、改变。

---

① 汤普森.文化商人：21世纪的出版业［M］.张志强，译.南京：译林出版社，2016：264-267.
② 莱文森.人类历程回放：媒介进化论［M］.邬建中，译.重庆：西南师范大学出版社，2017：8.
③ 陈卫星.新媒体的媒介学问题［J］.南京社会科学，2016（2）：114-122.

这是无可争议的。"① 按照媒介学对中世纪末以来媒介发展线索的历史阶段的分期，可以把这里列出的印刷、视听和计算机文字视为三种不同的代表性媒介。每一次的技术创新不仅制造历史事件，酝酿社会氛围，还是一个社会心理的重要转折，在开辟新的愿景的同时，不断推进并丰富个体读者、受众、网民连接外部世界的一元关系（metaconnection），不断修改社会关系的生产逻辑和组织逻辑，从而让未来世界的投射幻化为一个充满各种不同预测景观的万花筒。

二、信息循环的媒介学路径

在 20 世纪 80 年代，法国著名学者贝尔纳·米涅及其学术团队就在传播政治学研究上取得重要突破，尤其是聚焦于信息和文化的工业化，着力分析出文化传播行业的产业经济学特征。到 2000 年，他把文化传播产业的运作模式分为五类：编辑模式，即基于市场预测的文化产品概念的创意设计；流模式，即以视听方式出现的连续播出所生产的娱乐和文化；写作模式，即自由撰稿人（可以类比今天的自媒体经营者）模式；程序化产品模式，包括各种软件包、家用软件和公共场所的传播技术设备及耗材；现场直播模式，即各种表演、仪式和事件现场的直播和转播②。通过历史性的观察和实证性的研究，这里的归纳勾勒出后工业化时代的经济活动的消费转向，为多元化形态的文化产业的合法化提供学术分析的基础架构。

编辑出版活动对应着出版业的市场形态，自然延伸出经济社会学的扇面结构。其中包含不同的行为主体和组织机构、类型和数量各不相同的力量和资源以及运作过程中的各种竞争合作和回报等。英国学者迈克尔·巴斯卡尔认为，今后编辑出版的学术研究可能有六大指向："出版的公开性和体制性，进而解释是什么使得某件事被公之于众；作为一种媒介，出版所扮演的角色；

---

① 德布雷.普通媒介学教程［M］.陈卫星，王杨，译.北京：清华大学出版社，2014：77.
② MIEGE B. Les industries du contenu face à l'ordre informationnel [M]. Grenoble: PUG, 2000:43.

各式各样的前人对出版的理解；各式各样的出版媒介形式；有关出版的各方面，如（金融）风险、出版内容和市场构成之间的关系；出版的历史以及当前它与数字媒体是如何共处的。"[1] 这涉及出版业的市场环境的若干要素，如市场准入的制度设计、文化趣味的话语导向和知识框架的类型学、商业性和文化性的差异性评估、出版产业与宏观经济的关系结构、内容供给与市场周期的时差节奏、创作人力资源的组织和整合以及编辑出版作为文化能动者的角色扮演等。

当代的编辑出版活动，正在经历两种博弈：一是要面对文本形式的变化。书籍形式和阅读实践会因为技术主导的体验差异而发生变化，甚至形成代际差异。在阅读史中，先后有过从卷轴到翻页、从纸版到电子、从无声到有声的变化。二是受众身份的变化。信息时代使得书籍信息所提供的机会成本价值相对被稀释。在信息只是量变因素的时代，书籍的内容因为持续时间长而经典，在信息成为社会生产力要素的产业化时代，信息的供需结构日新月异且常态化。因此，如何选择书籍，或者说如何进行阅读，就成为一种生活趣味的直白、一种思想观念的泄露、一种批判视野的获得，或者抵御异化和消费主义的文化盾牌。当读者的社会实践活动在不时穿越社会心理学意义上的前台和后台时，其心理需求和身份认同是一个活动指标，由此激发书籍信息在储存、检索和传播方面的竞争效率，连接相互交叉的话题时尚和社区人群。

今天的出版业所追求的信息供给，无论是在产品种类还是在印刷数量上，会有一种意味复杂的、此起彼伏的增长态势，"一方面是'可读空间'，即文本的物质和话语形式；另一方面是控制其'现实化'之具体环境的空间，即各种阅读：阅读被理解为一系列具体实践和一系列诠释步骤"[2]。就前者而言，书籍的物质形式产生阅读信息界面的可接触性和可选择性；就后者来说，书籍的传播过程则提示阅读信息空间可以根据信息对象的定位产生组合变换，再现一种新的社会主体的身份认同。"一个文本通过印刷品而传播，并非一个

---

[1] 巴斯卡尔.内容之王：出版业的颠覆与重生[M].赵丹，梁嘉馨，译.北京：机械工业出版社，2017：XII, 118.
[2] 夏蒂埃.书籍的秩序[M].吴泓渺，张璐，译.北京：商务印书馆，2013：88.

中性的现象，而是造成一些读者共同体的形成。"① 如果说 16 世纪的非拉丁文版《圣经》曾经在发生宗教分裂的欧美培育了新教徒，那么今天的阅读指南本身可能围绕着各种活动、工程和项目的光环或是以亚文化面目出现的消费热潮或心理痛点。

有史以来的信息环境不是一种单纯的物理空间，而是确定意义范围的一种社会生态。例如，今天能见度较高的一个名词"社会面"即说明信息循环的意义就在于它本身所体现的社会编程："历史上某一传播环境的具体成形是依托某些社会传播装置，在该装置内部完成的。这种空间的建设依靠的是由占有者、担保者、推荐者、联系人等各类人群组成的网络，并以该网络为基础。"② 这差不多就是说，在信息产业中，内容制作的前提——观念的形成、意义的分类和组织的建构几乎是同步的，站位策略决定阐释结构，由此启动权力机制和管理程序。从行政规制出发的信息市场管理，其手段和方式是一个表象，重点在于管理目的驱动的概念转移，产生一种对受众对象意识的剥削，即基于信息表象的"非物质开发"（immaterial exploitation），培育新的信息市场和舆论市场。随着物质性社会福利的普遍提升，非物质贫困化（immaterial pauperization）逐渐成为传播议题相互竞争的动机，激发信息传播和编辑出版的活动热度。这样一来，通过信息生产的调适技巧和分配机制，把信息循环自觉纳入社会管理的媒介学环路。

信息循环可以被视为媒介现象的晶体化过程，这包括传播者的身份演绎、文本符号的象征权力、传播渠道的技术配置和话语实践的社会功能。恰恰是媒介技术的演变使得媒介学成为其来有自的命题，即针对以媒介为中心的物质对象的生成、生产和接受的过程进行分析。这一方面是符号形式和信息技术的流变，另一方面是文化建构和知识扩散的版图。在社会实践的平台化逻辑中，这包括新受众的发现和培育、新媒介的载体和类型以及新媒介链接的新界面。总之，技术和文化的互动塑造了社会意识导向和心理趋向，从而见

---

① 韩琦, 米盖拉. 中国和欧洲: 印刷术与书籍史［M］. 北京: 商务印书馆, 2008: 203.
② 德布雷. 媒介学宣言［M］. 黄春柳, 译. 南京: 南京大学出版社, 2016: 15-16.

证媒介的秩序如何校正或调适社会的秩序，重新建立媒介形式、技术环境和社会结构之间的媒介学图式。

媒介的技术创新意味着对既定权力结构的分化，因此具有创新性的工具发明能否得以推广，和特定历史时期的管理机制有关。从 15 世纪开始，欧洲南部和中部开始迅速采用源于中国的印刷术，约翰·谷腾堡把印刷作坊从美因茨搬到斯特拉斯堡，马丁·路德以印刷企业家的身份推广新教观念，威廉·廷代尔多在荷兰出版了在颠覆性中充满美感的《圣经》英译本，这些传播现象之所以能够成为现实，是因为当时权力分散的行政管理对创新的态度更为友好。与此形成对比的是，西亚的奥斯曼帝国和南亚的莫卧儿王朝对印刷术的禁止长达 3 个世纪。① 直到 20 世纪早期的工业化时代，开始逐渐涌现大众传播的组织模型和优化方式，各类信息的编辑出版成为一种管理需求和产业选项。从媒介学的物质性原理来说，"同一个文本，只要呈现形式大异其趣，就不再是'同一个'文本了。每种形式都有一套特定规范，每套规范都会根据自己的法则来区分作品并用不同方式将其与别的文本、体裁和艺术联系起来"② 从更早时期至 20 世纪的线装本到 21 世纪的电子书，我们回顾阅读载体的演变进程，就不难看出，信息传播的对象化是通过对主体性需求的定位和开发来推进知识增长和意识变化的，新的媒介形式总是指向新的社会人群，直到形成总体上是借助于书籍提供的知识信息所打造的具有新社会阶层意识的"知识共同体"。

在 20 世纪中期，归纳过传播学的功能指标的拉斯韦尔提出了五个 W。他为什么要把传播者放在第一位？因为人类文明的发展动力就内含知识的民主化，即传播者容量的历时性扩大，这如同著名文化史学家罗伯特·达恩顿在 21 世纪早期所归纳的："18 世纪的文人共和国已转变为专业化的知识共和国，现在已经向业余爱好者开放——就'业余爱好者'这个词的最积极意义来说，它指的是普罗大众中的知识爱好者。"③ 从手抄本到印刷本，从机械印刷到电子

---

① 里德利. 创新的起源 [M]. 王大鹏，张智慧，译. 北京：机械工业出版社，2021：253.
② 夏蒂埃. 书籍的秩序 [M]. 吴泓渺，张璐，译. 北京：商务印书馆，2013：2.
③ 达恩顿. 阅读的未来 [M]. 熊祥，译. 北京：中信出版社，2011：11.

自媒体，书籍媒介发生学的生成轨迹始终伴随着知识权力的建构和解构，即从具有垄断性质的管理模式逐渐过渡到自由流动的开放市场，进而言之，是通过对信息不对称的稀释来缓解权力不对称的张力，激发信息市场的活力是现象，扩大社会空间的容量是结果。

在 21 世纪的今天，基于互联网的数据库的繁衍和超文本链接的延伸，信息传播模式几乎可以以实时的方式同时在时空两个维度展开，受众或网民在接收传播者的信息和评论者的意见的同时，对观点的构想和理解的尺度主动或被动地进行差异化的处理。在互联网时代，尤其是当下的流媒体时代，更多的同时是网民的读者在传播实践中的行为选择决定着信息（包括书籍）的传播效力。信息的短、平、快成为一种竞争指标。比如，今天的读者究竟是更加习惯于咨询纸版的《辞源》《辞海》类的工具书还是"百度"在线编辑的各类数字百科全书。这不仅是一个信息供给的权威性问题，还涉及信息的可接近性、信息的辨识度以及信息评估的丰富性和多元性等维度，并挑战意愿和知识之间的界限。与此同时，古典人文知识的价值评判成为话题，传统人文知识的信息扩散开始遭遇审视态度，以确定不同的心理距离和时间效率的结算等，信息的扩散自然会伴随着信息的阻击。

"一部书、一部手稿及一部印本的诞生，象征着知识从作者个人拥有的状态中脱离出来，最终进入读者手中。"[①] 被编辑出版的印刷品实际上是穿越社会上不同知识和行动领域的媒介，既有符号属性，体现着一种标准化的认知方式，又具有技术属性，其本身的技术格式体现着一种特定的工艺水平："正如内容往往都会拥有框架一样，一种内容也总是会伴随着某种模式。"[②] 作为一种信息生产的模式，出版物的市场反应及其价值趋势自然被纳入投入—产出的产业经济学评估系统。当然，编辑出版活动与社会的互动总是凸显媒介社会化的新指向，引导受众的意识建构和身份变迁，尤其是庞大的教育系统的功能性需求，并通过出版物本身的印刷量、印制成本、库存管理、流通周期和

---

① 周绍明.书籍的社会史［M］.何朝晖，译.北京：北京大学出版社，2009：103，4.
② 巴斯卡尔.内容之王：出版业的颠覆与重生［M］.赵丹，梁嘉馨，译.北京：机械工业出版社，2017：118.

市场可接近性折射出来。

就组织推进信息传播活动而言，媒介学的创新价值提出了一个辩证法模型，即媒介本身是一个二元结构：一个是技术性手段的配置，即机体化的物质（matière organisée）[①]。要记录符号的表面，从物质操作的角度来说，这包括书籍呈现方式的演变：从最早的竹简、羊皮书到后来的布面烫金版、硬壳精装版、轻型口袋书，再演变为今天各种版式的电子书。概括地说是基于平面印刷、载波信号或虚拟世界的解码程序所引导的各种信息被接受的方式，还包括信息内容的存量与增量的组合比例所暗示的市场半径，以及扩散手段的基础设施的管理和运营，如发行渠道和发行网络的层级性和流动性。这往往通过技术主义的指标来体现乐观主义的愿望。另一个是组织性观念的配置，即有形化的组织（organisation matérialisée）所形成的社会装置，如知识观念体系、编辑出版制度、语言文体范式、信息推广仪式的创建和普及，而这些运作方式往往都与情境相适应，融入社会主体实践活动的组织性架构，体现文化主义的延续或历史主义的再现，即内容传播的模式和信息内容的框架不可分离。

三、文本形式的文化人类学

从大众传播活动的近代史来看，信息的编辑出版不是一个简单的市场化程序，也会借助于人际传播的社会效应来形成一种信任委托机制，即最终以人际传播的可靠性为传播心理的支撑物。如果说最有效的激情源自信仰的诱惑，那么情绪支撑的信任或热情驱动的皈依，总是会更有效地加速赞同的扩散。这就是为什么一直到 15 世纪，在繁华的意大利威尼斯街头，人工抄写的"手抄报"仍然比印刷的"报纸"具有更大的传播优势。当时人们认为印刷工坊出品的读物需要经受检查而滞后或变形，如果在信息事件现场采访当事人，

[①] DEBRAY R. Histoire des quatre [M]//DEBRAY R. Les cahiers des médiologie 6.Paris: Gallimard, 1998:15.

通过现场笔录而获取的信息则是不胫而走的。① 在相当长的历史时段中，人们对人工信息的信任度高于机械方式生产的信息，尤其是在一个信息本身具有不定性或信息供给不具有饱和性的传播环境中，甚至至今还为可能扩散的谣言和流言预留了一个非规则的传播空间。

  人类发明的信息工具也可能是文化人类学的展台，以此为媒介来沟通人类社会和外部环境，为观念意识的发育开辟技术资源。中国古代的四大发明扮演着文明使者的角色："印本书，一个基于中国纸和印刷术发明的非凡产物，扩展了文字著作的受众和内容，使它们更易于迁移和传递，对受过教育的精英和社会大众更有用。"② 根据20世纪的法国著名古人类学家和考古学家勒鲁瓦－古兰的分析，就人性的演变发展而言，人类制造工具和工具影响人类是一个问题的两个面向，即"一个发自内在环境的、逐渐攫取外在环境的运动"。③ 在21世纪初期，西方学者在总结多伦多学派创始人哈罗德·英尼斯的传播思想时，就强调他从世俗社会的角度思考媒介提供的话语空间与社会管控的权力机制的重合："随着垄断的发生，某种特定的媒介或许成为社会传播的唯一实在机构，从而也就完全控制了知识的特性与扩散。这种关乎人类心智的垄断机制不但能够不断加固自身的地位，更可以从根本上左右社会的关注度，为世界赋予某些对自己有利的图景并维护社会权力结构的现状。"④ 简而言之，媒介是一种社会表象结构的外观方式和维护手段。

  如果从文化人类学的角度来说，人工书写符号的出现为人类社会的主体性成长提供了一个操作平台。在20世纪前期人类学家列维－施特劳斯在巴西的亚马孙河流域进行田野考察，在其中一个只有浑浊而低沉的表音语言的印第安人部落南比夸那（Nambikwara），他给当地人发了纸张和铅笔，发现当地

---

① 马尼奥.纸上威尼斯：16世纪威尼斯出版业如何改变了世界［M］.李依臻，译.上海：文汇出版社，2019：238.
② 周绍明.书籍的社会史［M］.何朝晖，译.北京：北京大学出版社，2009：4.
③ 斯蒂格勒.技术与时间：爱比米修斯的过失［M］.裴程，译.上海：译林出版社，2000：70.
④ 卡茨，彼得斯，利比斯，等.媒介研究经典文本解读［M］.常江，译.北京：北京大学出版社，2011：177.

的酋长特别善于领会其符号性用途,用随机涂抹的波浪形线纹来和他进行似乎是心领神会的交流,或者是把被提问的问题答案画在纸上,或者是用笔标示相互交换的物品并大声"念"出来。"列维-施特劳斯意识到,那头目写下的涂鸦其实是有意义的,哪怕不是字面的意义。凭着直觉,这个头目了解到纸张、笔记本、笔和记号是包含力量的,而民族学的问答则犹如一种神秘的仪式。"① 在这里,人们对文字符号的模仿性书写,是连接外部世界乃至控制与外部世界接触的方式。列维-施特劳斯站在现代文明的角度,意识到文字书写所表达的信息权力的社会轨迹:"书写文字可以说是一种人工记忆。书写文字的发展应该是使人类对自己的过去有更清楚的认识,因此而大大增加人类组织安排目前与未来的能力。"② 这里的田野实践,无疑是一种象征权力的模拟性平移。所以,这里的酋长借用装模作样的书写来表现自身的智识能力,和从自然环境中采集的装饰物的符号功能相比,抽象性质的线条符号似乎意味着更大的神秘和魅力,至少可以为酋长自身的象征权力增加新的砝码。

毫无疑问,每一种新媒介都在对人类的记忆建构和掌握的信息类别提供新的选项和合成方式,但任何一种新媒介本身都只不过是人类文明发展史上的一个阶段性选项。今天的人们很难想象,早在1972年,麦克卢汉就基于媒介与环境的互动结构,提出了一种在书籍之外的信息编码的问题,认为这有可能成为未来社会传媒化的规定动作:"书籍的未来提出了这样一个问题:人是否能够根据印刷书籍以外的其他文明模式来给自己的社会生活编程。毫无疑问,不借助书籍,没有文字素养的训练,人们也能够结成大规模的社群。"③ 当时没有互联网,麦克卢汉只是基于媒介的演化机制提出大胆的推测,这涉及内容载体的文本形式是可以变化的,从而使得文本变体和文本实现(文本最后的形式)被纳入一个演化过程。半个世纪后,至少从人口学意义上

---

① 威肯.实验室里的诗人:列维-施特劳斯[M].梁永安,译.广州:新世纪出版社,2012:116.
② 施特劳斯.忧郁的热带[M].王志明,译.北京:生活·读书·新知三联书店,2000:383.
③ 麦克卢汉.麦克卢汉如是说:理解我[M].何道宽,译.北京:中国人民大学出版社,2006:121.

的"90后"或"00后"这一社会群体开始,他们开始习惯于二次元世界(今天改称元宇宙)并与之相互依存,成为新时代受众的媒介化行为的社会性标志的起点,从亚文化领域开始裂变出新的受众指称,如"键盘侠""弹幕族"等。从中世纪的手抄本到后现代的触摸屏,媒介技术的线性发展似乎永远上演着知识的标准化和信息的人格化相互博弈的脚本。

的确,今天在分析一种社会性的文化建构的演变趋势时,不能够省略一种媒介考古学式的问题性和正当性。从几万年前的岩洞壁画到今天的虚拟世界,从历史学意义上的档案咨询出发,媒介学的悬疑始终针对文化扩散或文化传递的关系结构,包括如何看待人机关系的分离和连接,如何评估技术对象的可能性和丰富性。如果说传播学是通过内容组合有效地生产受众,那么媒介学就会进一步分析受众变迁的物质诱因和环境参数,即"象征有效性的路径和手段"[1]。换言之,一个信息的真确性不再取决于对其内容的研究,而是要正视其行动手段、表象系统和扩散方式。例如,今天的数字出版模式所营造的营销网络是一个基于连接、数据传输、链接方式的联系网,可以使得一本电子出版物在虚拟世界的超时空范围中瞬间被无限复制和分享。这至少产生三种后果,即降低信息生产的技术门槛,缩短信息竞争的市场周期,颠覆信息构成的形式规则,这就对信息文本的价值评判提出了一个严峻的挑战。只有那些同时具有探索性和包容性的文本,才有可能蕴含潜在的自我更新能力,从而成为能够经受时间挑战的经典文本,或者是提示不同时间性(temporalities)相互交叉的文本标签。

经典文本从何而来?根据文化史学者的历史总结,它包括文本循环五大环节:出版、制作、发行、接受和流传,同时受到四个"领域"的影响,即思想影响,政治、法律和宗教影响,商业上的压力,社会行为和趣味。[2]编辑出版的产业链结构之所以能够循环,不仅是因为作者、出版社、印刷厂、发行网、读者之间形成一种表面上的闭环结构,还因为基于读者群体的市场反

---

[1] DEBRAY R. Manifestes médiologiques [M]. Paris: Gallimard, 1994:16.
[2] 芬克尔斯坦,麦克利里. 书史导论 [M]. 何朝晖, 译. 北京: 商务印书馆, 2012: 33, 195-196.

应使得有影响力和生命力的创意继续扩展，转换为新的信息，从而扩大信息生产的共时性和流动性，把观念体系的贯穿效应转化为多元信息的动态竞争。这意味着文化产品的同质化与异质化不是一种零和博弈的关系，而是主流和适位（niche）的同时并存。这种产业结构在当下面临的挑战和应对，印证着文化产品的包容性，因为"媒介学的方法或气质在于指出知识生活、物质生活与社会生活之间的交叉"①，正是这种交叉的相互竞争，使得编辑出版作为当代社会实践、经济生产和文化交流当中的必要组成部分，继续提升知识增长、产业转型和文化媒介化的复合指数的丰度和厚度。商品化模式的主题营销总是在制造个体和群体的阅读需求的导向和路标，这其实也是一种市场波动的透视，由此表明专业化的编辑能力和社会化的阅读潜力的相互竞争。

从市场反应的速度效应来说，爆款产品之所以成为爆款是因为它能够满足受众瞬间的情感消费或情绪消费。经典文本的传播效力源于其文本本身启动循环的能力，这种循环更多源自能够跨越时空的信息，也是判定一个社会群体的文化坐标的潜力和能力的参照系。"'文化'这一术语的使用很关键：它所关注的并非百科全书、菜谱、实用指南，或那些只具有纯粹信息价值的东西；它来自一种给予文学、传记、学问——尤其是人文学科，以及任何具有潜在文化价值的东西的特权地位。"②价值的持久性和心理的怀旧感成为文本性信息的客观支持和主观寄托，并就此开发感知字典，扩充价值库存，支撑与未来进行对话的话语平台。编辑出版业的未来，必然要在技术革命的成本竞争、商业模式的市场激励和人文情怀的主体价值的相互竞争中寻求主动，至少要求取平衡的中庸之道。

四、结语

专业知识的有效性在于能够面对实践领域的新形态和新模式。与以往

---

① 德布雷.媒介学宣言［M］.黄春柳，译.南京：南京大学出版社，2016：18.
② 芬克尔斯坦，麦克利里.书史导论［M］.何朝晖，译.北京：商务印书馆，2012：195-196.

使用的文献数量、访谈信息、调查数据和统计资料相比，数字信息的容量和体量每天都有巨量的增长。"'信息'作为被传递的对象，在认知的意义上同'知识'的意思是一样的。"① 这就使得更新学科认知的问题域（la problématique）成为一种必要，驱动我们更新专业概念的观察视角，走出一种因为固定观察视角而形成的相对主义，从研究对象的纵向连续性和横向关联性出发，根据当下的专业语境重新回顾学科理论的基点，这是本文提出的媒介学视角的题中之义。

如果说媒介关系与社会关系等价，那么媒介与人的距离能够确定信息的渗透率；进一步推论，信息背后的观念机制及其实践方式也是评估社会知性的参照系。德布雷在1980年发表了其研究思想文化史的著作《抄写员》，其中就对在中世纪修道院誊抄《圣经》的经院学者的职能提出一种看法："让社会思想的运行逻辑大白于天下，这有助于在思想事实和权威事实之间形成对应规则，更准确地说，是在传递或传播的事实与统治的事实之间形成一种透视。"② 我们在本文中试图通过符号生产、信息循环和文本形式的视角来考察编辑出版活动的象征效力，目的是对信息的生产和扩散所形成的各种文化权力进行追根溯源，求证信息传递及其所循环的信任委托所勾勒出的媒介学三角形，即信息需求路线图为信息传递的合理化展开问题域的讨论空间的开放性。

---

① 马克卢普. 美国的知识生产与分配［M］. 孙耀君，译. 北京：中国人民大学出版社，2007：12.
② DEBRAY R. Le scribe [M]. Paris: Edition Grasset et Fasquelle, 1980:12.

数码时代人类学与传播学研究的理想与前景*

对谈者： 陈卫星（中国传媒大学，传播学教授）

丹尼尔·米勒（Daniel Miller）[教授，著名人类学家，英国科学院院士，伦敦大学学院（UCL）人类学系资深教授]

导演/策划： 罗红光博士

时间： 2016年9月20日

地点： 北京大学社会学系

本次对谈背景：

在当今数码时代，一方面，图像、音频、视频走出了传统意义上的附属工具的境地，逐渐进入了一个具有"自媒体"的独立人格的全新领域；另一方面，作为研究对象，"他者"不再是一个封闭的、遥远的、田园式的田野，一个偏僻村落的事件也能够放大为全球性事件，其中也不乏出现"遥远的邻居""比邻的天涯"。社交媒体、虚拟社区、集体意识等呈现了建构社会和文化的新型趋势，这也对经典人类学研究的方法提出了新的挑战。在数码时代，人类学如何面对虚拟田野，"他者"又意味着什么？

人际交往行为在人之所以成为人、个体何以可能问题上始终占据十分重要的位置。互联网技术的发展让我们思考：这个世界还是传统的经典人类学的那种田野吗？刻意地寻找"他者世界"也可能只是我们的一厢情愿。我们

---

* 本文原载于《中国社会科学》（英文版）2022年第3期，收入本书时进行了翻译。

已经进入虚拟的互联网社会。互联网技术改变了传统的人际交往模式，它对人性有着怎样的影响呢？这些问题都亟待我们重新思考。

焦点问题：

1. "他者"不再遥远吗？
2. 互联网技术与人性之间的关系。
3. 在研究方法上，虚拟民族志在虚、实之间如何转换？
4. 世界果真是"平"的吗？

对谈内容：

米勒：伴随着数码时代的新技术的发展，人们与"他者"之间不再如此遥远。人们能够用网络摄像头交流，这不仅缩短甚至消除了距离，可能也使彼此更为相似。

面对社会科学的宏大叙事，从涂尔干到齐美尔，从更为传统异质的群体到彼此更加平等接近的更为同质化的世界，卡斯特和韦尔曼这些研究数码发展的社会科学家似乎都同意这种叙事，这也看似与我们的预期相符。但作为人类学家，我认为不应视其为理所当然，我想看看是否确有证据支持这种论断。所以，我们最近组织了由九位人类学家组成的团队，在全球九个地方开展为期十五个月的田野调查，考察社交媒体的影响。

这项研究的证据让我们得到非常出乎意料的结果：社交媒体并没有使所有社会彼此更加相似或使"他者"更加接近，事实上每个地方的人都将社交媒体转变为地方价值与文化的良好表达。例如，我在一个英国村庄做调查，令我惊讶的是，该村庄的英国人对社交媒体的使用不同于其他地方的人。我们一般这样认为，人们会用社交媒体发展各种网络，从而创造出某种网络社会，正如卡斯特等笔下的人一样。但这个英国村庄的人并非如此，他们以一种非常英式的方式使用社交媒体，与其他人保持一定距离。又如，他们会说，哦，我有一个朋友或表亲在社交媒体上，这样挺好的，因为我就不用邀请他们来我家，也不用打长话，这却不会显得没礼貌，因为我在社交媒体上联系他们了，这正是人与人之间的合适距离，这种看法是非常传统的英式社交方式。

回到上述的问题，这表明社交媒体并非用来消除他性的距离，英国人的"他者"，相比我们研究的其他社会更加"他者化"。

陈卫星：我非常同意你的说法，我也很欣赏你有这么充沛的精力，进行这么大范围的考察来验证社交媒体究竟对社会行为产生了多大程度的影响这样一个社会学的问题。

从19世纪社会学形成以后，人们对人和人的关系在工业化、城市化乃至后来的现代化过程中会发展成什么样的趋势，是有很多疑问的。比如，西美尔提出过陌生人的概念。当然，西美尔提出这个概念的背景是西方进入工业化之后，农业人口变成了工业人口，而在很多工业化欠发达的地方，其实人们一直保留着很强烈的传统关系，尤其像中国这样的国家，人伦关系几千年以来差不多都是人与人之间关系的核心问题，它是一个最重要的社会关系。在中国，这种关系就是费孝通先生讲的差序格局，其按照血缘和地域进行划分，当然进入现代社会之后，可能按照职业、学历的构成来建构社会关系，把一个世纪以前美国社会学家库利发明的"参考群体"概念作为一个核实社会关系的指标。比如，有一个被数字媒体所证明的传统习惯，十年之前，中国电信的收入主要来自短信，因为逢年过节，人和人之间有相互问候的习惯，一般是年轻的、级别低的人向年老的、级别高的人表示问候和祝福。这可以验证你的观点，即数字化对社会行为的创造性是跟已有的传统合作，在某种程度上也可以延续，当然这是问题的一个方面。

数字化最关键的问题是，一种科学技术的进步在某种程度上意味着人性解放的幅度和范围，人的自由化表达的可能性。所以从这个角度而言，在社交媒体时代，我认为对"他者"的距离同时存在着远和近，之所以近是因为刚才讨论的传统的影响和行为，之所以远是因为带来了更大的好奇心，而这种好奇心也可能会鼓励我们想办法让它变为近，这就会产生新的社会行为，或者说人类学意义上的冒险，而这种冒险又为人类行为的未来发展增添了很多新的话题。

米勒：非常感谢。这是非常有用的讨论，因为它涉及我们刚刚做的一个项目。汤姆·麦克唐纳教授现在在香港大学任教，出版了一本关于中国农村的新书，正是探讨农村中的陌生与亲密等观念。麦克唐纳教授认为，传统上人们跟亲戚、家人或同学之间的亲密与跟外来者的陌生，是现实存在的对立，这是将齐美尔的理论放到了中国的语境下。但因为现在村民们广泛使用社交媒体，他们发现自己能够直接与陌生人交谈，并且交谈得十分频繁。但有意思的是，他们把陌生人作为谈论私密之事的对象。因此，与亲密和陌生的传统对立不同，现在陌生人才是谈论生活中最私密问题和话题的人。

陈卫星：你说的这个现象很有趣。事实上，我们可以这样解释，在人的社会行为习惯中，至少在中国文化的语境下，人们按圈子形成一个个社交媒体聚会的场所是很普遍的现象，如过去的QQ群、现在的微信群，这是一个方面。因为中国文化传统缺乏西方的个人主义传统，所以聚群是一个普遍现象。在群之外的那些人，大概可以分为两类：一类是非常能干、有多方面的社会介入能力或社会参与兴趣的人，他可以同时加入很多群；另外一类可能由于年龄、文化等的限制，而被社交媒体所冷落或者说保持距离。

你说的陌生人介入交谈的现象，有其真实性，但还有另外一种真实性，即很多是熟悉的陌生人，因为在中国有很多原因使人们需要以陌生人的形象进入另外一个传播空间，或者是因为面子，或者是因为害羞，或者是因为要发表一些批评尺度比较大的言论。所以，中国在互联网管理制度中提出上网实名制。我们在虚拟空间中有许多相对开放的表达，这可能是工业化、现代化造成的释放压力的另外一种方式。20世纪60年代，人们讨论过为什么好莱坞是白日梦，现在这些传统的逃逸方式已经不能满足，所以我们需要寻找新的逃逸方式来释放想象。如果再考虑到中国广袤的地理空间所蕴含的人文资源的丰富性和多样性，在中国虚拟世界中发生行为的丰富性，比西方某些发达国家显得更为活跃和多元化，这点我毫不怀疑。

米勒：我认为你最后谈到的有关多样性的问题非常有意思，因为像我这样的外来者所面临的一个问题就是，我并不十分了解中国以及中国社会，通常倾向于笼统地概括中国，认为中国人都是一样的。所以，这个项目的一大优势是，有两个项目同时对中国的社交媒体展开研究。

王心远负责一个项目，考察新兴的农民工对社交媒体的使用。她发现农民工对社交媒体的很多用法完全不同于麦克唐纳教授在农村地区的研究结果。对我们而言，这是非常有意思的研究，因为她的很多结论与我们通常听说的有关中国社会的行为并不相符。我们最初读到她的描述时会认为，这差异只是我们之前了解的中式交流方式的例外而已。但随后她指出，有2500万农民工进入工厂体系。所以我们不能称其为例外，这是呈现中国内部多样性不可或缺的部分。中国内部的差异和中国与我们研究的其他国家之间的差异一样大。

回到上述问题，我们认为，把对社交媒体交流的研究用来探索新形式的他性，这是非常有意思的，它正在由当今中国社会的动力而生成。

陈卫星：从这两个不同的案例中，你发现的具体差异是什么？

米勒：王心远的研究表明在某种程度上存在两个意义中的从农村到工厂的移民，他们也是从互联网的线下到线上的移民。她指出，之所以这两种移民都来自农村，是因为他们希望经历新的现代化中国的各种可能性。所以，他们倾向于在社交媒体上"晒"出的，通常是他们很感兴趣的有关旅游、生活的图片。他们正在认识和适应新的环境。他们使用社交媒体探索各种可能性以及想象自我，对他们而言，这段旅程某种程度上始于从农村到工厂的迁移。农村中的农民与农民工采用的交流方式不同，有着完全不同的兴趣和方式，如农民对通过教育而立业有着更为传统的希望，而农民工却没有。

陈卫星：这种不同可以理解为现代化的压力。这两种现象在中国的市民层面上也都不同程度地存在。在中国的城市生活中，既有很多传统价值的表达，也有很多来自他者想象的东西，如名车、别墅等。但是，如果生活在这个语境当中，你会看到，这种来自消费主义的想象可能只是一种愿景，但这种想象的存在可以维持这些人的一种生活态度，因为有奋斗目标的激励机制。但按照激进左派的观点，我们会认为这是一种象征暴力，因为这是一种欺骗，或者是一种欺骗与自我欺骗的合谋。

米勒：我认为你刚才提到的观点非常重要，因为在考察这些现象的过程中，我们显然认为许多有关现代性和阶级性的复杂环境及背景因素必须予以考虑，理解它们对我们而言非常有意思。但目前仅有两项关于中国的研究，我相信在中国的传播学领域，有许多关于中国不同社区的差异性研究，形成了更为广阔的比较图景，能够在其中探索这些非常令人激动的新发展的各个方面。

陈卫星：传播学的问题稍微复杂一点，因为传播学在中国的历史非常年轻，大概是从20世纪70年代末期开始的，20世纪80年代之后，中国在以经济发展为核心的实用主义的逻辑下，开始引进美国的传播学，主要是从对受众的态度、受众调查开始，重新检验信息的号召力。这些被激发出来的情绪和想象，如果我们把它理解为类似于法国18世纪启蒙运动那样的价值诉求，就会产生一个对现实的超越性观念和行为，从而激发历史维度意义上的社会变迁。从20世纪90年代开始，中国已经明确意识到，必须加入经济全球化，所以中国确定了社会主义市场经济的发展方向。这时我们发现，原来传播信息的手段，不仅是一个信息问题，它本身可以服务于经济，甚至成为一种产业，所以这时中国的传播学研究主要有两个方面：一个是让它继续成为国家政策的发声筒，另一个是让它承担更多的信息联络功能，如广告推广，从而进入传统媒体发展的黄金时代。

米勒：非常感谢。作为一个外来者，我认为基于你刚才谈到的那些原因，在传播学研究的发展上，中国或许正处在一个非常幸运的位置。我们正在与前所未有的新发展打交道，有着各种瞬息万变的动态事物，一些传统的研究方法显得非常保守，或许阻碍了研究的新可能性。这些传统成为障碍，因为旧的方法和概念不再适应新的动态环境，但或许在中国没有这样的负担，因为传播学是一门新兴学科，可以更加自由地发展研究这些新现象的前沿方式。

例如，我们研究人类学，常与处于非常传统或非常稳定环境中的人群打交道。不过我们也试图寻找新的方式，与这些充满动态变化的新媒体打交道。因此，在这个项目中，每个团队的研究思路考虑到相互之间的比较和协作，这是不同于传统人类学的，这是为了处理这些新的因素，如在短短几个月内，通过一个平台，跨越世界的不同部分，研究方式变得非常不同，这就是你刚才描述的全球化环境的体现。

陈卫星：数码的发展全面开拓了人的感知功能，空间的扩展性和时间的

即时性融为一体，把人性观察的周期缩短了，然后使得人性的内涵和定义随时处于一种在技术驱动下的裂变和自我变异。在这个过程中，从基因科学的角度来说，这会不会预示着技术的介入使得人性自身会发生变化，会不会让我们转向基因科学的角度来看待这个问题。

米勒： 我认为当前面临着一个严峻问题，即人们对新媒体的描述以及回应它们的方式。每当一个新媒体发展时，人们就会有两种极端的回应：一方面，人们常常会在报纸上看到非常怀旧的反应，它们会说：在新媒体兴起之前，人们有适度的面对面的关系，现在每个人都在低头看自己的手机，结果失去了一些真实的人性。另一方面，有些人面对新媒体非常兴奋，他们会说他们是超人类、后人类、赛博人，因为他们不再割裂技术和人类。我们认为这两种观点都有问题，因为每当有新技术出现时，人们总会有同样的回应，且不断地重复着。因此，我认为这两种观点没有什么新意。

我认为问题在于"人性"这个词的含义。当我们使用"人性"这个词的时候，是以一种非常保守的方式使用它，指的是迄今为止所有与人有关的事。或许我们应该对"人性"有新的定义，包括所有人能够所为之事，也包括十年后、百年后的所有新发明。在研究中，我称其为"获取理论"，我认为新技术使人们获取了成为人的新能力而不会失去人性。

陈卫星： 我同意你的结论，人性的定义是开放的，但我们回到最开始的话题就会发现，任何技术，尤其是文化技术的介入对人的影响，是一个长期的、有意义的话题。我们不能说技术决定制度，但是技术肯定是制度运行的重要实施手段，如在肯尼迪的时代是靠电视进行竞选，而在奥巴马时代是靠博客进行竞选。这样就会形成人类制度运行的一个观察点，我们看到，在有技术条件和能力的国家，可能相对较快地适应这个过程，但在一些技术观念比较传统的地方，往往会在制度运行和技术冲击之间形成更严峻的挑战。但我们知道，技术的运行可能有资本的推动，但技术最后被社会所接受，肯定是技术实现了某些人性或者是创造了某些人性的新特质。技术的发展实现了人的对象化的发展，即你提出的"对象化"概念。对这个问题的讨论应该是开放的，在人性和制度之间创造新的范式，这种范式可能会预言未来的新社会的特点。

米勒： 非常感谢。我认为我们出自同一传统。就理论术语而言，我受教于黑格尔的辩证传统，它使我将此视作一个不止有技术和人性的过程，而是各种事物交织发展的过程。但正如你所说，这为各种问题留下了开放的余地。因此，当我们考察某种现象时，我们希望知晓技术、合作、资金、用户群等分别作为原因的比例，希望知晓它们如何作为根本原因导致我们所看到的变化。

在我们的研究中，对此问题有许多令人惊讶和多样化的答案。有时是一个看似非常清楚的案例，如我们在叙利亚和土耳其交界的一个严格的穆斯林社区的调查。在使用新媒体之前，当地男女青年不能亲密接触，因为他们的父母的禁止。但现在有了新媒体，在父母不知情的情况下，这些年轻人每天发几百条微信与人交流。所以在这个案例里，你可以清楚地看到技术如何带来新的社会可能性。

在研究中，我们得到了更加意外的结果。例如，我常常跟人说起自己使用电子邮件的经历。在英国的资本主义体系中，公司尽可能禁止工人在工作时间与工作之外的人交流。因为他们认为如果允许人们有这种交流，显然生产会受影响，不过，事实证明，电脑和电子邮件兴起后，人们能够克服交流的干扰并没有影响生产。所以我认为，电子邮件的重要性在于消除了这些边界。这是我的个人经验。我在工作时会处理很多私事，当然也在家里处理很多工作。但随后我展开了对英国村庄里年轻人的调查，我发现他们恰恰与我相反。他们从不使用电子邮件进行私人性的交流，而只用它来处理与工作、学习、商业等相关的事务。这表明他们正在用电子邮件建立屏障。所以，如果将合作、技术和用户作为最重要的三个原因，我们可以发现很多令人惊讶的结果，有时与我们的预期相符，但并不总是这样。

陈卫星： 我同意这个观点，因为从 20 世纪 80 年代开始，人们就在研究新信息技术对社会距离和心理距离的影响了。你刚才谈的个人经验和英国年轻人的经验，可能是在不同年龄段对工作和私人空间的自由度的把握能力的差别所导致的结果。这种现象在发达国家应该比较普遍，在中国的某些城市也会出现。人所生活地方的经济发展水平导致我们对新媒体的感觉不同，或者说是社会本体的文明形态的差异导致不同。如果我们所处的是第三产业发达的城市，那么就会对新媒体的使用所带来的人际交流的自由化感到比较亲切，而在不发达的国家和地区，尤其是以资源型经济为主的地方，人们对新媒体的感觉可能更加工具化。

米勒：我完全同意你的看法。例如，我们有一些非常有趣的案例，比如，我们曾研究的一些群体并不识字，他们是文盲。所以，看到他们使用社交媒体并通过视觉形式来交流，我们会觉得非常有意思。社交媒体创造了交流的新可能。人们并不需要识字，使用视觉符号创建联系即可。通过研究这些文盲群体，我们开始理解社交媒体的重要性：传统的交流基于语言，或是文字形式或是口头形式，但现在人们有了第三种方式，即只用视觉材料，通过社交媒体，人们依然能够进行有效交流。

陈卫星：我们有时会认为这是很有社会效果，很人性化的事情，但是如果从传播学的角度看，可能会有不同意见。迄今为止，我们所生活的这个世界的制度是建立在文字文明的理性基础之上的。我们会发现一个差别，世界上很多经济不发达的地方，或者比较落后，甚至被称为"破产国家"的地方，有一个重要的文化原因，就是这些地方在历史上没有形成过一个有效的文字文明阶段。在近代化历史进程中，一些大国如中国、英国、德国和法国，在形成民族国家的过程中，文字的规范和统一起了非常重要的作用，并且创造了它们独特的有世界影响力的文化。

图像传播之所以泛滥，源于它突出的传播效果：第一，它能获得最大量的受众；第二，它可能也有人性化的可接近性的一面。它能不能在更大程度上实现一种信息传播的理性？我对此有疑问。当然，有时候我们也会看到令人好奇的一面，因为年轻人、那些不愿意对古典文化表示尊敬的人或对此感到疲倦的人，他们会形成很大的群体来赞扬这种简单的文化。这从20世纪60年代的图像文化开始，甚至形成了很大的市场影响力或受众影响力，并延续在今天的YouTube和Facebook上面，这有它的合理性。这也说明一种文化的危机，当代我们首先接触的文化，为什么是视听文化？因为它是一种发现。一种释放有时候也是一种创意，并且会在自身的传统文化中获取资源。

米勒：我认为我们不能低估视觉图像的力量。例如，在中国，绘画传统总是与书法相结合，这与英国的绘画传统非常不同，我们二者只居其一。所以对我们来说，中国的优秀传统文化真是博大精深。

非常有趣的是，我看到年轻人创造了新的融合。例如，年轻人将图像与文字结合。王心远指出，微信虽然是设计来打字的，但人们也发送很多语音消息，从而创造了更为复杂的交流形式。尽管这看似无法与博大精深的中国古典绘画相媲美，但我认为中国的现代艺术家会利用这些新的混合媒体的创新性，也创造出新的博大精深的中式艺术表现形式，至少我希望如此。

陈卫星：你对中国书画的着迷可能源于跨文化传播的魅力或诱惑。英国虽然有一个很不让人欢迎的撒切尔，但是她的强硬行政手段帮助了英国的产业转型，也摧毁了一些传统产业，英国的文化创意产业在最近十年才在全世界发展得非常有影响力。

米勒：我不太同意你的观点。我认为这些强硬政策非常具有破坏性，使得年轻人失去自信，失去资金支持，并在某种程度上失去允许他们发展创造的文化。人们在变得更加积极乐观以前，还有很长的路要走，需要更加开明、更有推动力的政策，给予人们更多信心去发展新的数码形式。从我的经验来看，那个时代是非常具有破坏性的时代。对此问题，我们或许持不同看法。

陈卫星：你说的这个角度确实对中国产生了很大的影响，中国曾经有一段时间主张发展动漫产业，但很遗憾到现在为止，投入和结果相比并不让人理想。我们在全世界的地方旅游时会发现，以视觉吸引力为主的工艺性产品，在旅游业、服务业市场上占到越来越大的比例。

另外一个问题是，你谈到的我们对图像会产生好感，甚至图像会产生价值的问题。如果参照英国牛津学派的语用学（pragmatics）理论，即说话即做事，可以把图像看作是一种图像主体的行为。如果各种技术格式和存在样式的图像信息与人类社会形成越来越密切的互动，在信息生产和意义建构上越来越重要，那么以后其不但会带来更大的经济价值，可能对未来社会的发展也会产生有效的影响，即如何让人成长的成本、心理成本、文化成本、社会成本等都减少。这是物质文化的创造性。

米勒：我同意你的说法，你谈到了特别有趣的一点，举了一个例子，同样有试图发展动画片的政策，以创造新的商业环境，对人们产生影响，但你认为这并没有成功。我认为有趣的一点是，当政府或商业集团试图发展新的视觉语言时，总不是十分成功的，而我们在研究中发现，新的视觉发展其实主要来自用户的创造性。用户是实际的使用者。他们创造出了网络迷因如猫等动画形象。这些动画形象的流行面更广，因为它们有流行基础，但问题是精英群体不喜欢它们。

陈卫星：我从你的简历中发现你做过大量的研究，在这些研究中，你的网络民族志的研究方法的技术性和可靠性是怎么保证和实现的？

米勒：从很多方面来说，关于方法论的问题，我认为新的数码交流是赋予学者的有益本事。我们过去会担心访谈受到我们在场的影响，但在社交媒体上，你能够目睹他人之间进行的所有谈话，你意识到你看到了交流的真实性，即使你不在线这也依然如故。

但我认为这些研究存在一个非常重要的争议。有的人认为为了研究线上的行为就只能上线，观察线上发生的事情，这对研究而言就足够了。但我提出另一种传统，我认为为了理解人们在线上的活动，必须同时了解更多他们在线下的事情。

陈卫星：这种方式在一个国家内部操作是可行的，但在更国际化的操作中，如果你的观察对象很多的话，时间和数量如何保证呢？

米勒：没有人只生活在线上，我们无法预知他们在线上这样做，是基于宗教、教育、阶级、性别还是经济的原因，我们预先并不知情。因此，我认为为了开展全球性的研究，我们必须像这个项目试图做的那样打破这点。我们不能在线下研究的必要性上妥协，我们在所研究的每个地方，都必须将线上和线下结合起来。

陈卫星：如果你们有这么好的机会和这么大的投入，我相信在技术上的保障是没有问题的，这对以往的人类学是一个丰富和提升，因为增加了一个线上和线下的结合，但是这种结合到目前为止，你们发现的主要的有价值的观点是什么？数字人类学对已有的人类学会产生什么样的贡献？

米勒： 我想以新的交流方式与政治之间的关系为例，回答你这个问题。如果从事其他类型的研究，并且关注的正好是政治方面，而网上有大量可供研究的政治方面的帖子，研究者聚焦于政治背景，试图解释人们为什么发表或不发表这些政治评论。但在我们的研究中，令我们惊讶的是，网上关于政治的帖子比我们预想的少得多。例如，在土耳其的调查点，看似是出于政治的原因，因为在叙利亚和土耳其边境有很多暴力冲突和政府管控，所以人们可能害怕发帖。但我们在印度的调查点能得到完全相同的结果，土耳其的那些原因完全不适用。当我们进一步寻找证据时，发现真正主导的原因不是政治，而是人们与朋友和亲属共享的社交媒体。政治常常造成分裂，带来纷争，某个地方的人不希望引起这些纷争，想维系友谊与亲情。因此，如果我们不研究社会背景和政治，就无法发现只有社会原因才能解释政治帖子。如果只是很狭隘地研究网上的政治帖子，就会误解摆在我们面前的真实证据。

陈卫星： 我很惊奇你的发现，你的研究证明了西方人提出的现代化理论的现实性，因为在库尔德和印度的某些地方，尽管有宗教文化背景的差异，但都首先要建立生活共同体，没有生活共同体，就不可能形成社会共同体，然后才可以建构政治共同体。这可能是对后现代理论的否定。

米勒： 我很乐意否定后现代理论，完全同意你的观点。在不同的社会，人们有不同的倾向性，有的更多参与政治，有的更多投身于对他们更重要的媒体社交关系。但我认为在方法论上，我们必须考察所有方面，从而确定某个特定社会的情况。

我之前提出数码技术的发展对人类学很有帮助，因为我们能够极大地介入人们的日常交流，我认为，我们必须研究新的数码技术和社交媒体，因为它是人们日常生活中不可或缺的部分。我常常举下面这个例子来说明为什么必须反对把虚拟空间作为完全独立的存在。比如，一个人对另一个人说："你跟你母亲通了两个小时的电话，我一直在听，好像通话的情况不太妙啊！那么你们在实际生活中的关系怎样？"因此，我们无法想象现在通过电话的交流与现实世界是割裂的。对于人类学而言，我认为这种观点同样重要。

陈卫星： 我理解你的观点，由于技术的进步和介入所带来的这种对象化的存在，已经成为人和技术共生的一种现象，这种现象会越来越有新的发展。你刚才讲的两个小时电话的有趣例子，在中国也能找到，有人通电话甚至能长达三四个小时，因为他觉得通过电话来沟通会更有趣、更有效、更方便。任何技术之所以被人接受，是因为它会产生一种上瘾症，这也是技术在改造或影响人性的一个观察点。所以人总是在想办法创造新技术，来证明人不会受已有技术的控制。

米勒：在研究中，我们发展了一个名为"多媒体"的概念，它试图从方法论上解释人们如何行事。它用来解释人们如何判断彼此，他们怎样选择不同的媒体。例如，某个孩子知道父母不喜欢他交的女朋友，因此他不想和父母见面，那么，他可以选择非同步的媒体，不必和父母聚在一起，这使他们可以避免来自父母的怒气。多媒体有助于我们理解人们如何看待不同的社交媒体，并且针对特定的问题找到最适宜的方式。

陈卫星：这符合你一贯的具有人文主义的人类学思想。不管何种新媒体技术，我们在使用过程中，在用于具体的人际交往时，不能仅仅把它看作一个有益的礼物，要根据对象的适用性进行选择，这是一个很有意义的想法。从这个角度来看待新媒体，人性的丰富性会比我们想象的要好很多。

后 记

感谢使得这本文集成为现实的推动者和参与者。

当图书馆馆长龙小农通知我有自选文集的出版信息时，我正在医院住院，只能委托研究生院院长任孟山指导国家重点实验室博士生谭明茗同学搜索整理我十多年公开发表的论文目录。随后，国家重点实验室博士生蒲成同学开始根据我编辑的自选集目录进行内容编辑，论文注释格式的统一工作由重庆工商大学新闻传播学院的讲师段磊磊完成。在大家的协助下，自选集基本成稿。

我从来就不是一个勤奋的作者，现在还能编辑这本书，是因为期刊编辑们的职业精神。有的编辑奉行"十年约一篇"的追求，听起来作者自己都不得不脸红；某位编辑一次又一次的约稿信息，形成了越来越强大的心理债务压力，不得不加以应答。重新思考在会议上宣读的论文，加速将最新的学术思路形成论文，引用率较高的论文也出自这一过程；有的专业美誉度高的刊物，编辑程序细致温和，让人如沐春风，印象深刻；有的编辑有非常强的基本功和责任心，能够提出恰当的问题，对论文的修改和提升有很大的帮助，令人佩服不已。记得一位富有经验的专家级编辑，因稿件邮件来来往往多次，论文发表后，相关编辑过程的情节也被编入一本教学案例。这些富有成效且颇为愉快的经历，同样值得记录。

教师是离不开课堂的，这本自选集本身也是教学相长的产物。特别感谢我指导过的研究生们，他们的在场和陪伴使得课堂的思考成为试金石。尤其是博士生（后）群体，几乎每一位同学都表达出了强烈的求知欲，总希望老师讲出真实的道理。在这一期待下，我只有想清楚、说清楚，最后才能写清楚。博士生（后）同学们对知识的人格化似乎有更自觉的感知和欲求，和他们相处完全是真实知识共同体的体验，充满了求知的快乐。同学们还抱着充分的热情，无私地给予我支持和帮助，尽管地处天南地北，都有繁忙的工作，要应对生活压力，大家仍然如同面对面一样让我感受到生命共同体的温暖。

在编辑这本自选集的过程中，我几乎都在病重住院。在这漫长的一年多的时间里，生活的一面是仿佛无休止的手术和治疗，另一面是无数关心。廖祥忠书记在大事小事上所给予的持续关心，传播研究院同仁们的支持与帮助，中国传媒大学的老师、同学和工友们所伸出的援手，犹如照进至暗境遇的光芒，让我感到深深的安慰。

当然，更重要的是，时间和创新的机遇在同学们这边。在我的思考当中，如果有某些部分能够引发其他思考，如果有某些部分能够起到一点传感器的作用，那可能就是这本书最光荣的使命了。

2024 年 5 月 7 日